Thomas Dörmann

Naturpark Hohe Mark

Wandern für die Seele

20 Wohlfühlwege

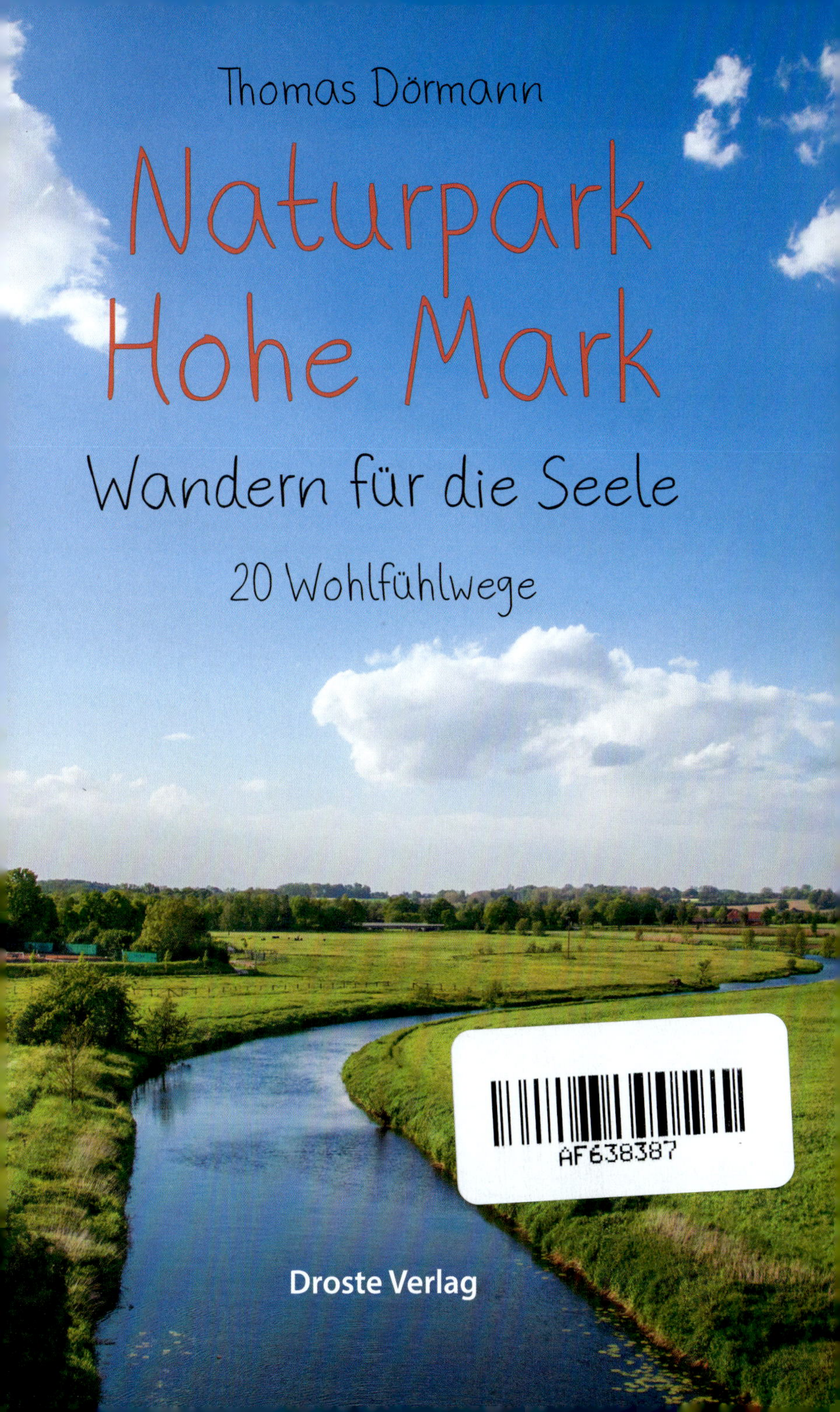

Droste Verlag

ALLE WANDERUNGEN AUF EINEN BLICK

TOUR 1: WILDE PFADE 7
Die Haard in Hamm-Bossendorf
8,8 km | 140 Hm | 2 Std. | Rundweg

TOUR 2: WALDZEIT 17
Auf dem Hohe Mark Steig
14,2 km | 120 Hm | 3,5 Std. | Rundweg

TOUR 3: GRÜNE LUNGE 27
Haardgrenzweg Oer-Erkenschwick
12,8 km | 120 Hm | 3 Std. | Rundweg

TOUR 4: WILDSPUREN 37
Durch die Üfter Mark
12 km | 80 Hm | 3 Std. | Rundweg

TOUR 5: BACHLAUFLIEBE 47
Wandern in Haltern-Sythen
10 km | 30 Hm | 2,5 Std. | Rundweg

TOUR 6: BAUMTRÄUMEREI 55
Unterwegs in Haltern Hohe Mark
15,7 km | 140 Hm | 3,5 Std. | Rundweg

TOUR 7: ABENTEUER NATUR 65
Walderlebnisweg in Groß Reken
7 km | 70 Hm | 2,5 Std. | Rundweg

TOUR 8: TEUFELSSTEINE 75
Stimberg in Oer-Erkenschwick
11 km | 140 Hm | 3 Std. | Rundweg

TOUR 9: FLUSSGESCHICHTEN 85
Die Steverlandschaft in Olfen
9,6 km | 20 Hm | 2,5 Std. | Rundweg

TOUR 10: MÄRCHENHAFT 95
Im Wald um Schloss Lembeck
9,3 km | 20 Hm | 2,5 Std. | Rundweg

TOUR 11: FLUSSIDYLLE 103
Landpartie in Hamminkeln
8,2 km | 10 Hm | 2 Std. | Rundweg

TOUR 12: ZEITREISE 111
Die Dingdener Heidelandschaft
8,7 km | 20 Hm | 2,5 Std. | Rundweg

TOUR 13: BAUMGESTALTEN 121
Auf Kulturspuren in Krudenburg
10,2 km | 10 Hm | 2,5 Std. | Rundweg

TOUR 14: MARITIMES FLAIR 131
Wandern in Haltern-Flaesheim
10,3 km | 90 Hm | 2,5 Std. | Rundweg

TOUR 15: PARKROMANTIK 141
Schloss Raesfeld und Tiergarten
8,5 km | 30 Hm | 2,5 Std. | Rundweg

TOUR 16: WEGE INS MOOR 149
Erlebnistour Diersfordter Wald
15,4 km | 20 Hm | 3 Std. | Rundweg

TOUR 17: NATUROASE 159
Durch das Auenland in Datteln
6,2 km | 10 Hm | 1,5 Std. | Rundweg

TOUR 18: GRÜNES PARADIES 167
Wandern im Olfener 2Stromland
12,9 km | 50 Hm | 3 Std. | Rundweg

TOUR 19: PURE ERHOLUNG 177
Kirchheller Heide in Bottrop
10,6 km | 40 Hm | 2,5 Std. | Rundweg

TOUR 20: STILLE GEWÄSSER 185
Unterwegs am Rotbach
7,7 km | 30 Hm | 2,5 Std. | Rundweg

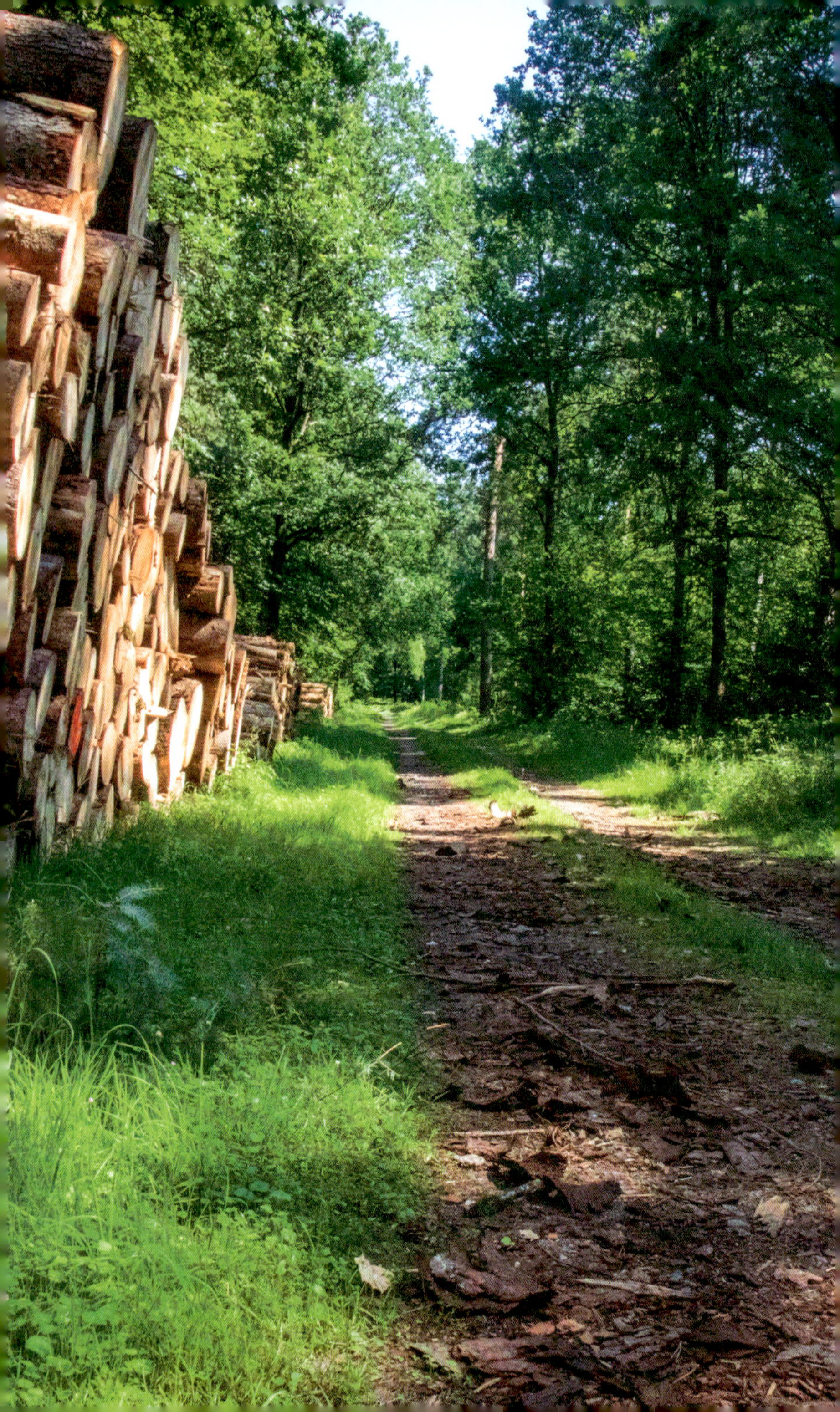

Liebe Auszeitsuchende,

bei meinen Wanderungen durch den Naturpark Hohe Mark habe ich viele erlebnisreiche Momente sammeln dürfen. Und es waren nicht nur die großen Highlights, sondern vielmehr die vielen kleinen Belohnungen auf den Wandertouren, die mich faszinierten und glücklich machten. Wandern im Naturpark Hohe Mark bedeutet, auf Entdeckungsreise zu gehen und viel Wissenswertes über eine vielfältige Kultur- und Naturlandschaft zu lernen. Es ist das grüne Band der Sympathie, das sich vom Niederrhein über das Münsterland bis zum Ruhrgebiet erstreckt. Dort können Sie Ihre Seele mal so richtig baumeln lassen und die Baumkronen hochträumen. Ob alte Dörfer, romantische Schlösser, verwunschene Wälder, liebreizende Alpakas oder die Entfachung der Bachlaufliebe, hier können Sie etwas erleben. Pure Wirklichkeit. Die 20 Mikroabenteuer in diesem Buch umfassen kurze und längere Rundstrecken, die Ihre Abenteuerlust packen werden, wobei die Wege mal auf ruhigen Forstwegen, aber auch auf verschnörkelten Naturpfaden verlaufen. Entspannt im Tapermodus lassen sich alle Touren mit leidenschaftlichem Wandereifer gut meistern. Schalten Sie Ihren Autopiloten der Alltagsroutinen ab und genießen Sie Ihre persönliche Auszeit in einem der größten Naturparks in Deutschland.

Ich wünsche Ihnen von Herzen eine Fülle an faszinierenden Momenten der Naturverbundenheit. Also dann – keep calm and taper on.

Ihr Thomas Dörmann

NATUR-INFO

KULTUR-INFO

TOUREN-/EVENT-INFO

GENUSS-INFO

- 8,8 Kilometer
- 140 Höhenmeter
- 2 Stunden
- Rundweg

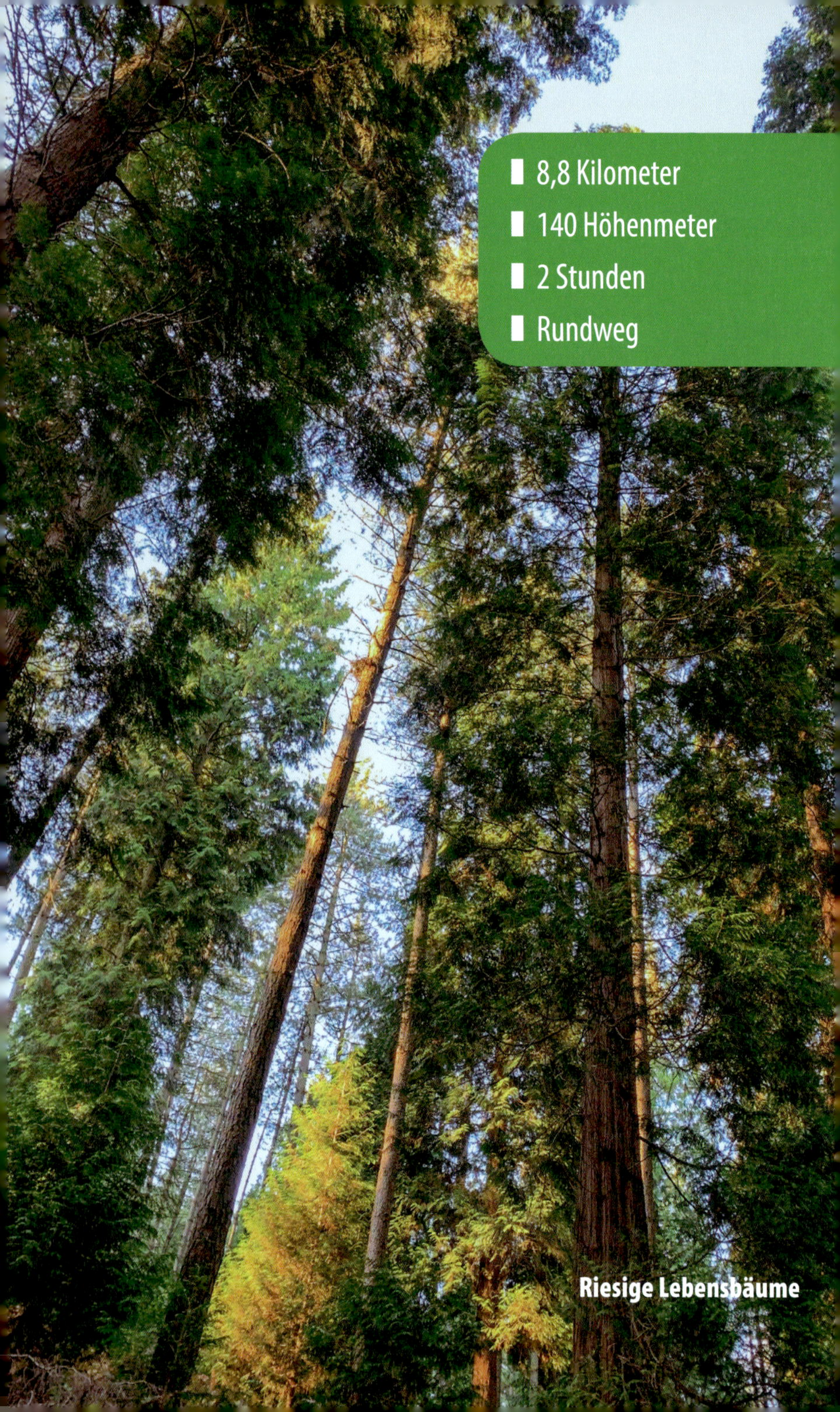

Riesige Lebensbäume

Wilde Pfade

Die Haard in Hamm-Bossendorf

Am Rande des Ruhrgebiets starten wir unsere Walderlebnistour mitten im Wald in Hamm-Bossendorf. Wir passieren eine rot-weiße Schranke und folgen den blau-weißen Wanderzeichen, die die große Bossendorfer Runde symbolisieren. Ein leichter Anstieg, der mit hohen Kiefern gesäumt ist, teilt sich nach ein paar Metern und wir folgen rechts dem Wegverlauf und lassen uns vom Wandersymbol leiten. Das führt uns auf eine kurvenreiche Strecke entlang dicht bewachsener Büsche, Eichen, Birken und Lärchen, die uns an vielen Stellen tiefe Einblicke ins Waldgebiet eröffnen. Wir erfreuen uns am stimmungsvollen Vogelgezwitscher der wohltuenden Kraftoase und lassen allmählich den Alltagsstress hinter uns. Nach weiteren 150 Metern erreichen wir eine Kreuzung, an der wir links abbiegen und eine leichte Steigung hochgehen. Sobald wir die Anhöhe erreicht haben, gehen wir rechts weiter. In Sichthöhe signalisieren uns die Wanderzeichen, dass wir dem richtigen Pfad folgen. Wir wandern von nun an immer geradeaus und ignorieren dabei die Seitenwege links und rechts. Unsere kurvenreiche Strecke führt uns an beeindruckenden Bäumen vorbei, wie zum Beispiel den imposanten Lärchen. Das schöne Nadelholz erreicht eine Wuchshöhe bis zu 50 Meter und wird im Gegensatz zu den immergrünen Kiefergewächsen im Herbst goldgelb. Wir genießen den wohltuenden Augenblick und fühlen die „lärchenhaftige Flauschigkeit“. Dabei folgen wir mit einem Schlenker rechts dem Wegverlauf, bis wir eine Brücke erreichen und die **Landstraße Bossendorfer Damm** überqueren. Nach der

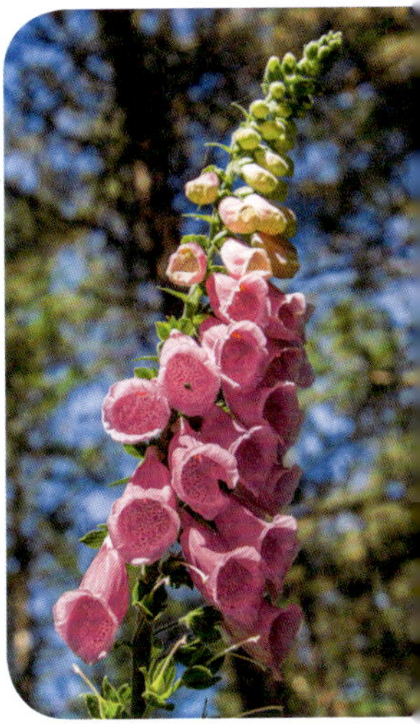

Der Fingerhut ist mit seiner purpurroten Blütenpracht eine wunderschöne Erscheinung am Wegesrand. Am besten lässt er sich in der Zeit von Juni bis August bestaunen. Trotz seiner toxischen Bekanntheit findet er Anwendung in der Heilmedizin.

Brückenüberführung laufen wir parallel zum Flaesheimer Damm, bis wir uns kurz darauf mit einem Schlenker rechts von der Geräuschkulisse der Landstraße verabschieden. Geradewegs folgen wir dem Wegverlauf für eine Weile und ignorieren dabei links und rechts die Nischenwege. Die Idylle hat uns fest im Griff und das facettenreiche Grün des Waldes wird in den Sommermonaten um das auffällige Lila des Fingerhuts am Wegesrand erweitert.

Nach 1,5 Kilometern erreichen wir eine Kreuzung, die wir geradeaus überqueren und dabei an einer umzäunten Trinkwassergewinnungsanlage auf der linken Seite vorbeilaufen. Eine leichte Steigung nimmt uns auf und wir lassen uns durch die hügelige Waldlandschaft auf breitem Weg von den Wandermarkierungen hochleiten. Den Hügel meistern wir gut und bleiben auf dem vorgegebenen Waldpfad, der für uns an einer Weggabelung leicht nach rechts verläuft. Die Anhöhe erlaubt uns auf der rechten Seite einen schönen Weitblick über die Baumkronen der Waldkiefern hinaus, mit etwas Geduld und Glück können wir sogar Wildtiere entdecken. Wir laufen auf dem hügeligen Sandpfad so lange,

Panoramablick Flaesheim

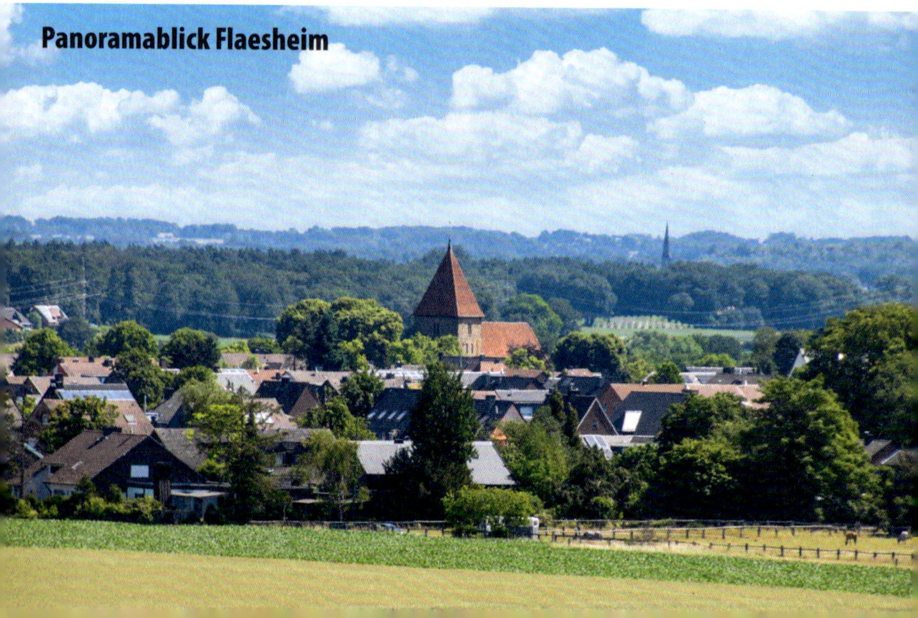

Für die Seele

Wir genießen die wohltuende Waldluft und erfreuen uns an der vielseitigen Baumvegetation entlang gewundener Pfade.

bis wir eine Kreuzung erreichen und links dem Bossendorfer Symbol folgen. Immer noch unterwegs auf dem Hauptweg, sind wir froh, dass uns der Wald als grüne Klimaanlage an heißen Sommertagen viel Schatten spendet. Wir genießen das frische Waldaroma und gelangen zu einer T-Kreuzung. Bevor wir unsere Wanderung rechts fortführen, machen wir einen kurzen Abstecher nach links, um einen großartigen **Panoramablick** ❶ weit über die Pferdekoppeln bis nach **Haltern-Flaesheim** zu erhalten. Deutlich ragt aus der Flaesheimer Silhouette die alte **Stiftskapelle St. Maria Magdalena** heraus.

Zurück zur Kreuzung wandern wir geradeaus auf ein Pferdegestüt zu und folgen einer Linkskurve, die uns in eine offene Landschaft mit landwirtschaftlichen Flächen führt. Die Strecke nimmt uns mit über schmale Pfade entlang des Waldrandes, bis wir nach kurzer Zeit eine T-Kreuzung erreichen. Hier dominieren hohe Kiefern und Fichten den verwunschenen Waldabschnitt, wobei uns die **riesigen Lebensbäume** ❷ ins Staunen versetzen. Diese fantastischen Baumgiganten lassen unsere Blicke weit in die Baumwipfel schweifen. Wir genießen den magischen Moment, der uns die Bäume hochträumen lässt.

Rechts entlang führt uns der hügelige Pfadverlauf steil aufwärts zu einer Kreuzung bis zu einer Anhöhe. Oben angekommen, müssen wir erst einmal kurz durchatmen und werfen einen lohnenden Blick zurück in die märchenhafte Baumlandschaft. Unscheinbar und unbefestigt führt uns der gegenüberliegende

Die alte Stiftskirche St. Maria Magdalena in Haltern-Flaesheim wurde im Jahr 1166 als Nonnenkloster gegründet. Die einzigartige Fassade der historischen Kirche aus Natursandstein beeindruckt viele Besucher.

Der Riesen-Lebensbaum hat seinen Ursprung in Nordamerika und zählt zu den immergrünen Nadelgehölzen. Die große Baumart ist selten in Wäldern zu finden und kann eine Wuchshöhe von 70 Metern sowie einen Durchmesser von 6 Metern erreichen.

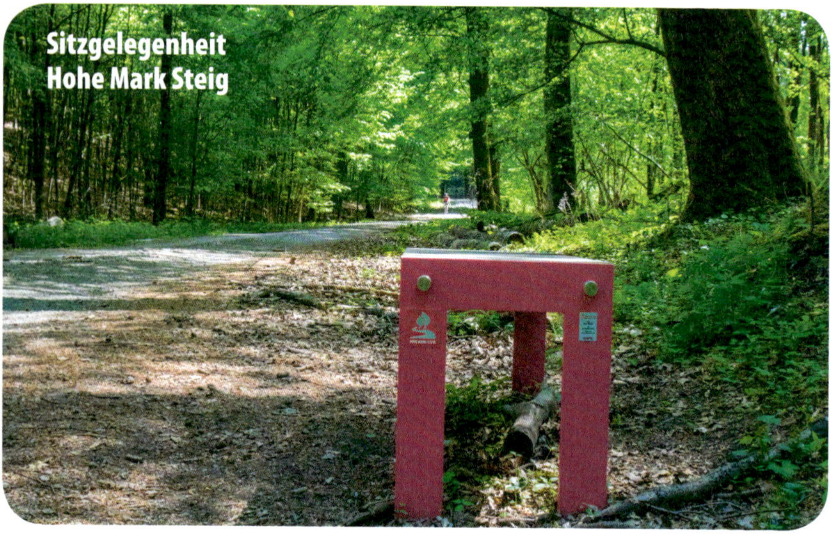

Der Hohe Mark Steig ist ein ausgezeichneter Fernwanderweg und bietet zwischen Olfen und Wesel auf 150 Kilometern ein abwechslungsreiches Wandererlebnis. Wunderschöne Wald- und Wasserwege laden auf sechs Etappen zu einem großartigen Wandervergnügen ein.

Pfad noch höher auf verwurzelten Pfaden an einer Böschung hoch. Trittsicher wandern wir hangaufwärts und folgen geradeaus der Steigung, die erst etwas rechts und dann links verläuft. Die Bossendorfer Markierung deutet darauf hin, dass wir den richtigen Weg eingeschlagen haben, und lässt uns nach kurzer Zeit an eine T-Kreuzung ankommen. Hier gehen wir links und wandern entspannt auf weichen Pfaden durch die bezaubernde Haard. Wir tauchen weiter in die wundervolle Atmosphäre des Waldes, wandern bis zur nächsten Weggabelung und folgen dem Pfad weiter rechts, der sich nach etwa 50 Metern wieder aufteilt. Hier zweigen wir rechts ab und wandern parallel ein Stück auf dem Hohe Mark Steig.

Wir laufen den Wanderweg knapp 100 Meter immer geradeaus. Er leitet uns bis ins Tal zu einer Kreuzung hinunter. Dort angekommen, wenden wir uns nach links und folgen dem breiten Forstweg. Es ist Zeit für eine Verschnaufpause, die wir auf einer **magentafarbenen Sitzbank** ❸ des Hohe Mark Steigs einlegen. Nach unserer Stärkung mit dem Rucksackproviant

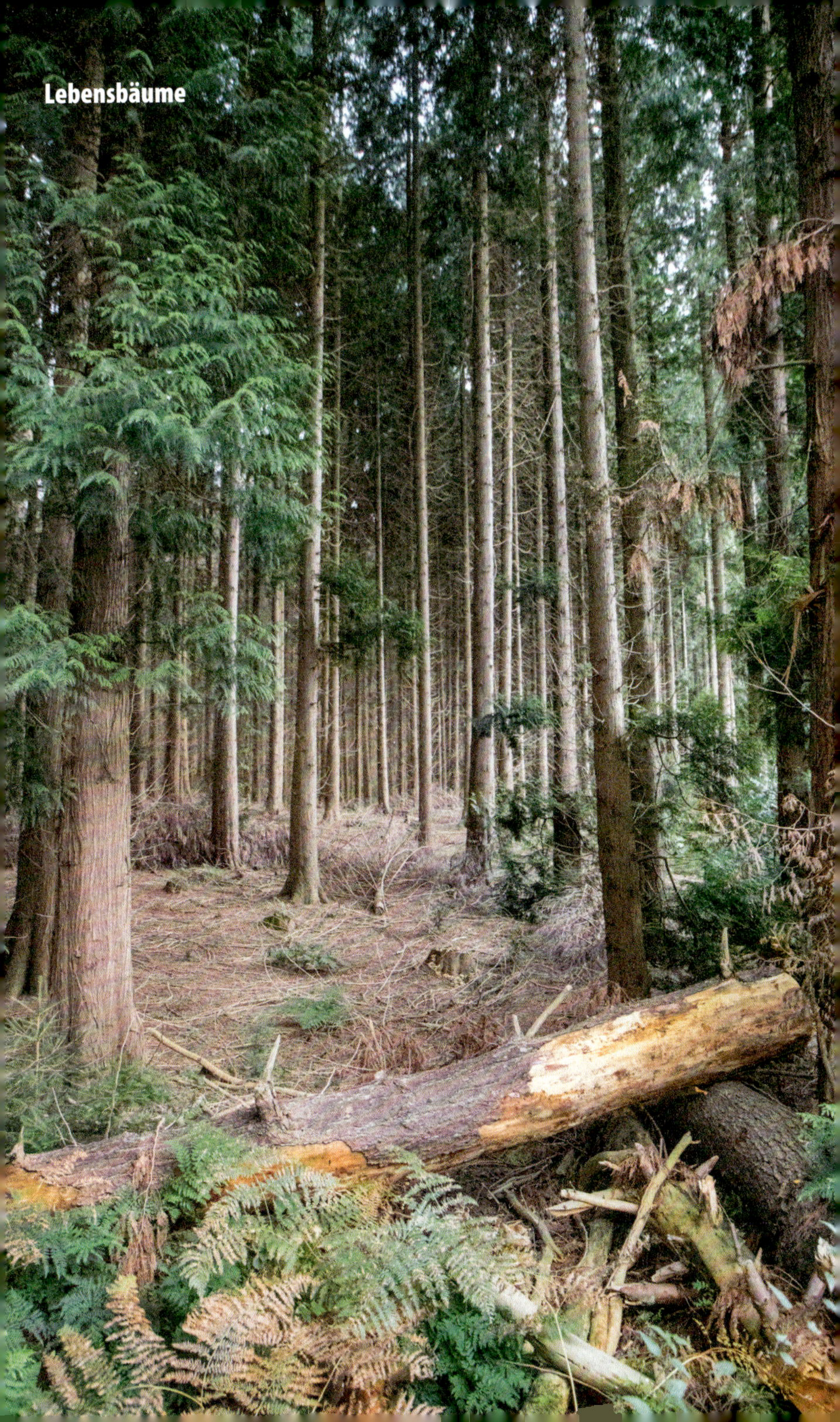
Lebensbäume

wandern wir entspannt auf dem Hauptweg weiter, bis wir an einer Weggabelung dem Wegweiser nach rechts in **Richtung Oer-Erkenschwick** folgen. Wir verlassen den Hauptweg und schenken unsere Aufmerksamkeit, linker Hand, erneut den **riesigen Lebensbäumen ④.** Noch beeindruckt von der Naturvielfalt, die wir hier erleben dürfen, wandern wir an einer Lichtung mit einer jungen Generation an Laubbäumen vorbei. Automatisch bringt uns der Weg zu einer weiteren Kreuzung mit Blick auf einen Hochsitz. Hier folgen wir rechts der Bossendorfer Markierung und achten auf diesem Abschnitt genau auf die Wanderhinweise, denn schon nach kurzer Zeit biegen wir links auf einen verschnörkelten Pfad ab. Kurvenreich folgen wir dem wilden Streckenverlauf durchs hohe Farnkraut und vorbei an einer uralten Buche. An manchen Stellen können wir nur unseren Pfad erahnen, aber nach kurzer Zeit erkennen wir die Zeichen wieder und biegen rechts ab. Das Abenteuer Haard ist aber noch nicht beendet und wir gehen weiter geradeaus, bis wir auf einem etwas breiteren Waldpfad nach rechts abbiegen. Achtsam folgen wir dem Pfad, bleiben auf Sichthöhe mit den Wanderzeichen Bossendorf, überqueren geradeaus

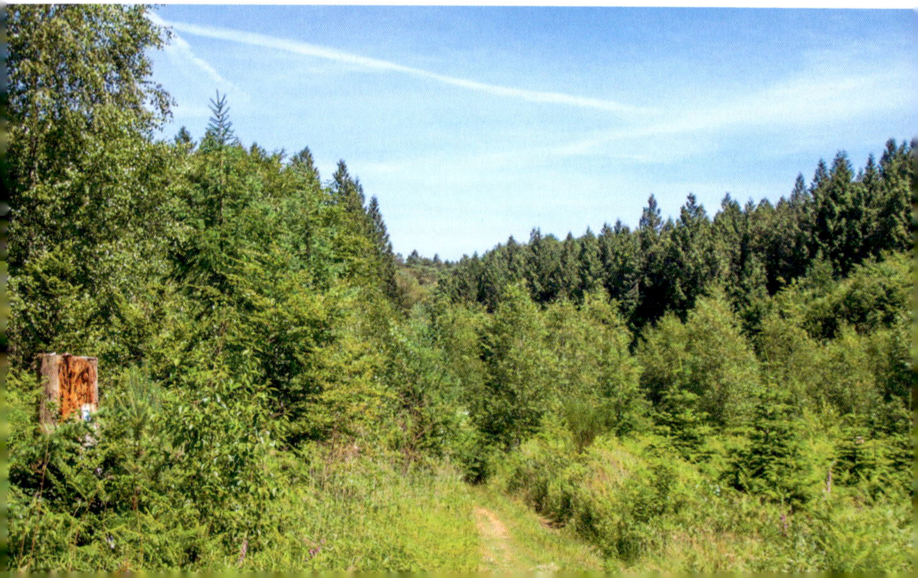

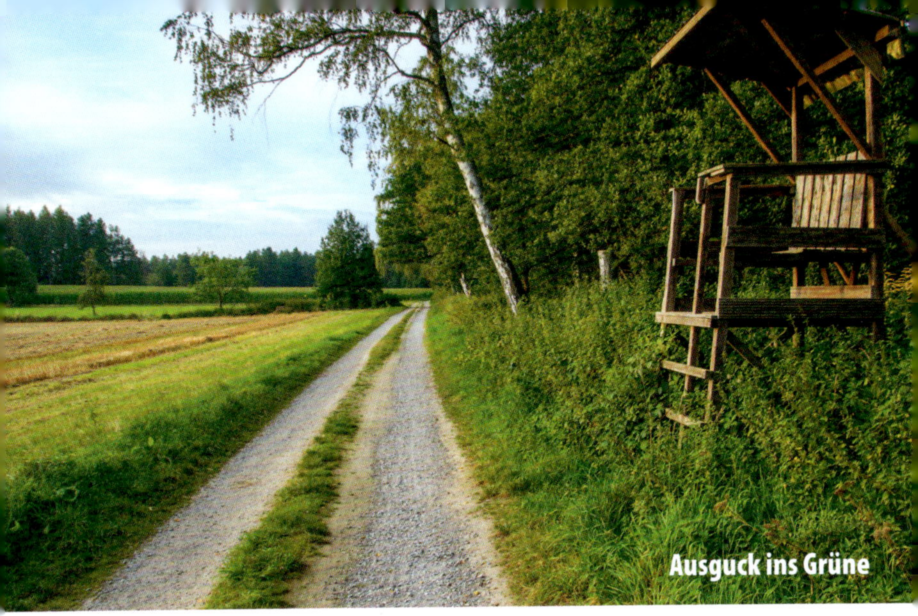

nach ein paar Metern einen Forstweg und wenden uns ein wenig weiter mit einem Schlenker nach rechts. Im gefühlten Zickzackkurs geht es immer tiefer in den Wald hinein. Ein Schlenker links, an der nächsten T-Kreuzung erneut links und kurz danach im Wegverlauf leicht rechts. Eine leichte Rechtskurve führt uns wieder zu einer T-Kreuzung, an der wir erneut links gehen und den sichtbaren Wandermarkierungen bis zu einer Wegspinne folgen. Was für eine großartige Waldfährte! Wir atmen erst einmal tief durch und gönnen uns eine Pause, bis wir dann scharf rechts parallel zu einem Reitweg weiterwandern. Der weiche Boden führt uns etwas später geradewegs zu einem Hauptwanderweg, der mit einem X markiert ist. Wir erkennen unser Bossendorf-Symbol und biegen links auf dem Hauptweg ab. Am Rande des Waldes angekommen, ebnet sich für uns ein breiter Weg, der einen schönen Weitblick über Felder und Wiesen erlaubt. Die knorrigen Eichen am Wegesrand werden nach ein paar Metern von alten Buchen abgelöst. Hier gönnen wir uns wieder einen Blick hoch in die faszinierenden Baumkronen der Baumelefanten und schauen in die leuchtende Blättervielfalt. Kaum vorstellbar, dass so eine alte Buche gut und gerne über eine Million Blätter versorgt und zudem ein ergiebiger Sauerstoffspender für die Umwelt ist. Entspannt wandern wir auf dem Hauptweg am Waldrand entlang und kommen an einem **Ausguck 5** vorbei, der uns einen weiten **Blick in die grüne Umgebung** bietet. Ein schönes Wechselspiel der Natur zwischen Weideflächen und gemischtem Waldgebiet begleitet uns auf den letzten Kilometern in Richtung Zielort. Souverän lotst uns dazu die Bossendorfer Markierung entlang des Wegverlaufs, bis wir an einer Unterführung ankommen und mit einem Schlenker rechts den Bossendorfer Damm unterqueren. Mit Blick auf die rot-weiße Schranke haben wir unseren Ausgangspunkt, den Wanderparkplatz mitten im Wald, wieder erreicht.

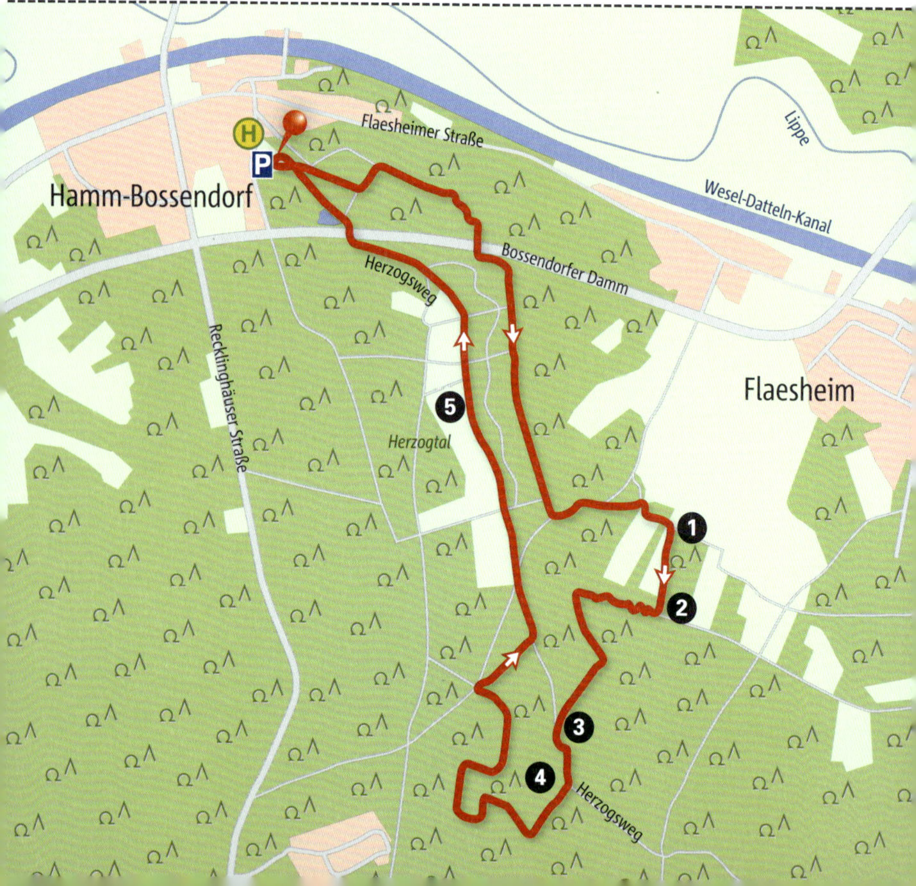

Entspannung ✱✱✱✱✱
Genuss ✱✱✱✱✱
Romantik ✱✱✱✱✱

WIE & WANN:
Schöne Naturpfade und teils unbefestigte Waldpfade, leicht hügelig, Ortsnähe. Ganzjährig interessant.

HIN & WEG:
Auto: Wanderparkplatz 42, Holtkampweg, 45721 Haltern Hamm-Bossendorf (GPS: 51.725742, 7.192335)
ÖPNV: Bus 227/228 bis Haltern am See, Kanalbrücke (Fußweg 10 Minuten)

ESSEN & ENTSPANNEN:
Selbstversorgung

ENTDECKEN & ERLEBEN:
Panoramablick Flaesheim ❶
Riesige Lebensbäume ❷
Sitzbank für Pause ❸
Riesige Lebensbäume ❹
Ausguck ins Grüne ❺

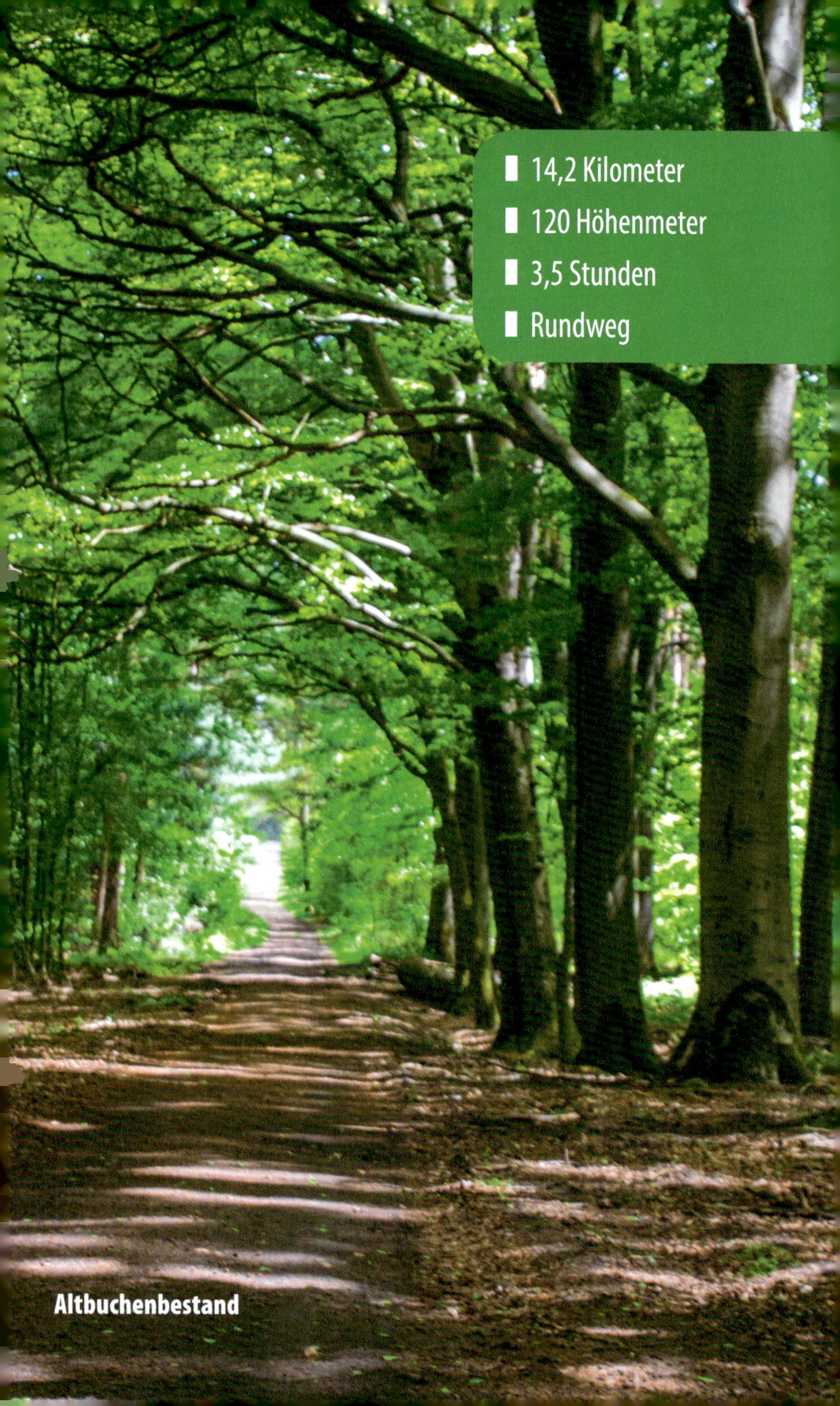

Altbuchenbestand

Waldzeit

Auf dem Hohe Mark Steig

Unsere erholsame Waldzeit beginnt direkt am Wanderparkplatz am Sportplatz Datteln-Ahsen. Von diesem Ausgangspunkt folgen wir den Spuren des Hohe Mark Steigs. Mit dem Sportplatz im Rücken, wandern wir erst kurz auf einer asphaltierten Straße, bis wir nach etwa 170 Metern eine Kreuzung erreichen. Wir biegen rechts auf die **Ostlevener Straße** ab und wandern an einer Pferdekoppel entlang in **Richtung Stimberg.** Am Ende des Zauns erkennen wir auf der linken Seite eine alte Kiefer, die uns mit dem Hohe-Mark-Steig-Wanderzeichen links in die faszinierende Waldwelt, die Haard, einlädt. Diese zählt mit ihren 5500 Hektar zu den größten zusammenhängenden Waldgebieten des Naturparks Hohe Mark. Zum Glück ist diese Krafttankstelle ganzjährig geöffnet und lädt uns zur natürlichen Energieaufladung ein. Wir wandern auf weichem Waldboden geradeaus und bewundern die grüne Vielfalt, die in ihren unterschiedlichsten Nuancen auftaucht. Im Herbst erobern hier auf märchenhafte Weise Fliegenpilze die mooshaltige Bodenschicht. Nach einem leichten Schlenker nach rechts durchschreiten wir eine wunderschöne Waldkiefernallee, deren Höhe uns im Vergleich fast zwergenhaft aussehen lässt.

Kiefern können eine Wuchshöhe von 30 Metern erreichen und werden bis zu 600 Jahre alt. Die Waldkiefer kennt man auch unter dem Namen Föhre. An der orangefarbigen Spiegelrinde oben in der Baumschicht kann man die Kiefer schon von Weitem gut erkennen.

Der wohltuende Duft des Waldes begleitet uns weiter bis zur nächsten T-Kreuzung, die wir nach 600 Metern erreichen und dann links auf dem Hohe Mark Steig weiterwandern. Der teils sandige Weg lässt uns schnurgeradeaus laufen, bis wir wieder an eine T-Kreuzung gelangen. Hier schwenkt der Weg rechts

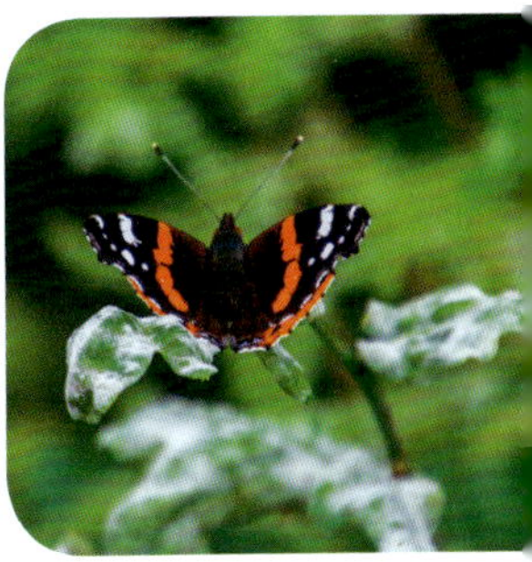

ab und wir folgen dem magentafarbigen Wanderzeichen, das uns kurz darauf links in Richtung Ahsener Fischteiche führt. Verträumt laufen wir durch das malerische Waldgebiet, bis sich uns ein offenes Landschaftsbild mit weiter Sicht über unbewaldete Freiflächen eröffnet. Wir sind an den ehemaligen **Ahsener Fischteichen** ❶ angekommen, die um 1900 von Freiherr von Twickel angelegt wurden.

Langsam schlendern wir, dem Hohe-Mark-Steig-Zeichen folgend, weiter und erhalten einen schönen Weitblick über die riesigen Weideflächen, die nun als Magerwiese zum Eldorado für Insekten geworden sind. Nach ungefähr 200 Metern gelangen wir an eine Kreuzung und biegen links auf die Ahsener Allee in Richtung Stimberg. Etwas weiter machen wir an einer Bank eine Verschnaufpause und folgen dann links dem schmalen Pfad des Hohe Mark Steigs in Richtung Stimberg. Für knapp 1 Kilometer schlängeln wir uns weiterhin geradeaus durch das Gernebachtal und ge-

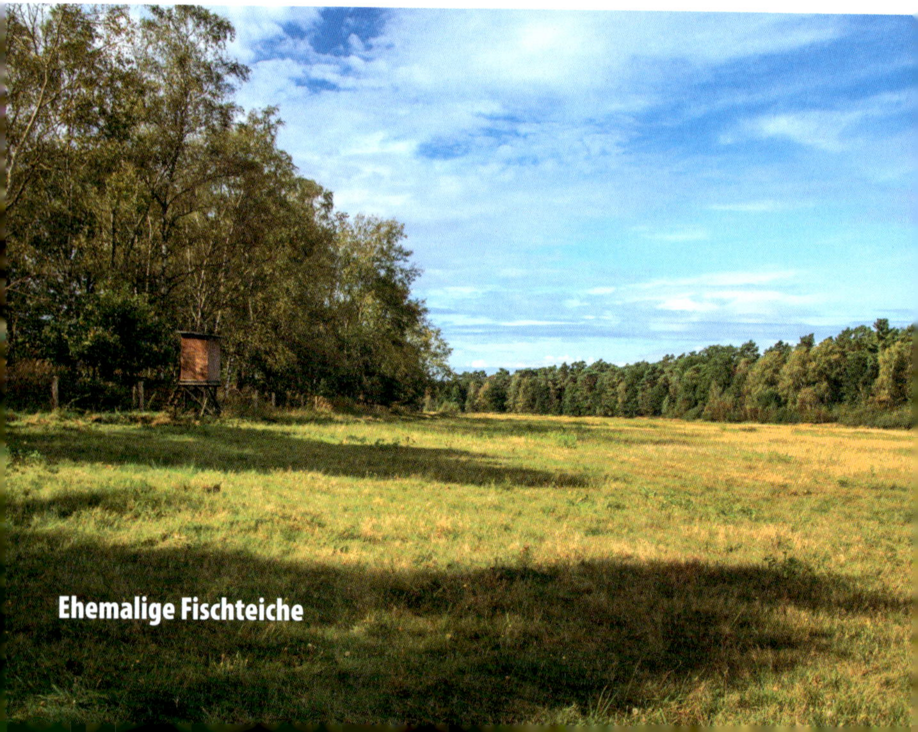

Ehemalige Fischteiche

Für die Seele

Waldwärts sammeln wir intensive Naturmomente und folgen den Spuren des Hohe Mark Steigs. Am Wegesrand erleben wir so manchen Aha-Effekt.

langen zu einer kleinen Kreuzung. Zwei überdimensionale **Fische aus Holz ②** nehmen an dieser Stelle Bezug auf die ehemaligen Fischteiche. Beeindruckt von der filigranen Holzarbeit des Künstlers George Maurus, auch als „Crazy George" bekannt, wandern wir auf dem Hohe Mark Steig weiter und durchschreiten erneut eine imposante Waldkiefernallee. Tief einatmen bitte. Das Waldklima setzt sogenannte Terpene frei und wir genießen die wohltuende Schnupperpause sowie den Moment des Nichtstuns.

Terpene dienen zum einen dem kommunikativen Austausch der Pflanzen und zum anderen wirken die erfrischenden Düfte wohltuend auf uns. Besonders in den warmen Monaten sind die duftigen Aromen dominierend, die unser Immunsystem stärken.

Begeistert wandern wir durch die märchenhafte Baumgalerie, die erst wieder an der nächsten Kreuzung endet. Wir biegen rechts in Richtung Oer-Erkenschwick ab und gehen immer geradeaus, bis wir einen stillgelegten Verkehrsweg, der als Zugang zum ehemaligen Bergwerk Haard genutzt wurde, erreichen. Wir überqueren leicht rechts versetzt die Trasse und erkennen gegenüberliegend einen schmalen Waldpfad. Geradeaus unterwegs gelangen wir an eine Kreuzung und sind über eine große **Grubenlampe aus Holz ③** erstaunt. Mit einem herzlichen Glückauf tapern wir geradeaus über die Kreuzung und folgen den Markierungen des Hohe Mark Steigs. Dabei ignorieren wir auf den nächsten Kilometern die kleinen Seitenwege, die uns vom Wegesrand schöne Einblicke tief in den Wald gewähren. Nach einer Weile teilt sich unser Weg in verschiedene Richtungen. Wir orientieren uns weiterhin an den Hohe-Mark-Steig-Hinweisen und folgen diesen links in Richtung Oer-Erkenschwick. An der nächsten Kreuzung erwartet uns ein prächtiger,

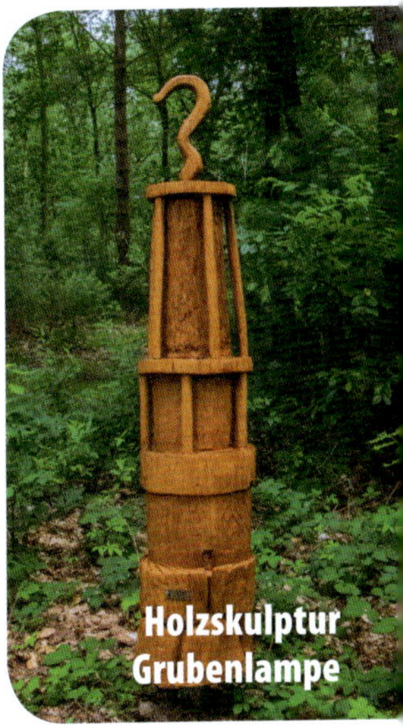

Holzskulptur Grubenlampe

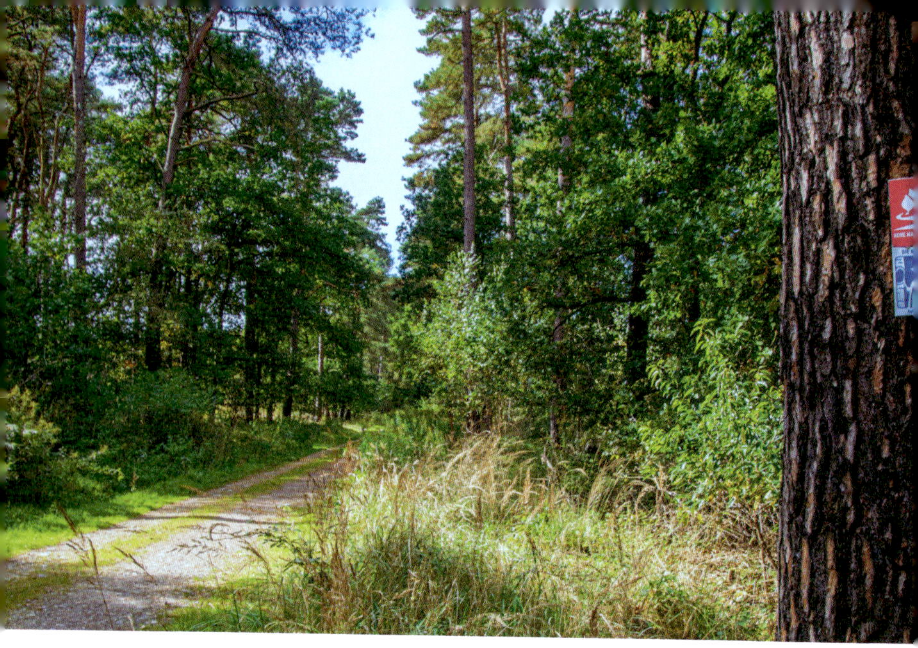

150-jähriger Altbuchenbestand, der ein Domizil für Schwarzspechte ist.

Der beeindruckende Baumbestand steht schon seit 1980 im Mittelpunkt einer umzäunten **Wald-Messstation 4**, die die Auswirkungen des Waldklimas beobachtet. Wir schauen uns das Gelände mit den Baumelefanten genauer an und überqueren dafür geradewegs die große Kreuzung. Bäume, Sträucher, Gräser, Moose, Nährstoffe und die Auswirkung auf die Luft werden auf diesem Areal regelmäßig untersucht. Wieder etwas über die Wichtigkeit des Waldes gelernt, wandern wir geradeaus weiter. Für einige Meter wird die Landschaft offener und lässt uns dann auf sandigem Boden entlang des Hohe Mark Steigs durch den Wald immer geradeaus wandern. An einer Weggabelung halten wir uns links und lassen uns von einer leichten Steigung durch die hügelige Haard führen. Wir erreichen eine Kreuzung und folgen rechts dem Wegweiser in Richtung Oer-Erkenschwick. Es ist Zeit für eine kurze Trinkpause, denn von nun an geht es im weiteren Wegverlauf leicht hangaufwärts in Richtung Stimberg. Auf verschnörkelten Wegen immer geradeaus gelangen wir an eine überschaubare Kreuzung mit

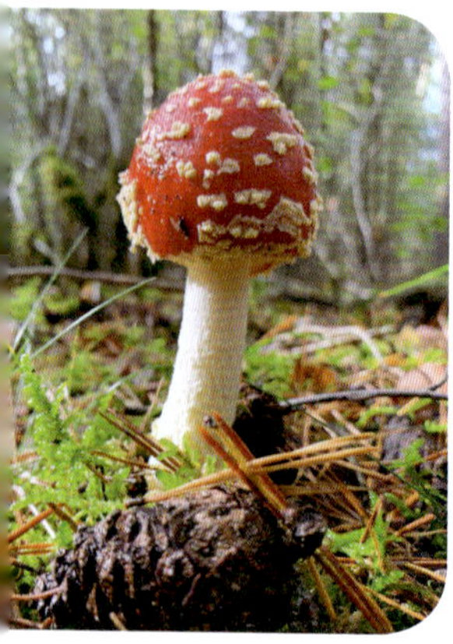

einer Sitzgelegenheit. Die Einladung zur Rast nehmen wir gerne an, denn immerhin liegt nun die halbe Strecke hinter uns. Nach unserer kurzen Erholungspause wenden wir uns vom Hohe Mark Steig ab und folgen links den Wanderzeichen A und X. Diese bringen uns direkt zu einer Kreuzung, an der wir erneut links in **Richtung Katenkreuz** auf dem Weg In den Wellen entlang des A3 unsere Tour fortsetzen. Immer geradeaus unterwegs wird die Landschaft etwas offener und rechter Hand kommen wir an einer Bauernschaft vorbei, an der wir weiter geradeaus durch den Waldabschnitt vorbeigehen. Riesige Buchen, Eichen und Lärchen säumen den Wegesrand und lassen unsere Blicke wieder einmal hoch in die Baumkronen schweifen. Wir genießen den landschaftlichen Wechsel zwischen Laub- und Nadelgehölz und erreichen nach einer Weile den Wanderparkplatz Katenkreuz. Nicht direkt auf dem Parkplatz, aber etwas weiter geradeaus vorbei steht links unscheinbar ein großes Holzkreuz. Das sogenannte

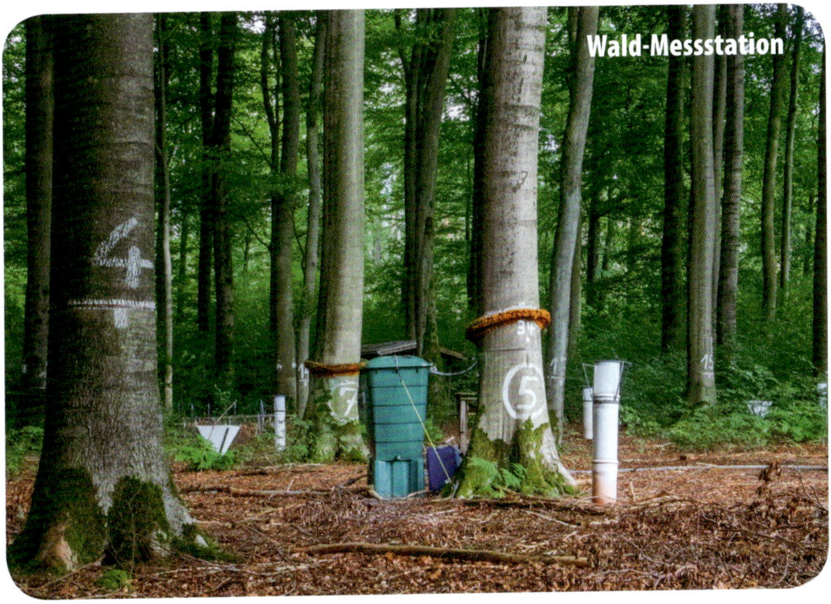

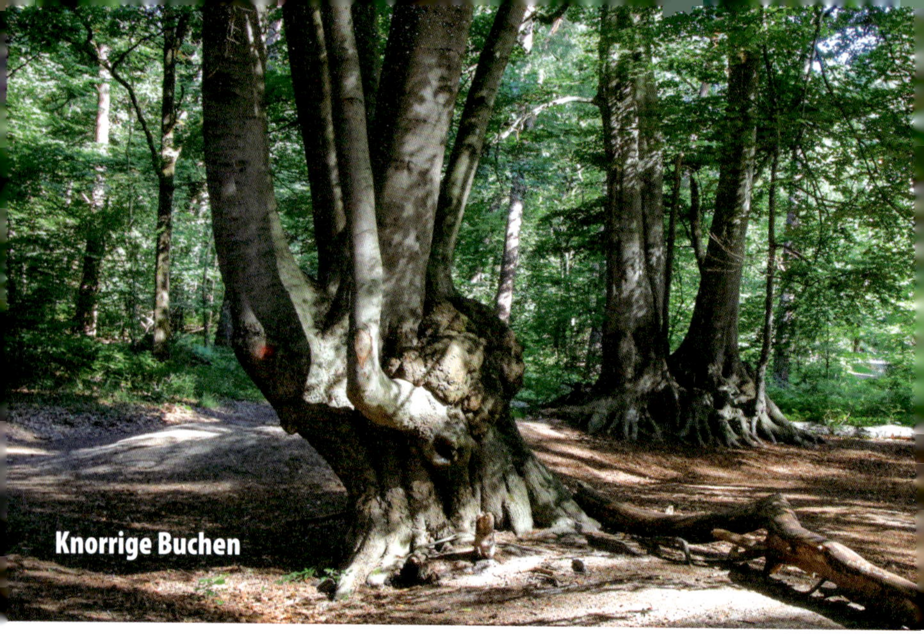

Knorrige Buchen

Katenkreuz 5 soll als eine traditionelle Götterstätte für die Bauern in der Umgebung gedient haben. Zurück zum Wanderparkplatz orientieren wir uns kurz auf der großen Wanderkarte. Oberhalb des Parkplatzes und links haltend folgen wir den Katenkreuzsymbolen. Diese führen uns im weiteren Wegverlauf durch das Naturschutzgebiet Jaust Bruchwald, vorbei an einer Reihe von **knorrigen Buchen 6.** Kaum zu glauben, dass die fast mystisch wirkenden Baumgestalten einst durch gezieltes Biegen und Zurückschneiden eine Wallhecke zum Schutz vor Wildtieren bildeten. Für uns geht es weiter und nach ein paar Metern erreichen wir eine Kreuzung, die wir geradeaus überqueren. Die kurvenreiche Strecke lässt uns durch die verschnörkelte Wegführung nah an die Landschaft ran und leitet uns anhand der Spechtsymbole zu einer weiteren Kreuzung. Hier biegen wir rechts ab und erkennen linker Hand das Hinweisschild des Landhotels **Jammertal Resort 7.** Wir freuen uns auf eine ordentliche Pause bei Kaffee und hausgemachten Kuchen. Die großzügige Auswahl an leckeren Kuchenspezialitäten zwingt uns zu einer Entscheidung, die auf den selbst gebackenen Apfelkuchen fällt.

Nicht nur für das leibliche Wohl wird im Resort Jammertal gesorgt, sondern auch ein riesiger Wellnessbereich und eine schöne Golfanlage laden zu einem erholsamen Freizeitvergnügen mitten im Naturpark Hohe Mark ein.

Mit der Wohlfühloase im Rücken gehen wir gestärkt bis zur Kreuzung zurück, an der wir links abbiegen. Kurz danach erreichen wir eine T-Kreuzung, an der wir wieder links auf die **Redder Straße** wandern. Schon nach weiteren 100 Metern erkennen wir das orangefarbige Spechtsymbol, das uns rechts auf einen Waldpfad und bis zu einer Gabelung führt. Wir folgen rechts dem Wanderzeichen und erreichen nach kurzer Zeit eine größere Kreuzung. Dort biegen wir auf den Forstweg ab. Auch auf diesem Abschnitt gibt es einiges am Wegesrand zu entdecken. Ein sehr großer **Findling aus der Eiszeit** **8** lenkt unsere Aufmerksamkeit auf sich. Der Legende nach haben an diesem Naturdenkmal Opferrituale stattgefunden. Wir wandern immer geradeaus weiter auf dem breiten Wanderweg, der den Namen Balkenschenke trägt. Noch beeindruckt von den vielen Geschichten, die die Haard zu erzählen hat, entdecken wir nach 200 Metern auf der rechten Seite ein Relikt des Kalten Krieges. Ein **alter Wachturm einer Raketenstation** **9** ragt zwischen den hochgewachsenen Kiefern heraus. Das US-Militär hatte seit 1963 dort

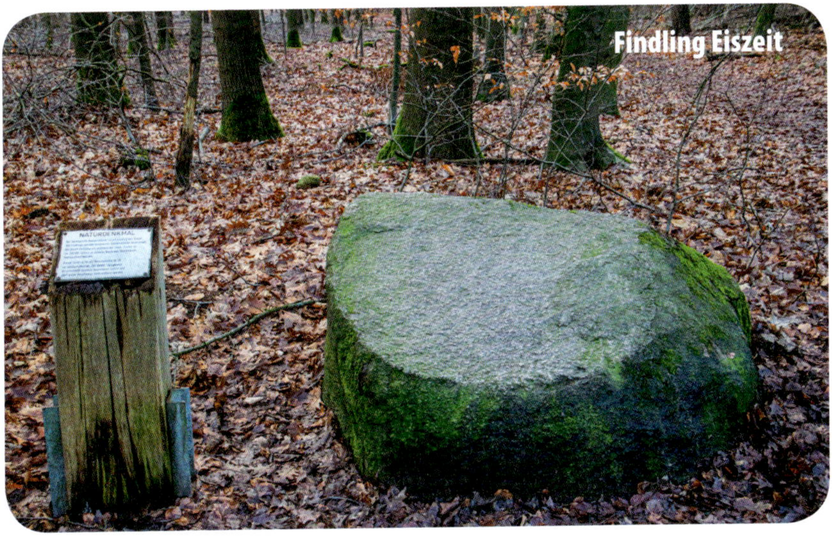

Findling Eiszeit

Auszeittour 2

Flugabwehrraketen stationiert. Das ehemalige Militärgelände stand in Verbindung mit dem Funkturm auf der Stimberghöhe und wurde von der Bundeswehr zur Luftraumüberwachung genutzt. Wir wandern weiter geradeaus, passieren etwas später eine rot-weiße Schranke und folgen weiterhin für 600 Meter geradeaus dem gut ausgebauten Forstweg, bis wir eine Weggabelung erreichen und leicht links auf dem Hauptweg bleiben. Nach kurzer Zeit an einer T-Kreuzung besteht die Möglichkeit, links auf dem Weg Gerneberg in unmittelbarer Nähe ins Ausflugslokal **Haard Stübchen** ⑩ einzukehren. Wir aber biegen rechts ab und lassen uns für 300 Meter zum Ausklang durch eine offene Landschaft schnurgeradeaus zu unserem Ausgangspunkt führen.

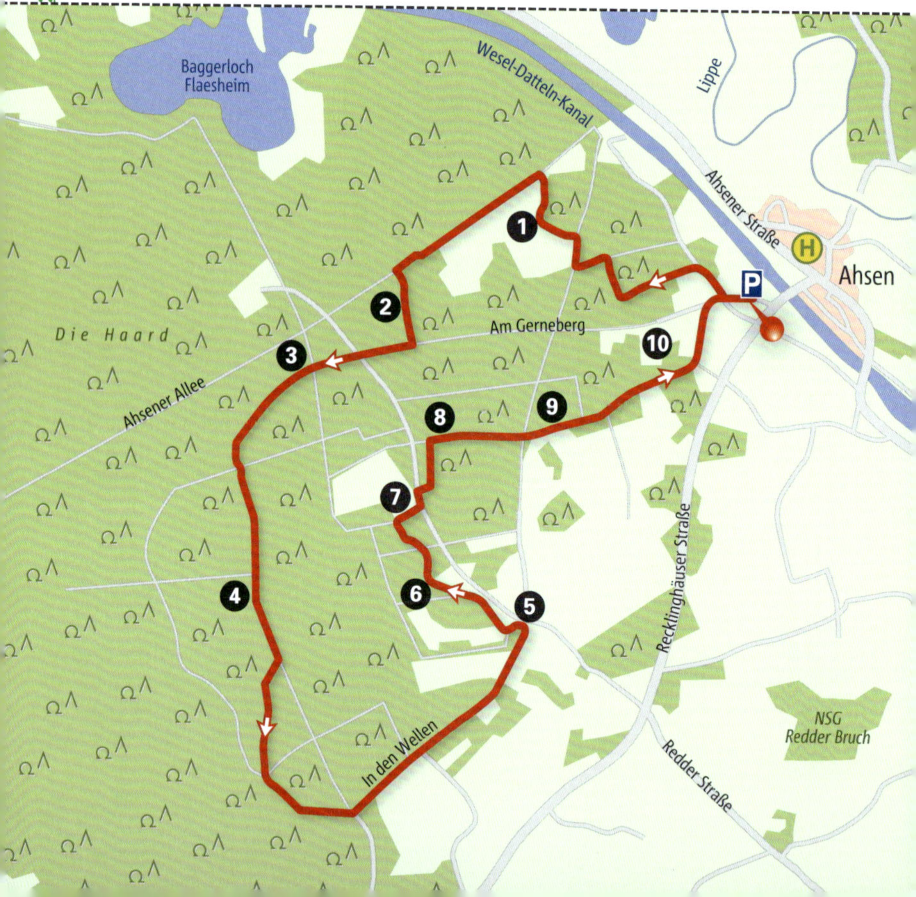

Entspannung ✱✱✱✱✱
Genuss ✱✱✱✱
Romantik ✱✱✱✱

WIE & WANN:
Hauptsächlich Naturpfade und Forstwege. Zu jeder Jahreszeit empfehlenswert.

HIN & WEG:
Auto: Wanderparkplatz Sportplatz Ahsen, Am Gerneberg, 45711 Datteln (GPS: 51.697134, 7.302626)
ÖPNV: Bus 288 bis Datteln, Schmiedestraße (Fußweg 10 Minuten)

ESSEN & ENTSPANNEN:
Jammertal Resort ❼ Redder Straße 421, 45711 Datteln, Tel. (0 23 63) 37 70, www.jammertal.de
Haard Stübchen ❿ Am Gerneberg 13, 45711 Datteln, Tel. (0 23 63) 35 65 80

ENTDECKEN & ERLEBEN:
Ahsener Fischteiche ❶
Fische aus Holz ❷
Grubenlampe aus Holz ❸
Wald-Messstation ❹
Katenkreuz ❺
Knorrige Buchen ❻
Findling aus der Eiszeit ❽
Relikt Wachturm einer Raketenstation ❾

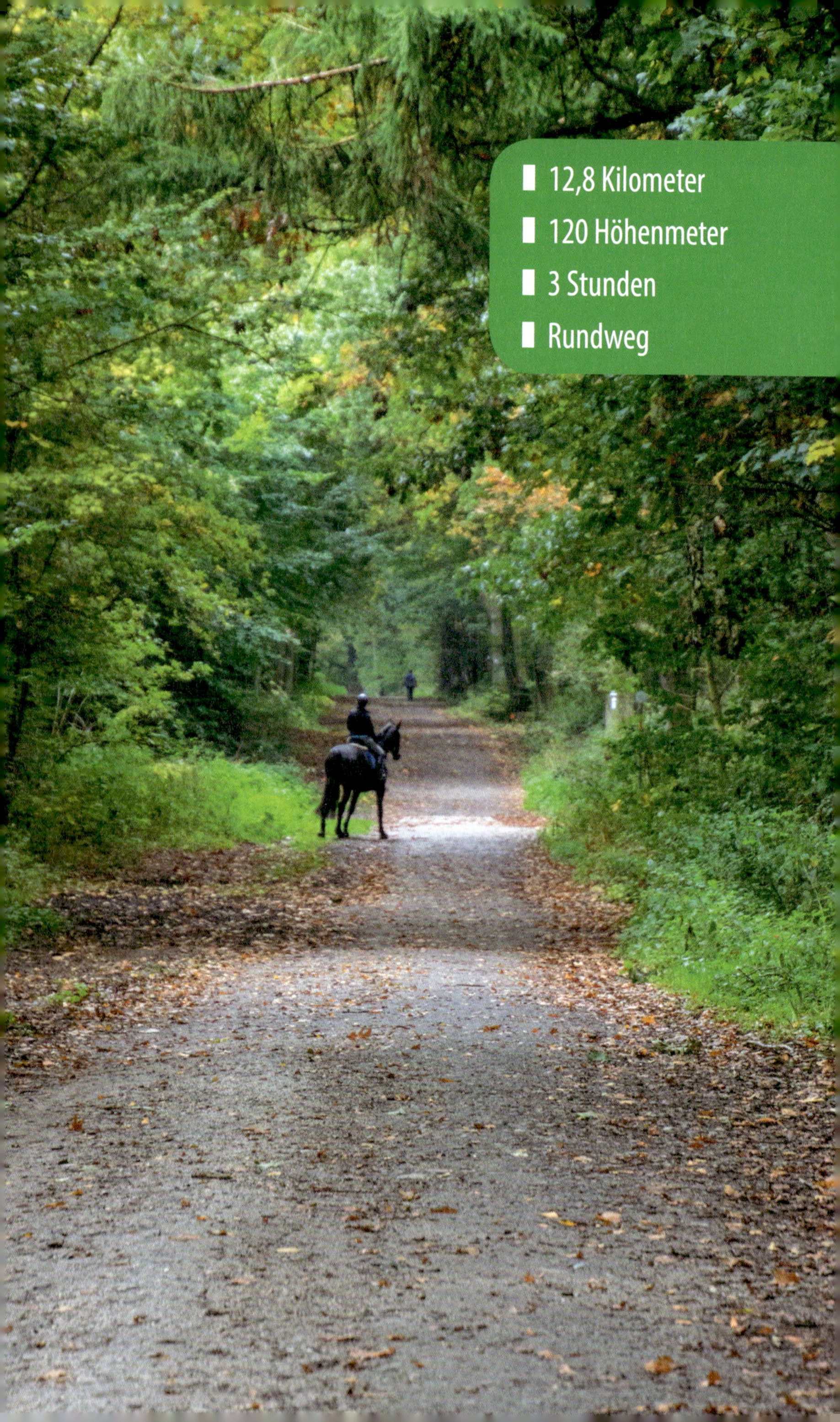

- 12,8 Kilometer
- 120 Höhenmeter
- 3 Stunden
- Rundweg

Grüne Lunge

Haardgrenzweg Oer-Erkenschwick

Diese Tour startet am Wanderparkplatz Mutter Wehner. Diesen Namen trägt ebenfalls der ansässige Gastronomiebetrieb. Links haltend gehen wir über den großen Wanderparkplatz und folgen der ausgewiesenen Landstreifer-Route Haard an der Grenze. Der auffällige Streckenhinweis im Lilaton trägt als Symbol einen Baum und einen stilisierten Weg. Dieser Markierung folgend, durchwandern wir anfangs eine Allee von alten Buchen, die mit ihrer gewaltigen Blätterpracht unseren Weg grün leuchtend überdachen. Am Ende des grünen Tunnels angekommen, laufen wir eine Weile an einer Pferdekoppel vorbei und genießen den schönen Panoramablick auf die umliegende Landschaft von Oer-Erkenschwick.

Oer-Erkenschwick zählt zu den jüngsten Orten des Kreises Recklinghausen und wird im Jahr 1150 erstmalig schriftlich erwähnt. Hinweise auf erste Siedlungen um Oer-Erkenschwick gab es schon um 800 v. Chr.

Unsere Tour verläuft immer geradeaus, bis wir nach einer Weile eine T-Kreuzung erreichen und rechts auf dem **Haardgrenzweg** abbiegen. Wir freuen uns auf diese erlebnisreiche Grenzerfahrung und wandern einen Teil entlang der sogenannten Waldpromenade. Dabei handelt es sich um einen neu gestalteten und 5,5 Kilometer langen Wanderweg. Nach ein paar Metern empfängt uns die schön gestaltete **Erlebnisstation Rundungen ❶**. Dabei wird auf den Umfang des Baumes und den seit etwa 1820 wachsenden Altbestand von Buchen hingewiesen. Die dickste

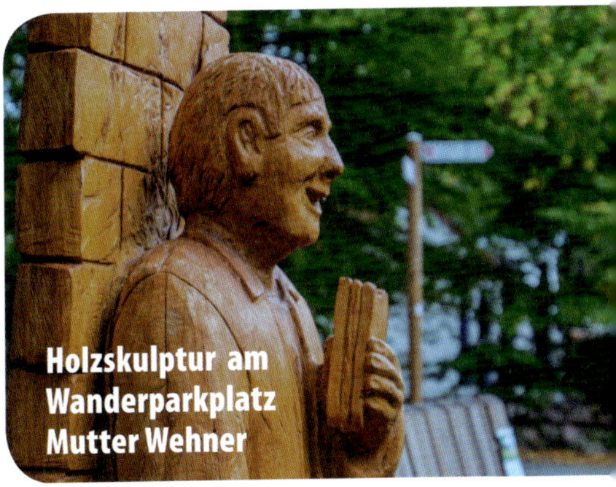

Holzskulptur am Wanderparkplatz Mutter Wehner

Die Buche erreicht eine Wuchshöhe von bis zu 30 Metern und wird bis zu 300 Jahre alt. Sie bildet im Sommer ein dichtes Kronendach aus grünen Blättern. Die Nussfrüchte der Buche werden Bucheckern genannt und sind eine Delikatesse für Wildtiere.

Buche auf diesem Waldabschnitt misst einen Umfang von 367 Zentimetern und ist etwa 220 Jahre alt.

Wir verweilen hier einen Moment, denn neben der informativen Schautafel beeindruckt uns wieder einmal die außergewöhnliche Holzkunst am Wegesrand. Gut gelaunt gehen wir auf dem breiten Forstweg etwas hangabwärts, bis wir die Kreuzung am **Kinder- und Jugendcamp Haard** erreichen. Diese überqueren wir geradeaus und bleiben auf dem Haardgrenzweg, der uns linker Hand an der Reitanlage Haard vorbeiführt. Entlang der Pferdekoppel geht es für uns leicht bergaufwärts und wir erreichen die **Erlebnisstation Wechselhaft ❷.** Hier haben wir eine Pausenmöglichkeit und einen großartigen Panoramablick, der uns eine weite Sicht über die Stadt Marl hinweg erlaubt. Gut ausgeruht, verlassen wir den idealen Pausenplatz und begeben uns weiter auf unsere Reise am Rande der Haard. Begleitet von einer üppigen Baumvegetation wandern wir leicht abwärts immer geradeaus, bis wir eine Kreuzung an einer Lichtung erreichen. Dort

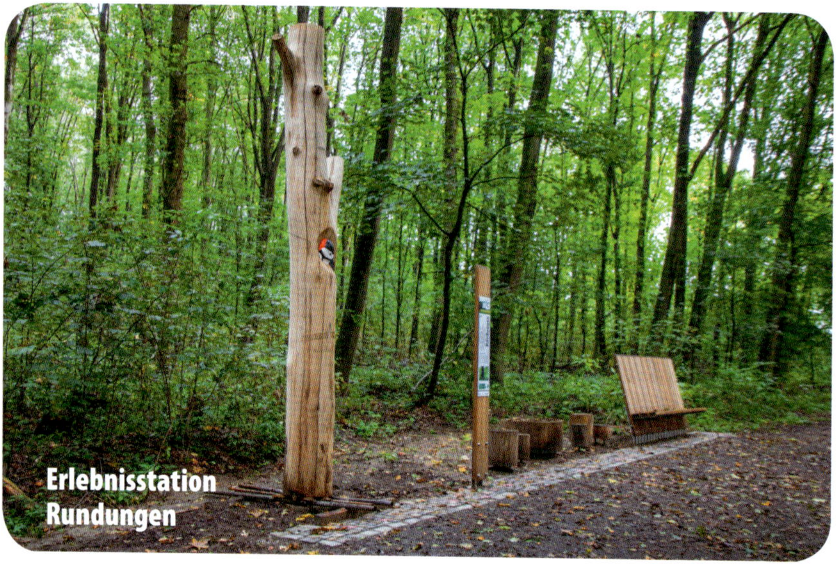

Erlebnisstation Rundungen

Für die Seele

Wir entdecken auf erlebnisreichen Pfaden eine kontrastreiche Landschaft und genießen dabei das wohltuende Waldklima der Haard.

gehen wir ins Waldgebiet und erkennen auf der rechten Seite eine rot-weiße Schranke. Dort vorbei und nach knapp 50 Metern folgen wir links der Landstreifer-Markierung. Nach kurzer Zeit erkennen wir einen Hinweis auf die Lokalität **Zum St. Johannes ③.** Wer mag, kann hier sehr gut frühstücken oder auch im Biergarten eine wohltuende Abkühlung im Sommer genießen. Unser Wegverlauf führt uns am Wanderparkplatz Haardgrenzweg und an einer weiteren rot-weißen Schranke vorbei. Hier wandern wir auf einem breiten Forstweg, der parallel zu einem Reitweg verläuft. Auf diesem Abschnitt erwartet uns am Weges-

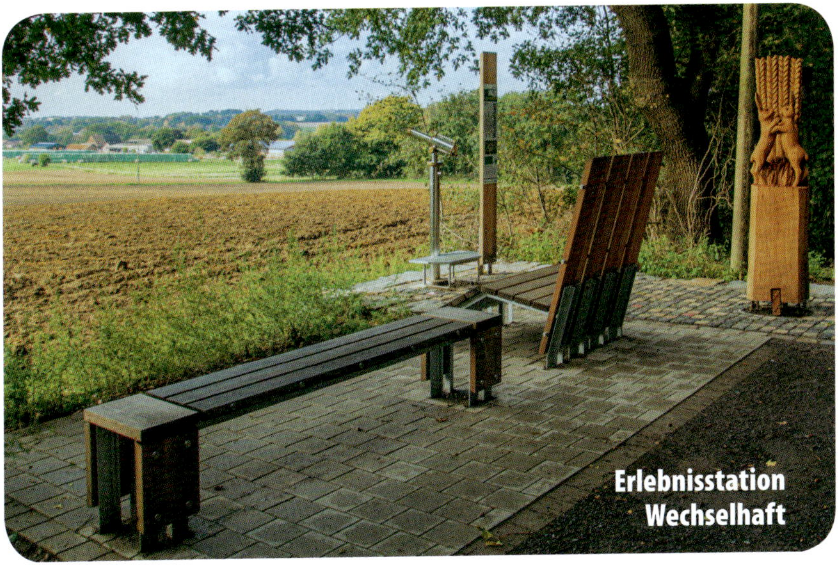

Erlebnisstation Wechselhaft

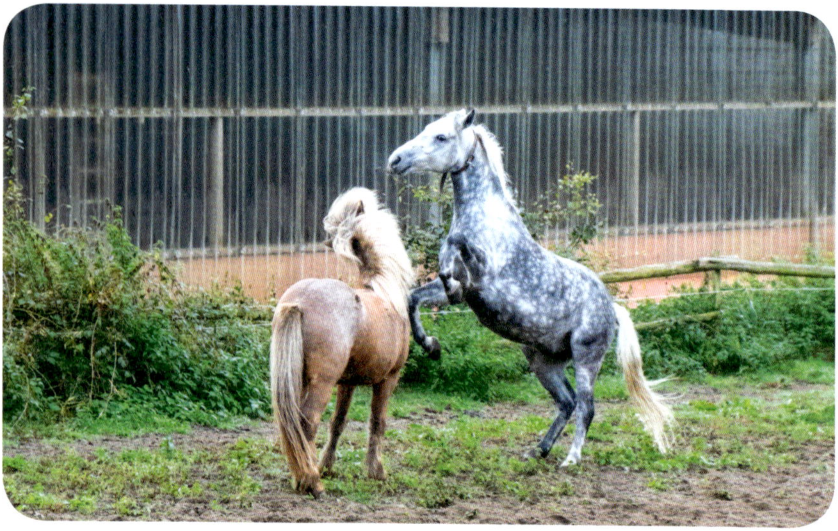

Der majestätische und selten gewordene Hirschkäfer lebt in naturnahen Wäldern und bevorzugt Eichenbäume. Mit seinen 9 Zentimetern und seinem imposanten Geweih ist er der größte Käfer bei uns. Dieser ist mit etwas Glück in den Monaten Juni bis Juli zu beobachten.

rand nach kurzer Zeit die **Wissensstation Unsichtbar ④**, die uns den Aufstieg auf einen Hochstand anbietet. Normalerweise sind diese Aussichtsplätze den Förstern und Jägern vorbehalten. Doch an dieser Erlebnisstation dürfen auch wir uns unsichtbar machen und erhalten vom Ausguck eine mögliche Chance auf eine Wildsichtung. Wir genießen die Stille und den schönen Moment des Draußenseins. Achtsam treten wir aus unserem Versteck heraus und steuern nach einigen Metern die nächste **Erlebnisstation** an. Diese trägt den Namen **Hirschkäferwiege ⑤**, veranschaulicht sehr schön den Lebenslauf der Hirschkäfer und gewährt uns Einblicke in eine gebaute Hirschkäferwiege.

Mit viel Wissen im Gepäck verlassen wir die Waldpromenade und biegen kurz nach der Hirschkäferstation rechts auf einen Waldpfad ab. Was für eine kontrastreiche Wanderung, denn unser weiterer Verlauf führt uns vom Rande der Haard nun für einige Kilometer tief ins Waldgebiet hinein. Unsere Strecke nimmt vorerst einen geraden Verlauf, bis wir nach einer Weile auf einen breiteren Forstweg stoßen. Dort gehen wir erst rechts und kurz danach wieder links. Wir durchwandern den schönen Waldabschnitt, der von Lärchen und Waldkiefern geprägt ist. Das stimmungsvolle Gezwitscher und Geklopfe zieht unsere Aufmerksamkeit hoch in die Baumkronen. Psst, der stille Beobachter entdeckt jetzt einen Buntspecht, der sich möglicherweise ein neues Wohnquartier zimmert. Wir genießen diesen Glücksmoment unserer erholsamen Waldzeit und erreichen nach weiteren 500 Metern den **Flaesheimer Weg.** Dort biegen wir rechts ab und durchlaufen eine Kastanienallee, die besonders im Herbst ihre Früchte sichtbar auf dem Weg verteilt. Hier passen wir auf die Wegführung genauer auf, denn an der nächsten Kreuzung weichen wir kurz von der Landstreifer-Route ab. Später werden wir an einer anderen Stelle unsere Landstreifer-Tour weiter fortsetzen. Doch zuerst biegen wir rechts auf einen Forstweg ab, um dann nach etwa 250 Metern links auf einen schmalen Waldpfad in das **Naturschutzgebiet Brinksknapp ❻** zu laufen. Diese sensible Zone zählt mit ihren 17 Hektar zu den letzten intakten Hochmooren. Eine kleine Lichtung mit einer Sitzbank entpuppt sich nicht nur für uns als ein idyllischer Pausenplatz, sondern auch als eine besondere Naturoase. Eine kleine Aussichtsplattform, die etwas in den Weiher hineinragt, erlaubt uns einen weiten Blick über die schutzwürdige Gewässerzone, die auch Heimat von seltenen Tier- und Pflanzenarten ist. Wie schön es ist, diesen puren Moment an Natur zu erleben! Wir beenden unsere kurze Stippvisite und folgen dem weiteren Wegverlauf auf einem schmalen Pfad, der uns zu einer Weggabelung führt. Hier entscheiden wir uns für die linke Abzweigung und folgen für eine Weile den auffälli-

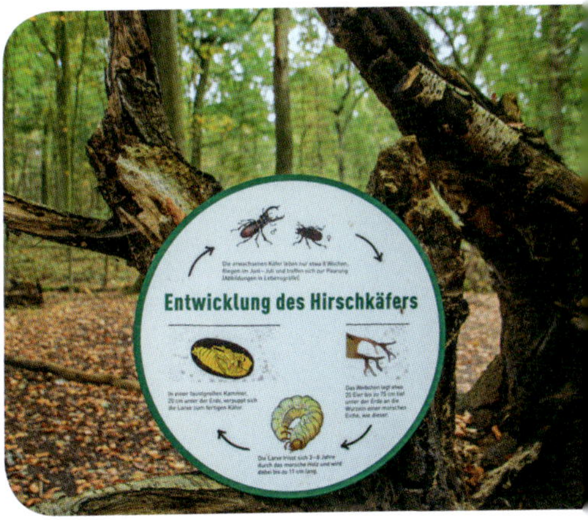

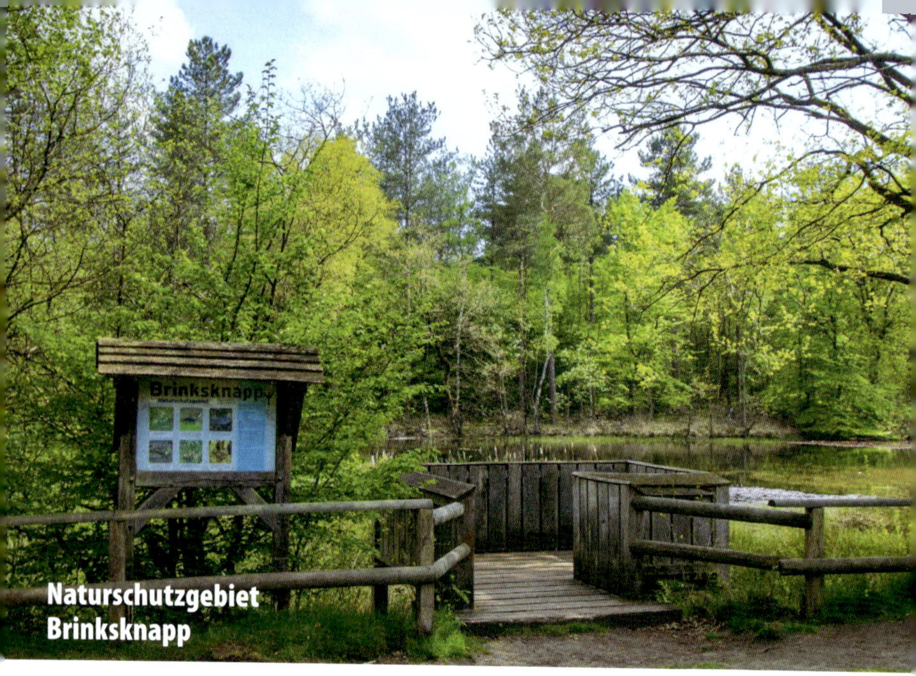

Naturschutzgebiet Brinksknapp

gen Hohe-Mark-Steig-Zeichen. An einer überschaubaren Kreuzung gehen wir nach links, bis wir nach knapp 300 Metern an einer Kreuzung wieder den breiten Flaesheimer Weg erreichen. Dort biegen wir rechts ab und folgen den uns bekannten Landstreifer-Hinweisen. Diese führen uns schon nach kurzer Zeit rechts auf kurvenreichen Pfaden, bis wir uns an einer Weggabelung links halten müssen. Wir laufen am Fuße des Schwarzen Bergs, der mit seiner Höhe von 124 Metern den Mittelpunkt des seit 1990 ausgewiesenen Naturschutzgebiets darstellt. Über einen längeren Zeitraum geht es für uns immer geradeaus. Dabei lassen wir uns souverän von den Wanderzeichen bis zur nächsten Kreuzung lotsen. Rechts entlang geht es weiter auf angenehmen Waldpfaden, die links und rechts von hochgewachsenem Farnkraut gesäumt sind. Typisch Haard könnte man auch sagen, denn der Eiszeit geschuldet führen oftmals sandige und hügelige Wege durch die abwechslungsreiche Landschaft. Wir gehen weiter und gelangen zu einer Weggabelung, an der wir uns rechts halten und dabei die reizvolle Landschaft des Naturparks Hohe Mark genießen. An manchen

Stellen am Wegesrand deutet der aufgewühlte Boden auf Wildschweine hin. Wildarten wie Wildschweine und Rehe sind keine Seltenheit in der Haard, doch oft lassen sie sich nur in den Morgenstunden oder in der Abenddämmerung blicken. Wir laufen für etwa 1 Kilometer auf teils wilden Pfaden geradeaus, bis wir an einer T-Kreuzung auf einen breiteren Weg treffen. Links herum gehen wir den Weg leicht aufwärts, dieser führt uns schon nach kurzer Zeit wie auf einer Rodelpiste mit großartigem Blick wieder ins Tal hinunter. Auf der nächsten Anhöhe angekommen, gehen wir an der Kreuzung nach rechts. Rechts des Weges erkennen wir ein eingezäuntes Gelände, das die Förster des RVR. Ruhr für die Pflanzung von Zukunftsbäumen nutzen. Neben der Roteiche und der Douglasie bilden dort die heimische Traubenkirsche, die Esskastanie und Küstentanne eine Klimaallee, die den Wetterextremen des Klimawandels trotzen soll. Wir gehen noch ein Stück den Zaun entlang, bis wir dann wieder den Spuren des Landstreifers nach links folgen. Die letzten knapp

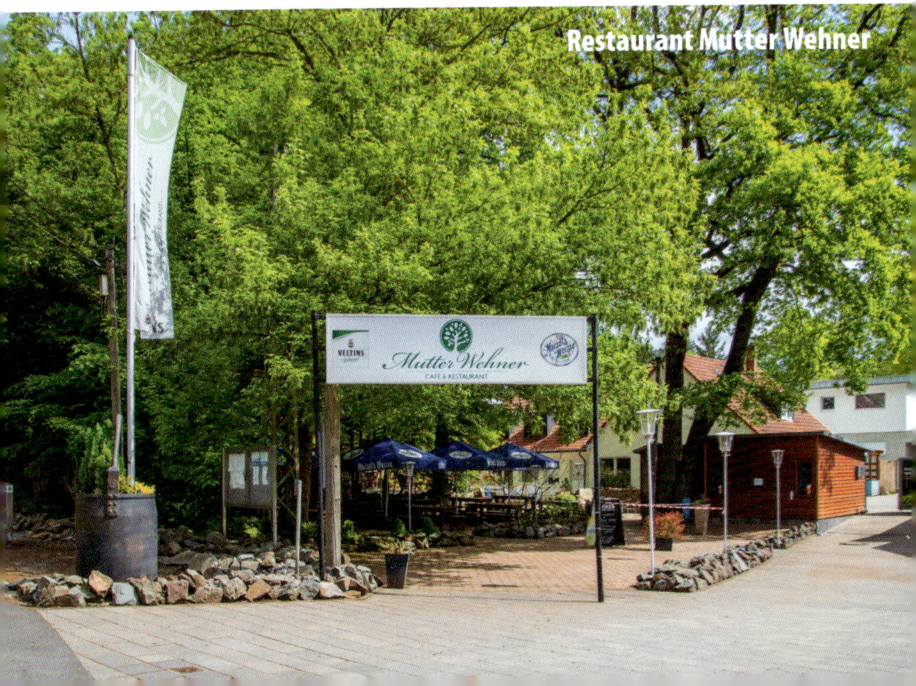

Restaurant Mutter Wehner

Auszeittour 3

2 Kilometer verbringen wir erneut auf schmalen Pfaden und verschnörkelten Wegen. Dabei geht es hauptsächlich geradeaus und kurz nachdem wir die breite Holthäuser Straße an einer Kreuzung überqueren, geht es wieder rechts entlang der uns bekannten Wanderzeichen. Hier sind wir achtsam, denn unsere Wegführung bildet nach ein paar Metern auf einer kleinen Anhöhe links unseren weiteren Streckenverlauf. Kurvenreich folgen wir den Wanderzeichen, die uns für rund 400 Meter bis zum Ausgangsziel führen. Zum Abschluss unserer erholsamen Wandertour freuen wir uns auf ein kühles Getränk im Biergarten des traditionsreichen Gastronomiebetriebs bei **Mutter Wehner 7.**

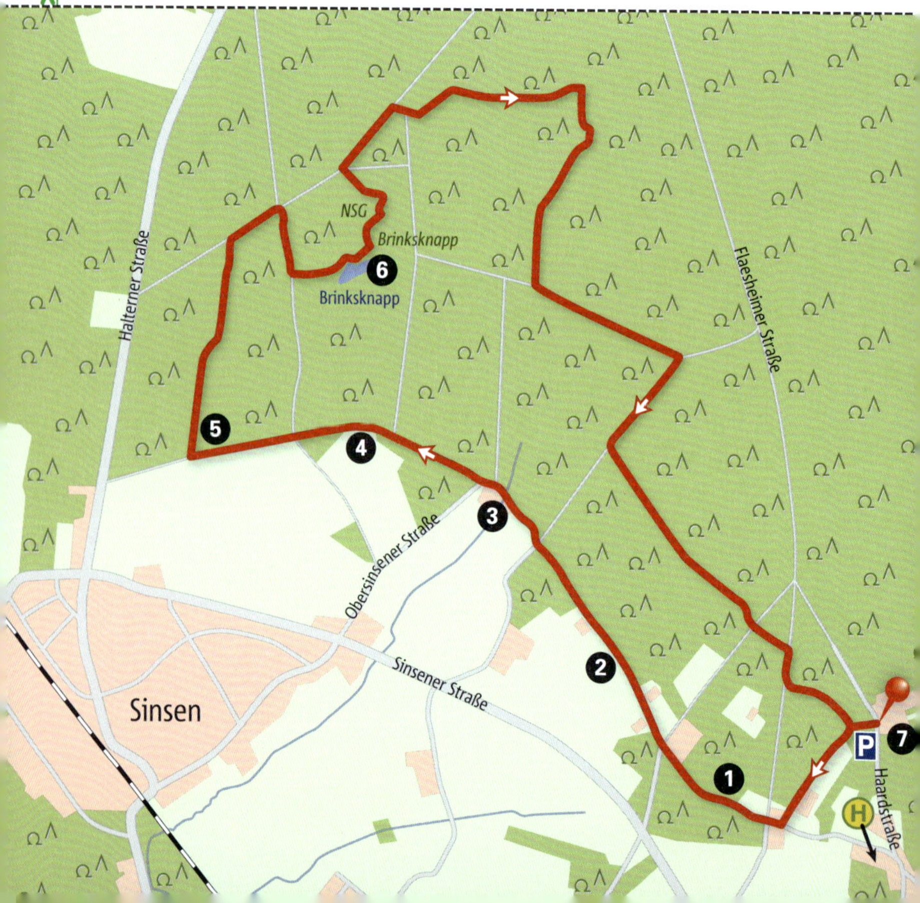

Entspannung ✱✱✱✱✱
Genuss ✱✱✱✱✱
Romantik ✱✱✱✱✱

WIE & WANN:
Befestigte Wege, hügelige, teils sandige und unbefestigte Pfade.
Ganzjährig interessant, Hirschkäferzeit von Juni bis Juli.

HIN & WEG:
Auto: Wanderparkplatz 55 Mutter Wehner, Haardstraße 196, 45739 Oer-Erkenschwick (GPS: 51.663597, 7.232216)
ÖPNV: Bus 231 bis Oer-Erkenschwick Maritimo (Fußweg 30 Minuten)

ESSEN & ENTSPANNEN:
Mutter Wehner ❼ Haardstraße 196, 45739 Oer-Erkenschwick, Tel. (0 23 68) 9 62 65 10, https://mutter-wehner.de
Zum St. Johannes ❸ Haardgrenzweg 330, 45739 Oer-Erkenschwick, Tel. (0 23 68) 12 09

ENTDECKEN & ERLEBEN:
Erlebnisstation Rundungen ❶
Erlebnisstation Wechselhaft mit Panoramaausblick ❷
Wissensstation Unsichtbar ❹
Erlebnisstation Hirschkäferwiege ❺
Naturschutzgebiet Brinksknapp ❻

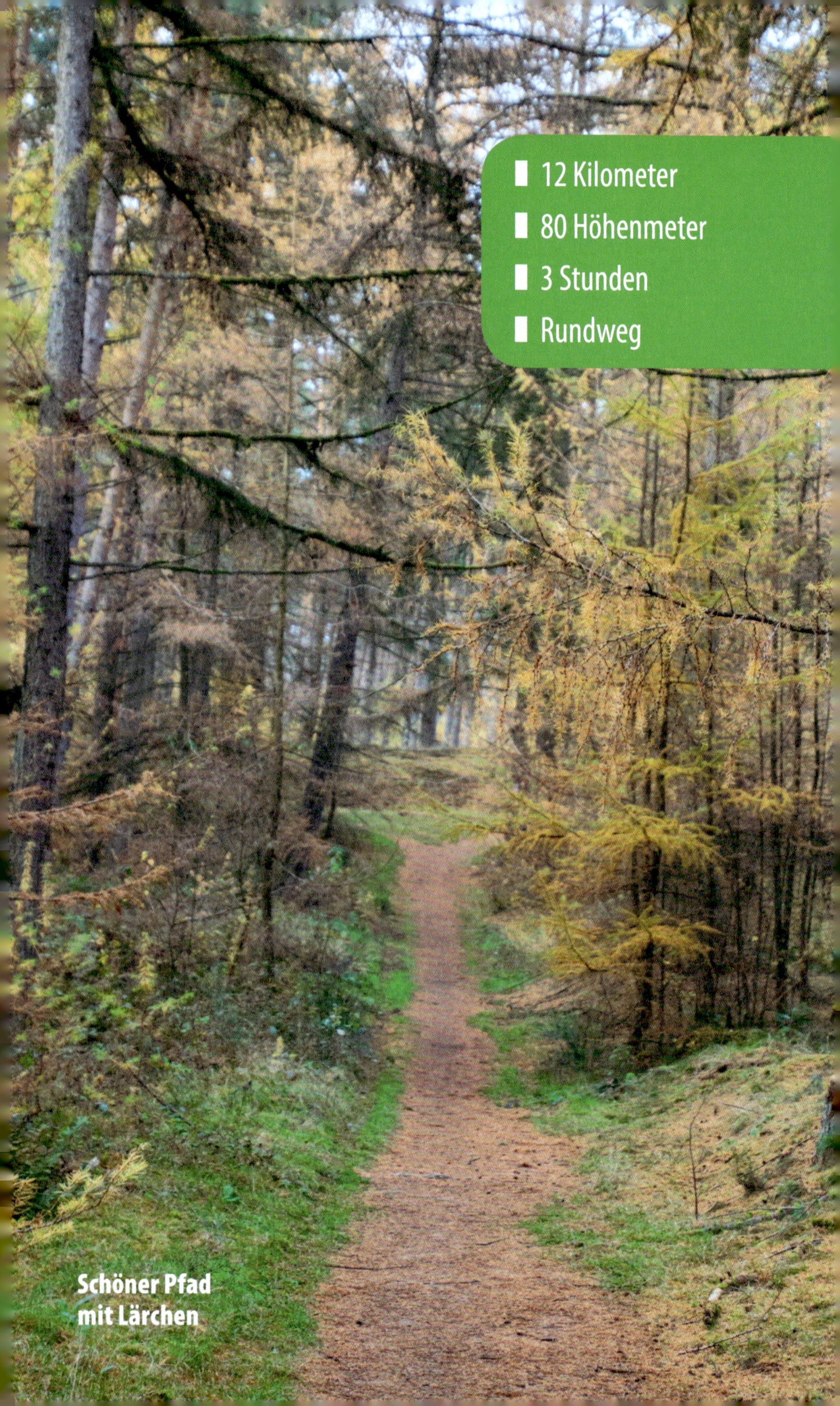

Schöner Pfad mit Lärchen

Wildspuren

Durch die Üfter Mark

Diese Wanderung führt uns direkt vom Wanderparkplatz ins wundervolle Naherholungsgebiet der Üfter Mark und lässt uns auf verschnörkelten Pfaden Spuren des Wildes entdecken. Wir bevorraten uns mit ausreichend Proviant und packen für die Beobachtungsstation ein Fernglas mit in den Rucksack. Die Wanderwege in der Üfter Mark sind sehr gut markiert und bieten je nach Wanderlaune kurze bis längere Strecken. Interessiert schauen wir uns anfangs die **Schautafel über den Ameisenpfad ①** an, der ein besonderes Erlebnis auf Naturpfaden bietet.

Ein sogenannter Ameisenpfad startet ebenfalls direkt vom Wanderparkplatz und ist ein naturbelassener Barfußweg von 4,2 Kilometern. Kleine und große Naturliebhaber entdecken und ertasten dabei die Bodenbeschaffenheit des lehrreichen Pfads.

Wir folgen dem Wanderweg A5/A6, der uns erst geradeaus und dann nach knapp 50 Metern rechts ins Naturschutzgebiet auf weichen Pfaden führt. Hier stoßen wir auch auf den **Landstreifer-Wanderweg Üfter Mark.** Wir folgen dem Wegverlauf und gehen durch eine halboffene Landschaft geradeaus. Nach einem leichten Schlenker nach links biegen wir rechts auf den Wanderweg A5/A6 ab und laufen zwischen Kiefern und Birken, bis wir an einer T-Kreuzung wieder links abzweigen. Kurz sind wir geradeaus unterwegs, bis wir an einer Weggabelung dem A5/A6 auf weichem Waldpfaden nach rechts folgen. Hohe Kiefern und goldgelbfarbige Lärchen laden uns für die nächsten 500 Meter auf eine Besichtigungstour ein. Wie schön es ist, draußen zu sein! Die Strecke wird leicht hügelig und im Herbst ist der Weg mit großen Eichenblättern gepflastert. Das stimmungsvolle Rascheln ist das reinste Wandervergnügen. Wir genießen das wohltuende Waldaroma und biegen kurz nach einer Linkskurve,

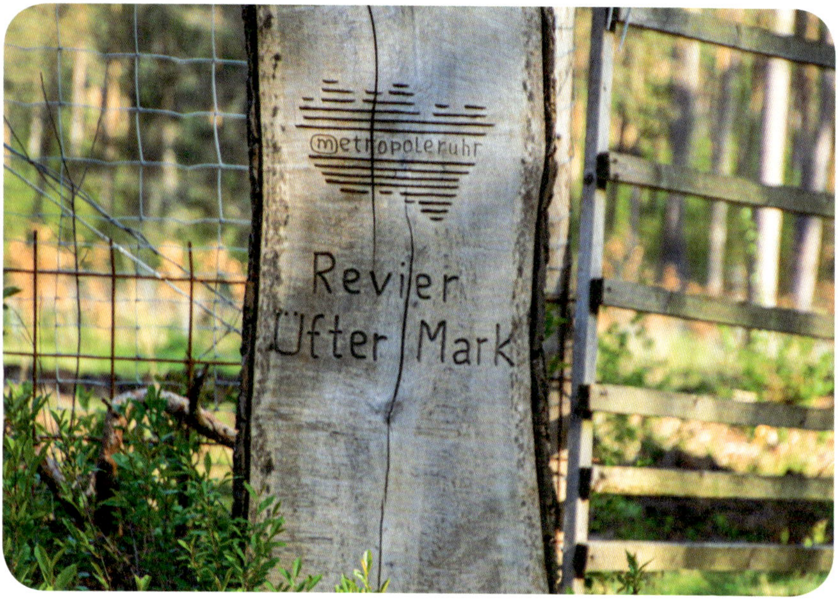

auf dem A5/A6 bleibend, nach rechts ab. Ein schmaler Wanderpfad erwartet uns bereits und lässt uns kurvenreich durch die Waldidylle bis zu einer Weggabelung schlendern. Hier folgen wir dem Wegverlauf rechts, bis wir an einer T-Kreuzung die auffällige Sitzbank im Stil des Hohe Mark Steigs erkennen. Bevor wir links vor der Sitzgelegenheit abbiegen und auf ein Teilstück des Ameisenpfads treffen, gönnen wir uns hier eine kleine Trinkpause. Immer noch dem A5/A6 folgend, sind wir nun auf dem breiten Weg **Entenpoete** für eine Weile unterwegs. Auf einer Schautafel im Zeichen des Ameisenpfads erhalten wir interessante Hinweise über die Baumvegetation der Üfter Mark. Auch wenn aktuell die Kiefernwälder noch dominieren, so wird der Laubwald mit seinen Stieleichen und Birken nach und nach das Landschaftsbild der Üfter Mark prägen. Wir erreichen eine Kreuzung, an der wir weiter geradeaus auf dem Hirschpfad unsere Wanderung fortsetzen und unseren bisherigen Wanderweg A5/A6

Für die Seele

Auf zu einer märchenhaften Reise durch die Üfter Mark. Goldgelbe Lärchen glänzen in der Herbstsonne und Rothirsche röhren in der Brunftzeit.

vorerst verlassen. Nach einigen Metern gelangen wir zu einer **Wildbeobachtungshütte ②**. Mit etwas Glück kann man auch zur Tageszeit unsere größte heimische Wildtierart, das Rotwild, beobachten. Ganz nebenbei lassen sich Fuchs, Wildschwein und Reh auf dem 1500 Hektar großen Waldgebiet der Üfter Mark sehen. Ein wundervolles Naturerlebnis. Wir genießen die Stille und folgen weiter den Spuren des Wildes auf dem Hirschpfad, der uns zu einer T-Kreuzung führt, an der wir rechts auf den im Herbst vom Laub eroberten Weg abbiegen.

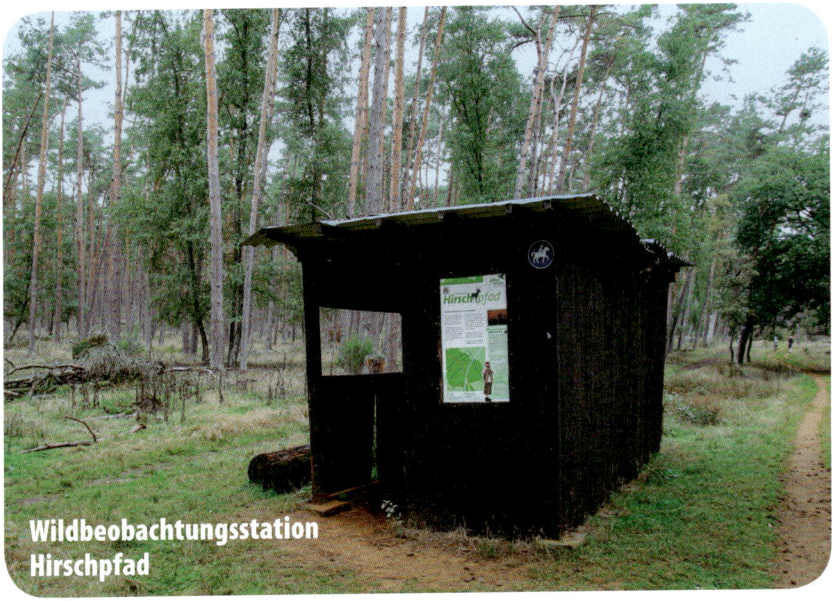

Wildbeobachtungsstation Hirschpfad

Dieser bringt uns schon nach kurzer Zeit wieder zu einer T-Kreuzung, an der wir diesmal links auf dem Wanderweg A2/A6 abbiegen. Auch der Hohe Mark Steig führt wandernde Personen durch die kontrastreiche Landschaft, die nun von weitflächigen Lichtungen und hochgewachsenen Kiefern geprägt ist. Nach etwas über 400 Metern teilt sich der Weg und wir folgen dem A2-Wegverlauf leicht rechts versetzt und kommen dann an einer Kreuzung an. Es ist Zeit für einen Abstecher zur großen **Aussichtsbühne Rhader Kanzel ③.** Wir merken uns die Kreuzung für unseren späteren Wegverlauf und gehen nun rechts zur Beobachtungshütte. Die überdachte Holzkonstruktion befindet sich in unmittelbarer Nähe und ist obendrein ein idealer Pausenplatz für uns. Die großzügige Anzahl von Sitzgelegenheiten, die höhenversetzt angelegt wurden, bieten eine erlebnisreiche Atmosphäre. Wir stärken uns mit unserem Proviant aus dem Rucksack und schauen weitschweifend über die riesige Lichtung

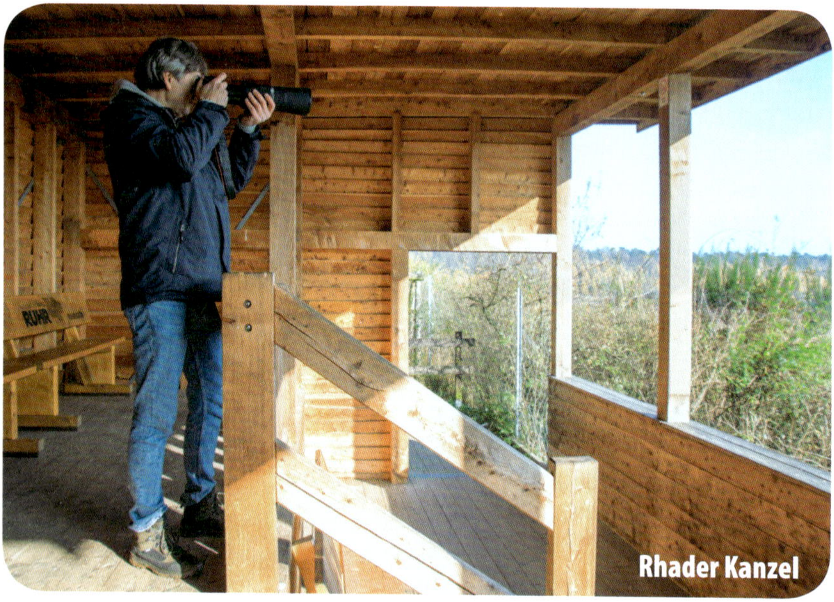

Rhader Kanzel

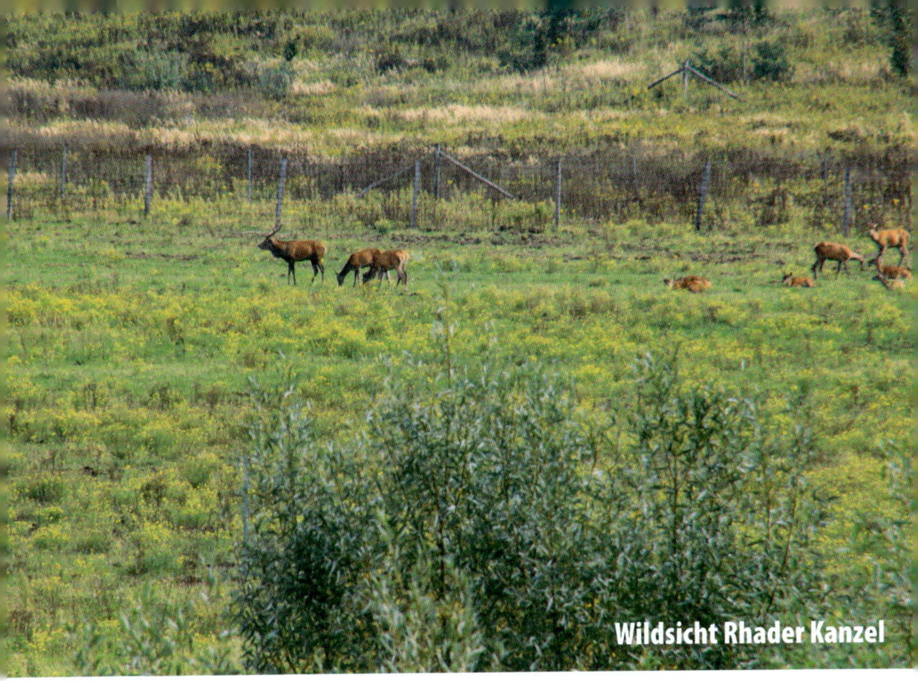

Wildsicht Rhader Kanzel

der ehemaligen Kiesgrube. Links und rechts am Waldrand entdecken wir mit etwas Glück erste wilde Kandidaten, die ihr Können zur Brunftzeit im Herbst zur Schau stellen. Willkommen in der Brunftarena der Platzhirsche. Wir genießen die Audienz beim König und erfreuen uns an der einzigartigen Kulisse.

Gut gestärkt verlassen wir den schönen Aussichtspunkt und wandern noch beeindruckt zur uns bekannten Kreuzung zurück. Unsere Wanderung führt nun rechts auf idyllischen Waldpfaden, die teilweise mit der Landstreifer-Route Üfter Mark übereinstimmen. Gut gelaunt wandern wir geradeaus, bis unsere Route an einer T-Kreuzung nach rechts schwenkt. Parallel verläuft hier auch der A1-Wanderweg, an dem wir uns ebenfalls für die nächste Zeit orientieren. Wir erfreuen uns an dem stimmungsvollen Herbstspaziergang, der uns auf eine Reise durch das bunte Farbenmeer mitnimmt. Ob Landstreifer- oder A1-Markierung, beide führen uns nach einer Weile am **Forsthaus Üfte** 4 vorbei, an dem wir scharf links auf den **Kruesbergweg** abbiegen. Auf dem A1 und Landstreifer-Weg bleibend, laufen wir immer geradeaus und erreichen

!

In den Herbstmonaten ist Brunftzeit und in der Üfter Mark wird gefochten und lautstark geröhrt. Die Rothirsche mit ihren schweren Geweihen führen Rangkämpfe um die Krone. Das Wild ist dann besonders in den Morgen- und Abendstunden von Weitem zu hören.

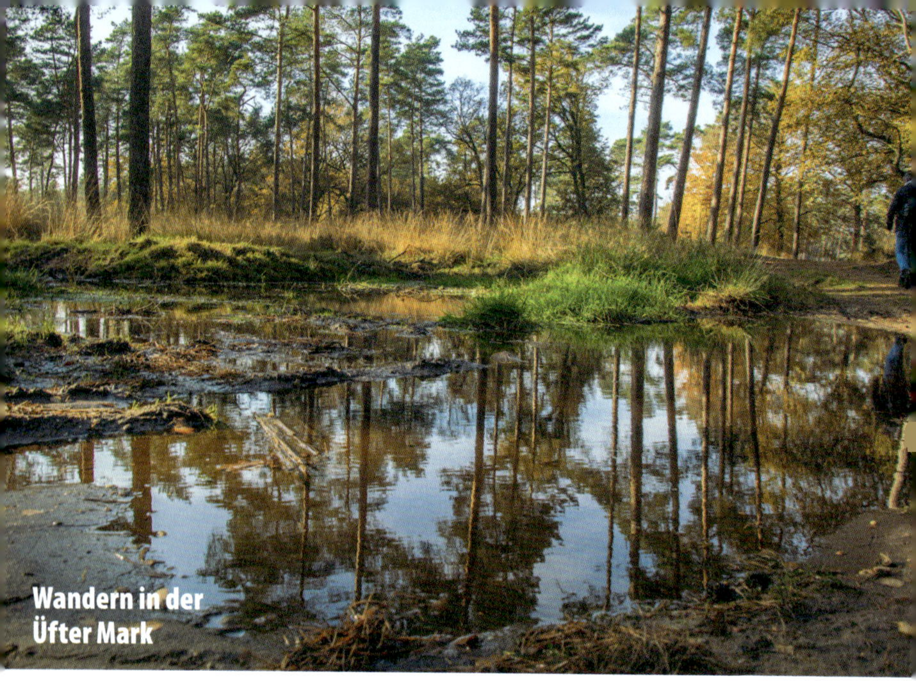

nach längerer Zeit eine größere Kreuzung, an der wir links auf den **Schulweg** abzweigen. Nach weiteren 150 Metern geradeaus gehen wir links den A1-Markierungen folgend am Waldrand entlang weiter. Direkt an der Ecke lädt uns eine Sitzbank unter einer alten Eiche zu einer idyllischen Rast ein. Wir nehmen das charmante Angebot für eine kurze Trinkpause an und wandern nach dem Energieschub geradewegs in das Waldgebiet hinein. Das auffällige Wanderzeichen des Landstreifers Üfter Mark und der A1-Weg führen uns auch hier souverän, den Wegverlauf leicht links versetzt, den Waldpfad entlang, der nach kurzer Zeit einen Schlenker nach rechts macht. Hangaufwärts führt uns der A1 durch den Mischwald, der im Herbst seine Blätter allmählich auf dem Boden verteilt. Nach knapp 600 Metern gelangen wir zu einer T-Kreuzung, an der wir links abbiegen und unmittelbar danach wieder rechts auf raschelndem Blätterboden weiterwandern. Weiterhin bleiben wir auf den Spuren des Landstreifers und auf dem A1, der uns geradeaus bis zu einer T-Kreuzung bringt, wo wir links abbiegen. Nun folgen wir noch für einen kurzen Wegeabschnitt dem A1, um dann nächstmöglich links auf dem A2 unsere Tour fortzusetzen. Der breite Wegverlauf lässt eine offene Sicht zu und wir genießen den tiefen Blick in die Seele des Waldes, bis wir eine T-Kreuzung erreichen. Dort wenden wir uns auf dem Forstweg nach rechts, um uns kurz danach links am Landstreifer Üfter Mark zu orientieren. Links und rechts am Wegesrand fällt uns der aufgewühlte Waldboden auf, der auf Wildschweinaktivitäten hindeutet. An der nächsten T-Kreuzung ankommend, gehen wir rechts und erkennen an der Weggabelung leicht links versetzt die Üfter-Mark-Zeichen, die uns direkt wieder auf verschnörkelten Pfaden mitnehmen. Mit einem Schlenker nach links geht es auf weichem Waldboden weiter und wir kommen an einem Hochstand vorbei, der den Förstern eine gute Aussicht über die weite Lichtung bietet. Wir folgen dem Verlauf erst rechts und wandern dann links am Rande der Lichtung weiter und

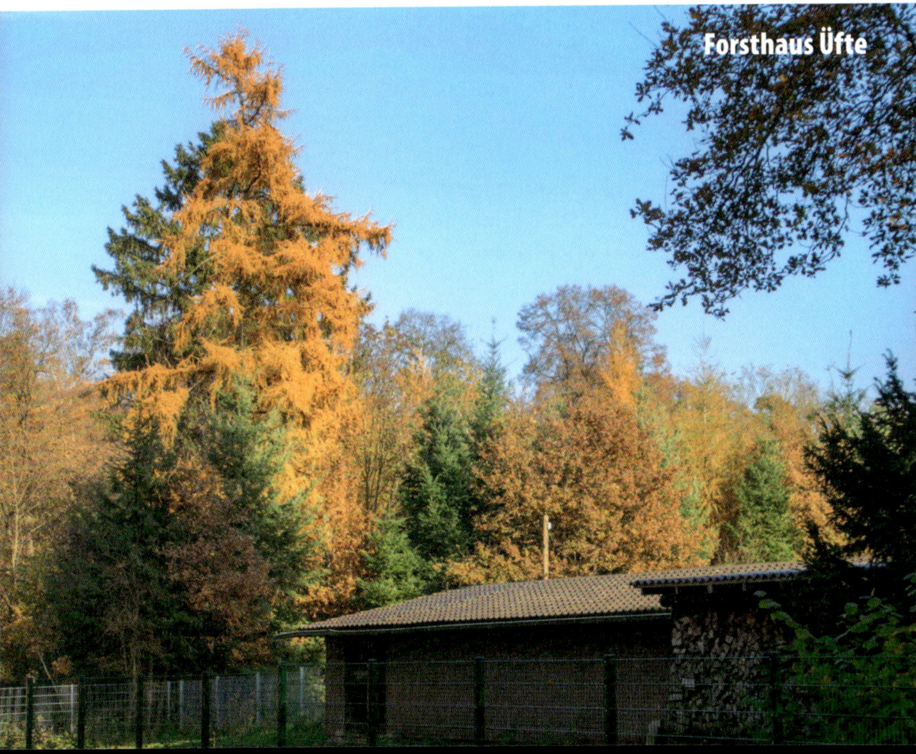

Forsthaus Üfte

genießen den beeindruckenden Landschaftsabschnitt. Am Ende der Lichtung geht es leicht aufwärts und wir folgen rechts haltend den auffälligen Üfter-Mark-Zeichen. Über verschnörkelte Wege geht es an der nächsten Abbiegung links märchenhaft weiter. Im Herbst bescheren uns die goldgelben **Lärchen** ❺ entlang des wundervollen Weges magische Momente. Ein Genuss für unsere Wanderseele. Der lärchenhafte Weg führt uns zu einer Kreuzung, an der wir rechts auf den X8 abbiegen. Dieser bringt uns nach einer Weile geradewegs zu einer Kreuzung, an der wir links auf dem **Nottkamp** weitergehen. Unser Ausgangsziel liegt nun nicht mehr fern und mit entspannten Schritten immer geradeaus erreichen wir den Wanderparkplatz.

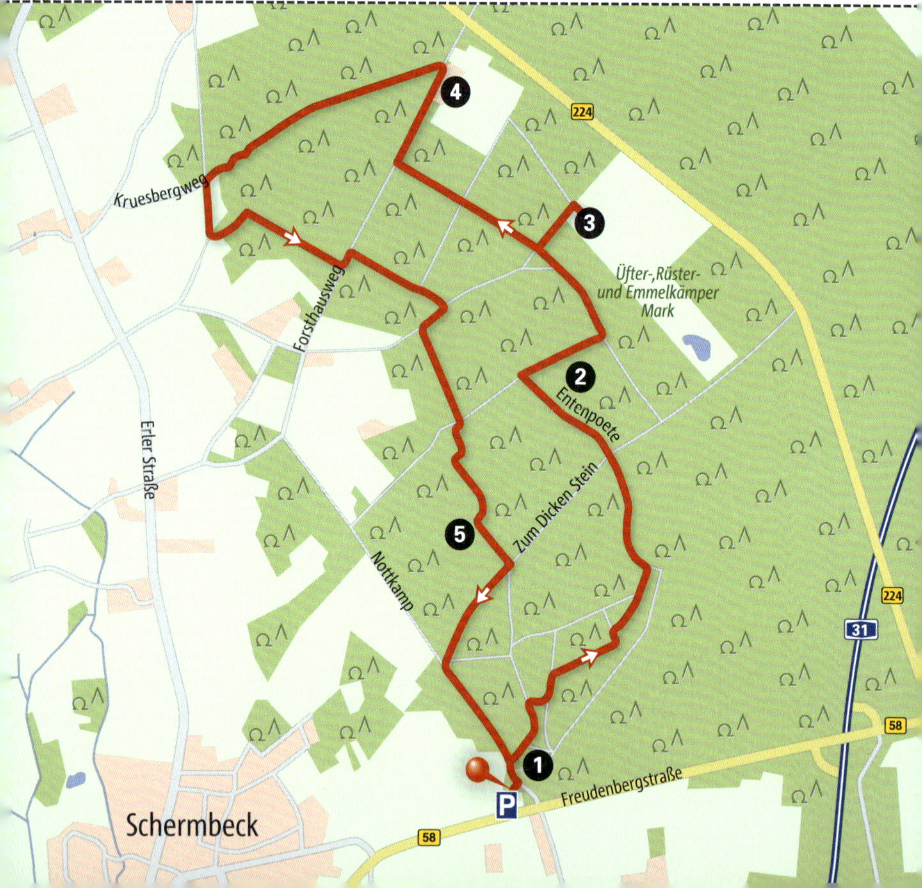

Entspannung ✱✱✱✱✱
Genuss ✱✱✱✱
Romantik ✱✱✱✱

WIE & WANN:
Hauptsächlich Forstwege und Naturpfade prägen diese schöne Strecke. Die Üfter Mark ist zu jeder Jahreszeit empfehlenswert, aber im Herbst zur Brunftzeit ist sie ein besonderes Ziel. Fernglas einstecken.

HIN & WEG:
Auto: Parkplatz Nottkamp 5, 46514 Schermbeck (GPS: 51.698478, 6.899807)
ÖPNV: keine direkte Anbindung an die Strecke

ESSEN & ENTSPANNEN:
Selbstversorgung

ENTDECKEN & ERLEBEN:
Schautafel Ameisenpfad ❶
Wildbeobachtungshütte Hirschpfad ❷
Aussichtsbühne Rhader Kanzel ❸
Forsthaus Üfte ❹ Forsthausweg 306 A, 46514 Schermbeck
Schöner Pfad mit Lärchen ❺

- 10 Kilometer
- 30 Höhenmeter
- 2,5 Stunden
- Rundweg

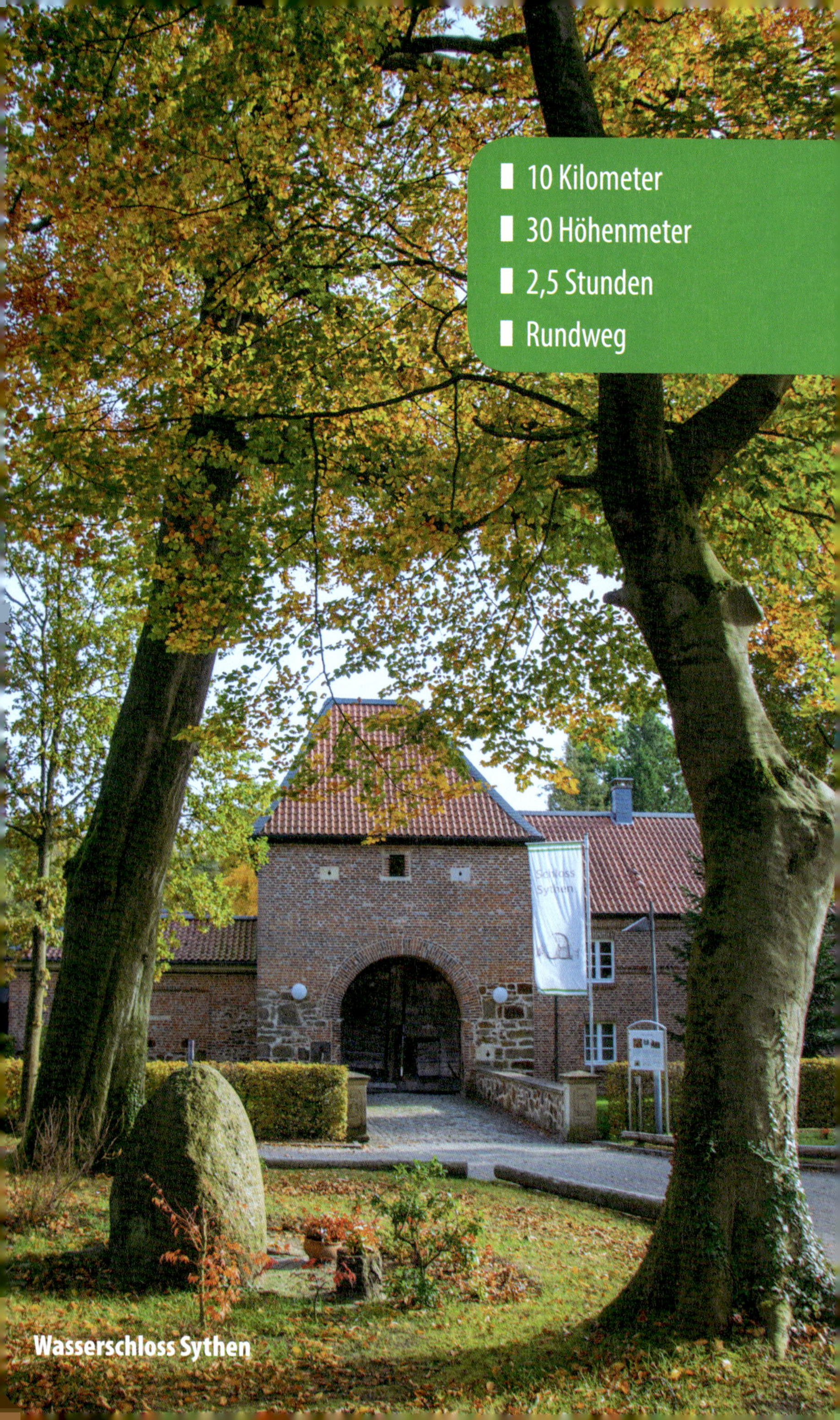

Wasserschloss Sythen

Bachlaufliebe

Wandern in Haltern-Sythen

Das idyllisch liegende **Wasserschloss Sythen** ❶ ist nicht nur ein historischer Hingucker, sondern auch ein ideales Ausgangsziel für unsere schöne Tour. Die romantische Kulisse schauen wir uns genauer an und starten kurz darauf vom anliegenden Wanderparkplatz.

Weit kommen wir nicht, denn gegenüberliegend wartet mit der alten **Wassermühle** ❷ schon das nächste Wanderhighlight auf uns. Dazu überqueren wir den Stockwieser Damm und stehen unmittelbar vor der restaurierten Mühle aus dem Mittelalter, die vom Heimatverein Sythen gehegt und gepflegt wird. Wir sind neugierig und schauen uns das Gebäude näher an. Wir gehen links den kleinen Weg zum Ufer hinunter und erhalten einen imposanten Blick auf die Rückseite der romantischen Mühle. Hier setzt der Mühlenbach das Wasserrad in Bewegung, das damit ein kleines Wasserkraftwerk antreibt und so dem öffentlichen Stromnetz 23 Kilowatt pro Stunde zur Verfügung stellt.

Beeindruckt und vom Wassergeplätscher völlig entspannt, gehen wir wieder zurück zur Hauptstraße. Mit der Mühle im Rücken setzen wir unsere Tour auf der anderen Seite links dem X folgend fort. Kurz vor der Linkskurve biegen wir rechts in die Straße **Grotekamp,** unmittelbar danach wandern wir erneut rechts in Richtung **Parkplatz Linnert.** Dieser zählt zur Ruhestätte Natur, das als besonderes Waldgebiet für Bestattungen, mit Bäumen und Sträuchern als Grabmäler, entwickelt wurde. Wir wandern entlang des Haltener Mühlenbachs, der sich rechter Hand langsam und in

Die Ursprünge des Schlosses Sythen gehen bis ins Jahr 758 zurück. Aus dieser Zeit stammt ein Verweis auf eine alte germanische Wallburg. Bis es 1989 die Stadt Haltern erwarb und mit Unterstützung restaurierte, konnten verschiedene Adelsfamilien die Burg ihr Eigen nennen.

Die alte Wassermühle dient nicht nur als kleines Wasserkraftwerk, sondern ist auch ein Donnerstagsschmankerl. Denn dann können nachmittags alte Schloss- und Mühlengeschichten bei von den Mühlenfrauen selbst gebackenen Kuchen ausgetauscht werden.

gänzlicher Stille seine Wege in den Wald bahnt. Wir sind im Naturschutzgebiet Bäche im Linnert und Rietwiesen unterwegs und laufen geradewegs auf eine Holzbrücke zu. Diese überqueren wir und halten uns danach rechts mit Blick auf ein **kleines Stauwehr ③.** Hier fließt der Mühlenbach gemütlich durch, bis er sich nach einigen Metern mit dem Sandbach vereint. Wir genießen diesen rauschenden Moment und folgen auf idyllischen Pfaden der bezaubernden Wasserstrecke, die uns ruhig durch das Naturschutzgebiet führt. Wir lieben den kurvenreichen Bachverlauf und lassen uns ruhig durch das Naturschutzgebiet leiten. Für kurze Zeit entfernen wir uns vom romantischen Bachlauf und folgen dem Wegverlauf, nach kurzer Zeit biegen wir rechts ab und laufen parallel zur und unterhalb der **Sythener Straße** weiter. Geradeaus weiter stehen wir vor dem **Sandbach ④,** wenden uns nach links und gehen direkt unter der Unterführung durch. Die Romantik hat uns schnell wieder. Auf wunderschönen Pfaden entlang des Sandbachs durchwandern

Sythener Mühle

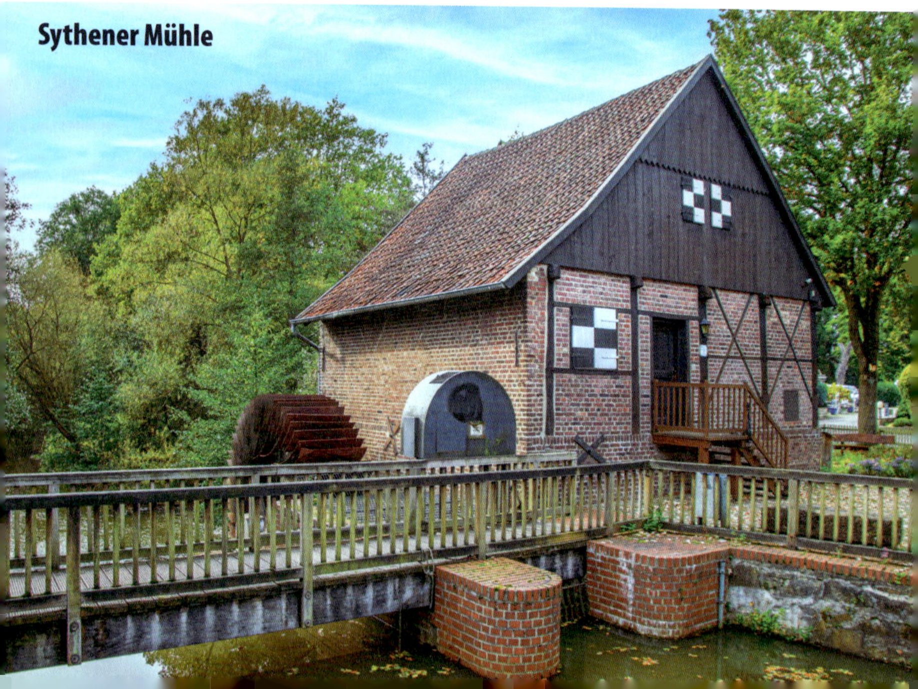

Für die Seele

Auf verschnörkelten Pfaden wandern wir durch eine wunderschöne Wald- und Auenlandschaft entlang mäandernder Bachläufe.

wir das große Waldgebiet und genießen für einige Kilometer unsere mäandernde Bachlaufliebe. Die Buchen und Eichen ragen weit mit ihrem Geäst über den Sandbach, sodass das bunte Blätterdach bei Sonnenschein wunderschön im Wasser schimmert. Wie herrlich es ist, draußen zu sein. Unsere Wanderseele ist in Stimmung und wir wandern zum Teil auf einem verwurzelten Naturpfad, der uns oft nahe an die Uferzonen bringt. Ein Schild auf der gegenüberliegenden Seite des Ufers weist auf die Gefahren eines ehemaligen Truppenübungsplatzes hin. Es ist gut, dass der Bach diesen Bereich wie ein Wassergraben einer Burg abschirmt, denn das Betreten dieser militärischen Zone ist verboten. Wir laufen immer noch parallel zum Sandbach, den wir nach einigen Kilometern an einer Weggabelung vorerst verlassen, um links auf einen schmalen Pfad abzubiegen. Dieser führt uns in ein offenes Gebiet in Richtung Waldrand. Kurz danach gelangen wir an eine T-Kreuzung, an der wir rechts mit Blick auf einen Hochstand abbiegen. Für ein paar Meter wandern wir zwischen Fichten, Waldkiefern und einer offenen Lichtung. Ein Bussard fliegt über uns her und signalisiert durch seine Geräusche, wem das Revier hier rechtmäßig zusteht. Akzeptiert. Aber diesen schönen Moment muss er sich mit uns teilen. Wir gelangen an eine Weggabelung und schlendern rechts auf dem Feldweg durch die offene Landschaft. Diese gewährt uns einen weiten Blick über die wilden Wiesen des **Naturschutzgebiets Linnert und Rietwiesen.** Einfach nur wunderbar, wanderbar. Unser Weg führt

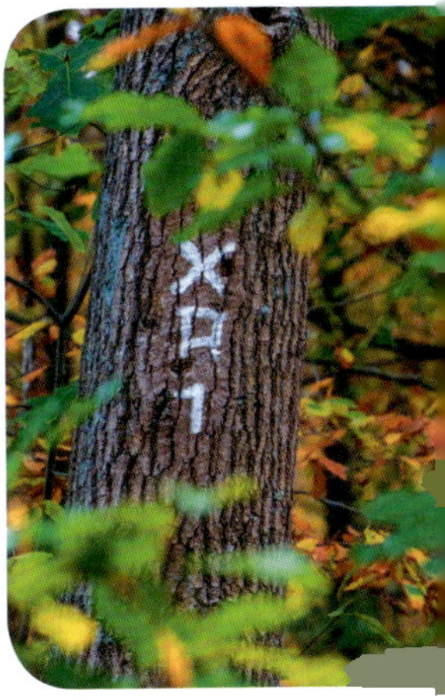

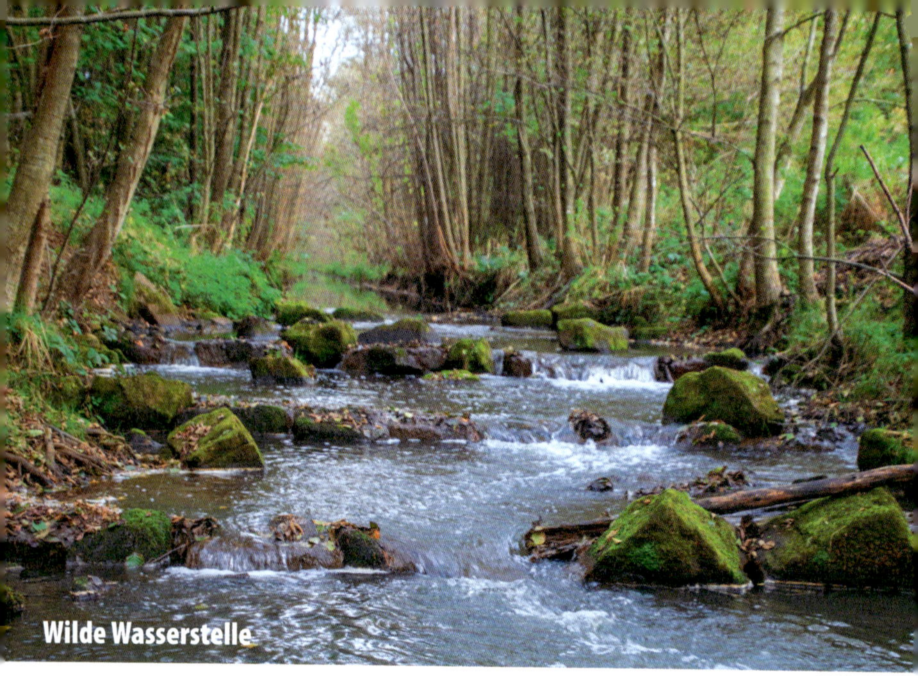

Wilde Wasserstelle

uns zu einer T-Kreuzung, an der wir links erneut dem charmanten Verlauf des Sandbachs folgen. An einigen Stellen sind sogar die Strömungen stark. Hier können wir bewundernd das wilde Fließen beobachten. Wir erfreuen uns an der schönen Umgebung, wandern für eine Weile parallel zum Sandbach und ignorieren auch eine Abzweigung, die nach links führt. Doch nach einiger Zeit treffen wir auf eine Weggabelung, an der wir nach links abbiegen und uns vom Sandbach verabschieden. Am Waldrand entlang und mit Weitblick über Felder und Wiesen gehen wir weiter und überqueren nach kurzer Zeit geradeaus eine Kreuzung. Ab und an nehmen wir Flugzeuggeräusche wahr, die uns an unseren Kaffeedurst zum Abschluss unserer Wanderung erinnern. Denn nach unserer Tour werden wir zum unmittelbar in der Nähe liegenden Café am Flugplatz fahren. Noch unterwegs auf dem Weg mit dem Namen Am Linnert folgen wir diesem bis zu einer T-Kreuzung, an der wir links auf den Wanderweg A1 abbiegen. Nach knapp 400 Metern entlang einer halboffenen Landschaft machen wir einen Abstecher nach rechts, um einen Blick auf den Mühlenbach zu werfen. Später kommen wir wieder hierher zurück. Von Weitem erkennen wir schon eine Brücke, die es uns ermöglicht, Eindrücke der Umgebung am **Mühlenbach 5** zu erhalten. Der ruhige Ort eignet sich bestens für eine Trinkpause und wir halten einmal mehr inne, um die Natur intensiv wahrzunehmen. Zurück an der T-Kreuzung wandern wir rechts ins Waldgebiet hinein und erfreuen uns im Herbst am bunten Blätterrausch. Nach einiger Zeit teilt sich unser Weg und wir folgen einem Waldpfad, der uns kurz danach an einer Kreuzung rechts abbiegen lässt. Wir lieben das bunte Herbstrauschen der Natur und tauchen immer tiefer ins wunderschöne **Waldgebiet der Borkenberge 6** ab.

Die Borkenberge sind geprägt von Kiefernwäldern, die durch naturnahe Maßnahmen nach und nach zu einem Laubmischwald entwickelt werden. Dabei dienen die offenen Heide- und Moorlandschaften als Schutzzone für gefährdete Tier- und Pflanzenarten.

Die kurvenreiche Strecke lässt uns nahe an die dicht bewachsene Baumvegetation und wir genießen das erholsame Klima des Mischwaldes. Wir erreichen wieder eine Weggabelung und machen einen Schlenker nach rechts. Kurz darauf halten wir uns links, um dann etwas später an einer Weggabelung rechts weiterzuwandern. Hohe Kiefern begleiten uns die letzten

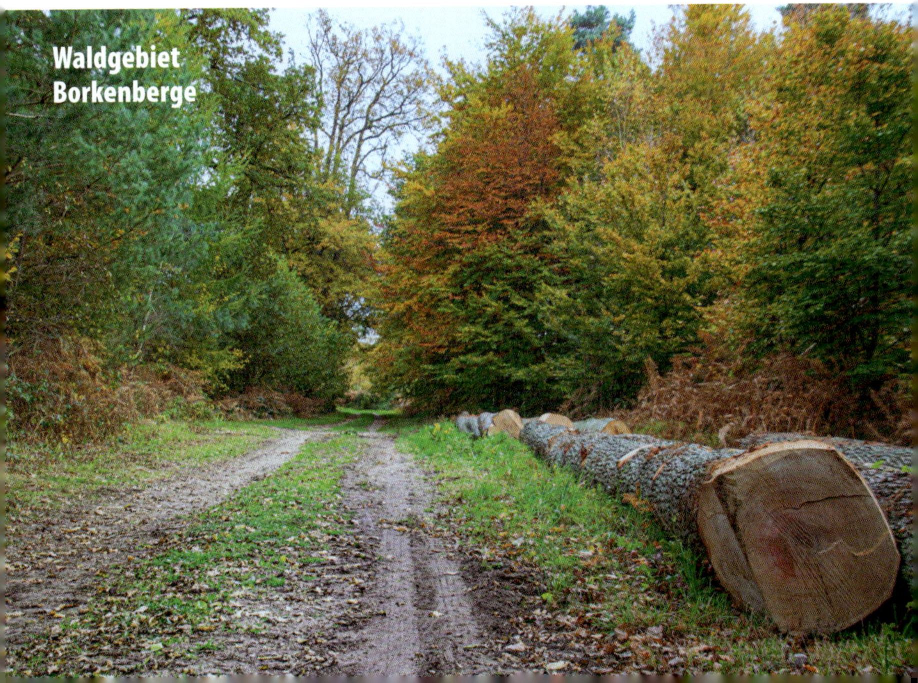

Waldgebiet Borkenberge

Auszeittour 5

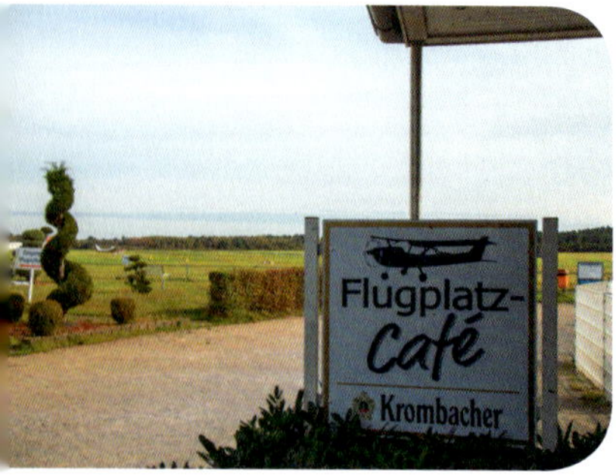

Meter auf dem Naturpfad, der uns nach einer Weile bis zu einer T-Kreuzung bringt. Hier biegen wir links auf dem breiten Forstweg ab und erkennen die Wandermarkierung A1. Dieser folgen wir zum Abschluss noch für knapp 400 Meter und unterqueren dann die **Sythener Straße,** um nach weiteren Metern das kleine Stauwehr zu erreichen. Das letzte Teilstück ist uns schon vom Hinweg bekannt und wir lassen unsere Wanderung bis zum Wanderparkplatz langsam auspendeln. Im Anschluss fahren wir noch zum **Flugplatz Café Borkenberge** 7 und beobachten bei einem Pott Kaffee die Flieger der Lüfte.

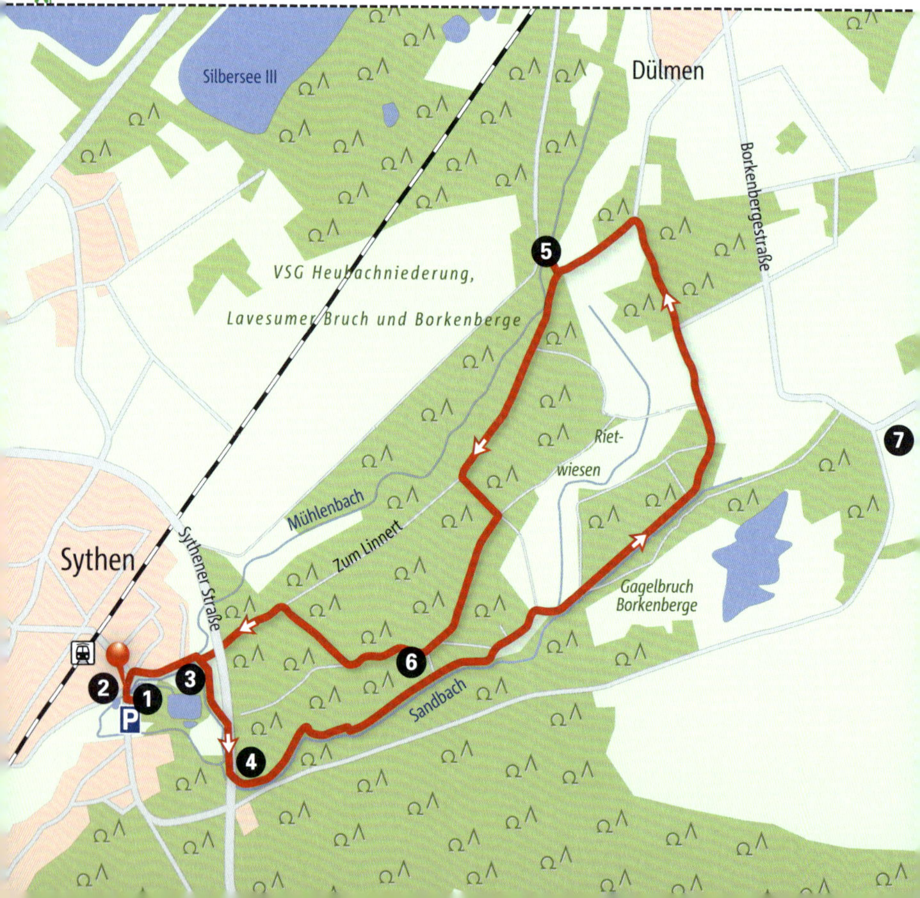

Entspannung ✱✱✱✱✱
Genuss ✱✱✱✱✱
Romantik ✱✱✱✱✱

WIE & WANN:
Hauptsächlich Waldwege und Naturpfade. Ganzjährig interessant. Im Dezember den Krippenweg im Sythener Schlosspark erkunden.

HIN & WEG:
Auto: Schloss Sythen, Wanderparkplatz 75, Stockwieser Damm 25, 45721 Haltern am See (GPS: 51.769065, 7.228965)
ÖPNV: Bahn RE42 bis Bf. Sythen (Fußweg 8 Minuten)

ESSEN & ENTSPANNEN:
Flugplatz Café Borkenberge ❼ Leversum 86, 59348 Lüdinghausen, www.flugplatzcafe-borkenberge.de

ENTDECKEN & ERLEBEN:
Wasserschloss Sythen ❶ Stockwieser Damm 25, 45721 Haltern am See
Wassermühle Sythen ❷ Stockwieser Damm 22, 45721 Haltern am See
Stauwehr ❸
Sandbach ❹
Mühlenbach ❺
Waldgebiet Borkenberge ❻

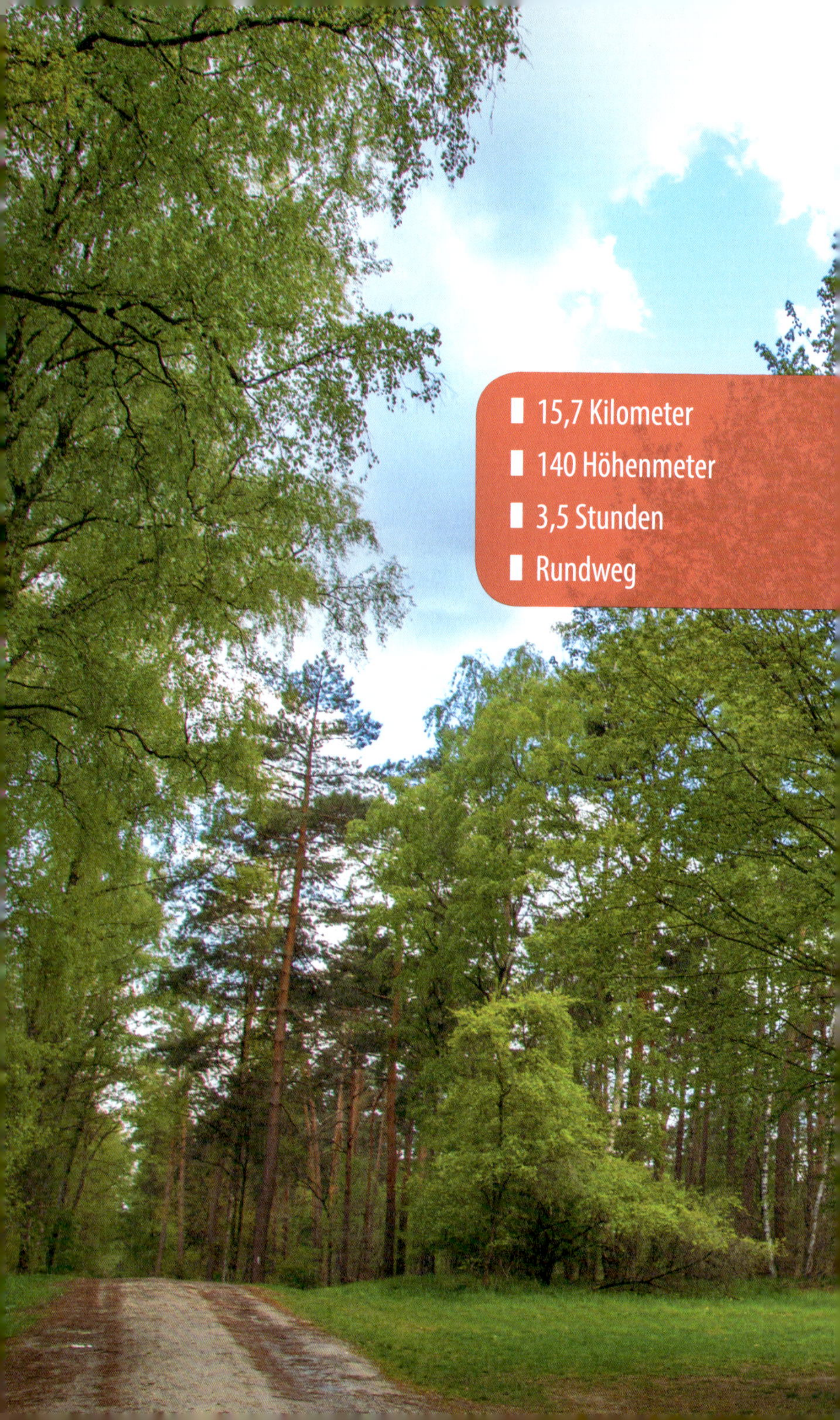

- 15,7 Kilometer
- 140 Höhenmeter
- 3,5 Stunden
- Rundweg

Wir starten unser Wandervergnügen direkt vom Wanderparkplatz und laufen zurück in Richtung der vor uns liegenden Kreuzung, die wir geradeaus überqueren und uns an der Wandermarkierung A3 orientieren. Nach 400 Metern kommen wir an einer Gabelung vorbei und folgen der Straße geradeaus **Auf den**

Baumträumerei

Unterwegs in Haltern Hohe Mark

Höfen. Wir gehen nun so lange geradeaus, bis wir nach etwa 750 Metern an einer T-Kreuzung auf einen Feldweg rechts abbiegen und der Wandermarkierung A1 folgen. Den Hinweis zur Einkehrmöglichkeit in die Waldschenke merken wir uns für den Rückweg. Zwischen Kartoffel- und Roggenfeldern wandern wir schnurgeradeaus und können schon von Weitem den Waldrand erkennen. Diesen erreichen wir nach knapp 700 Metern und folgen der A1-Markierung. Nebenwege, die nach links und rechts führen, ignorieren wir und wandern entspannt entlang des Wegverlaufs, der uns durch ein botanisches Vergnügen zwischen Lärchen, Waldkiefern, Birken, Buchen und Eichen führt. Ein schönes Ergebnis, das Teil einer gezielten Landschaftsentwicklung der Hohen Mark ist.

Die Hohe Mark ist Namensgeber des Naturparks Hohe Mark und zählt neben der Haard zum größten zusammenhängenden Waldgebiet am Nordrand des Ruhrgebiets. Die abwechslungsreiche Waldlandschaft ist ein beliebtes Ausflugsziel für viele Erholungssuchende.

Wir sind von der schönen Landschaft begeistert und erreichen über den A1 nach 800 Metern eine T-Kreuzung. Hier verlassen wir den A1 und wandern nach links dem A5-Zeichen folgend und bleiben für knapp 700 Meter auf dem Forstweg immer geradeaus. Wir wenden uns dann rechts einem Waldpfad zu. Die hügelige Landschaft führt uns langsam bergauf in

Richtung Galgenberg, dieser zählt mit seinen 124 Metern zu den höheren Erhebungen in der Hohen Mark. Nach 250 Metern erreichen wir eine kleine Kreuzung von Waldpfaden. Wir folgen dem schmalen Weg nach links und genießen den schönen Panoramablick über die Lichtung. Auf diesem Abschnitt sind wir achtsam, denn die Wegführung ist besonders in den Sommermonaten zwischen den Pflanzen etwas unübersichtlich. Nach 200 Metern gelangen wir an eine kleine Kreuzung und biegen rechts auf einen schmalen Weg. Dieser führt uns nach 280 Metern zu einer T-Kreuzung, an der wir abermals rechts auf den breiten Forstweg **In der Brake** mit den Markierungen X2/A3 abbiegen. Der ansteigende Wegverlauf bringt uns schnurgeradeaus nach 650 Metern zum **Feuerwachturm Galgenberg 1**. Die anliegenden Sitzbänke nutzen wir später für eine kleine Pause, doch zuvor reizt uns der besondere Ausblick in 36 Meter Höhe. Oben an der Aussichtplattform angekommen, genießen wir den beeindruckenden Panoramablick weit über die Baumwipfel des Naturparks Hohe Mark.

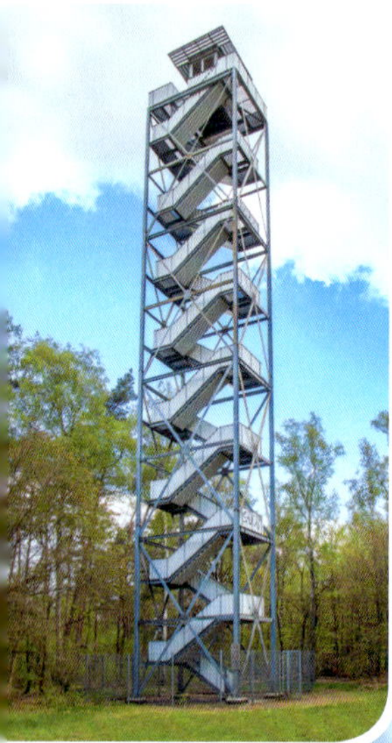

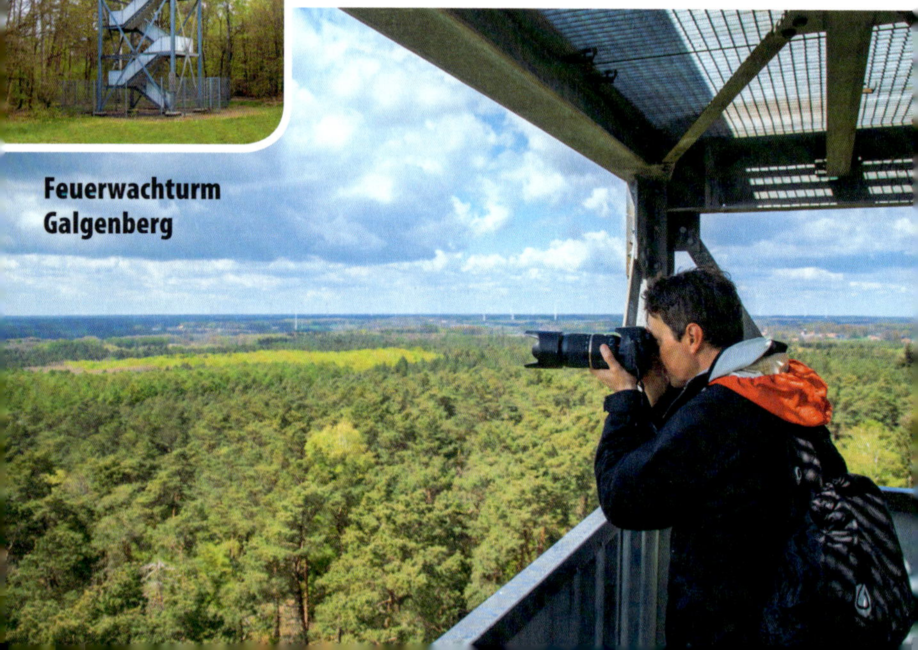

Feuerwachturm Galgenberg

Nach dem herrlichen Ausblick in luftiger Höhe geht es wieder nach unten. Gezielt steuern wir die auffälligen Sitzbänke des Hohe Mark Steigs an. Der Proviant aus dem Rucksack wird in Ruhe verzehrt und wir genießen das süße Nichtstun. Noch ein Blick auf die Wanderkarte, dann geht es gut gestärkt weiter. Mit

Für die Seele

Urige Pfade führen uns in schönes Waldgebiet. Vom Feuerwachturm Galgenberg lassen wir unsere Augen weit über die Baumwipfel der Hohen Mark schweifen.

dem Feuerwachturm im Rücken wenden wir uns nach links und folgen weiterhin den X/A3-Zeichen. Nach etwa 200 Metern gesellt sich der **Fernwanderweg Hohe Mark Steig** zu uns. Dieser wird für einige Kilometer unser stiller Begleiter. Weiter geradeaus folgen wir dem breiten Wanderweg und ignorieren mögliche Wegabzweigungen, bis wir nach 1,2 Kilometern eine Wegspinne mit einer **Schutzhütte ❷** erreichen. Dieser Ort trägt auch den Namen **Halterner Eck.** Hier müssen wir uns erst einmal orientieren und erkennen den Hohe-Mark-Steig-Hinweis, der uns gegenüberliegend auf einen schmalen Waldpfad in **Richtung Haltern-Granat** führt. Wir wandern weiter im Herzen der Hohen Mark und genießen das Kontrastprogramm von grünem Adlerfarn und hohen Lärchen. Nach 500 Metern erreichen wir eine Lichtung, an der der weiche Waldboden nahtlos in einen hügeligen Sandweg übergeht. Diesen wandern wir bis zur nächsten Kreuzung, an der wir dem Hohe-Mark-Steig-Zeichen nach links folgen. Kurzweilig wandern wir auf sandigem Boden, bis wir einen Forstweg überqueren und geradeaus auf schmalen Wegen weitergehen. Der Wegverlauf führt uns kurvenreich

Im Zeitraum von April bis September übernehmen eingesetzte Wächter die Waldbrandvorsorge in luftiger Höhe auf den Feuerwachtürmen. Das jetzige Stahlgerüst auf dem Galgenberg ersetzte den im Jahr 1982 gebauten Holzturm nach einem Brand.

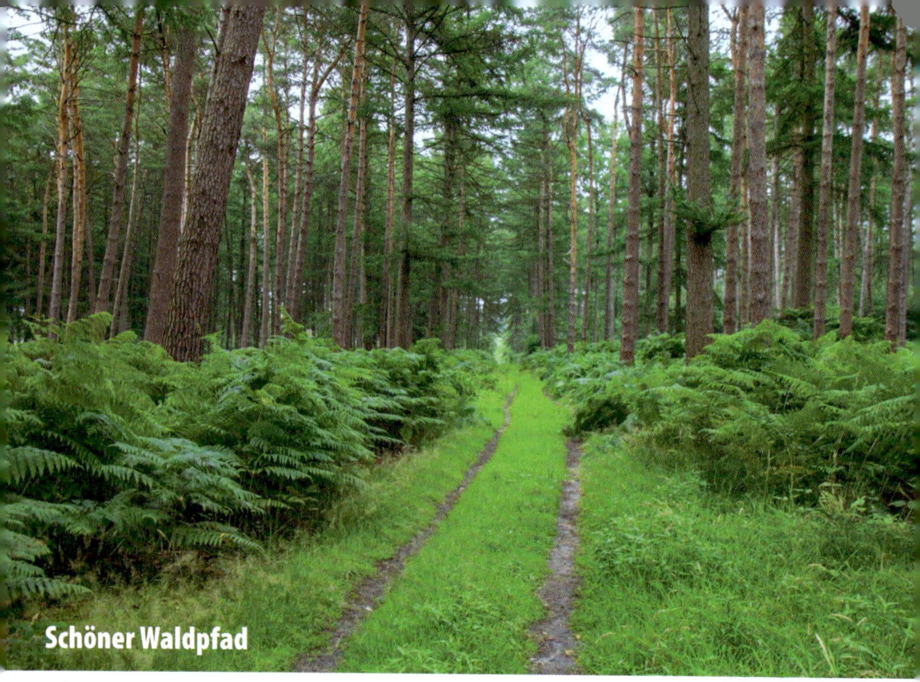

Schöner Waldpfad

durch den hochgewachsenen Farn, der insbesondere das offene Gelände für sich großflächig vereinnahmt. Nach unserem naturbelassenen Slalomlauf empfangen uns hohe Waldkiefern, die unseren Weg zusammen mit Büschen und später mit jungen Birken am Wegesrand zunehmend verdichten. Auch hier können wir uns wieder an dem Hohe-Mark-Steig-Zeichen gut orientieren und wandern immer geradeaus, bis wir eine große Lichtung nach knapp 1 Kilometer erreichen. Ein Wegweiser aus Holz lässt uns erkennen, dass wir am **Drei-Städte-Eck** ③ angekommen sind. Wildwärts wandern wir rechts in Richtung Naturwildpark Granat weiter und kurz darauf immer am Waldrand entlang, dabei genießen wir den schönen Panoramablick. Fast wie abgesprochen wechseln sich Lärchen, Buchen und Birken im gleichbleibenden Abstand auf diesem Streckenabschnitt ab. Das beobachten wir knapp 250 Meter, bis wir dann an einer kleinen Kreuzung rechts

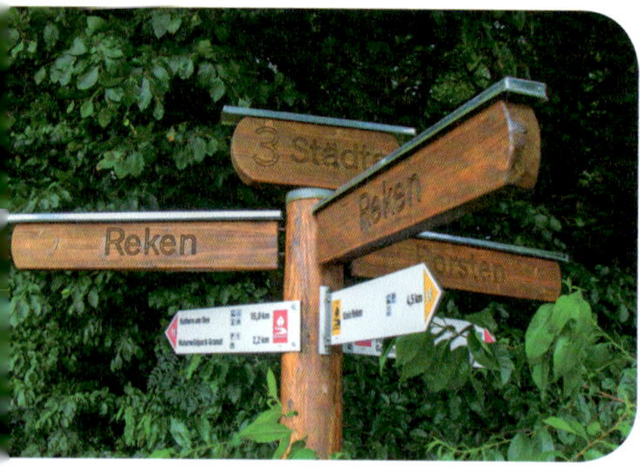

abbiegen und dem Hohe-Mark-Steig-Zeichen wieder folgen. Der etwas unebene Weg führt uns immer geradeaus an einer umzäunten Weidefläche vorbei, bis wir nach knapp 1 Kilometer eine Kreuzung erreichen. Die **Halterner Straße,** die links an uns vorbeiführt, ignorieren wir und gehen rechts auf dem Feldweg, der uns nach kurzer Zeit zu einem Tor des **Naturwildparks Granat** ④ führt. Das Gatter ist für die Öffentlichkeit nicht zugänglich, doch mit etwas Glück zeigen sich erste Wildprotagonisten wie Sikawild, Muflons und Wildschweine. Vor dem Tor stehend, biegen wir links ab und gehen am Zaun des Parks entlang. Wir umwandern weiterhin den Granatberg, der trotz seiner 135 Meter Höhe wie sein großer Bruder, der Waldbeerenberg, als höchste Erhebung mit 146 Metern unscheinbar in der schönen Landschaft versunken sein muss. Wir spüren den leichten Anstieg und erreichen nach knapp 400 Metern eine Abzweigung, die uns nach links führt. Aber aufgepasst. Im Sommer müssen wir an dieser Stelle besonders achtsam sein, denn der

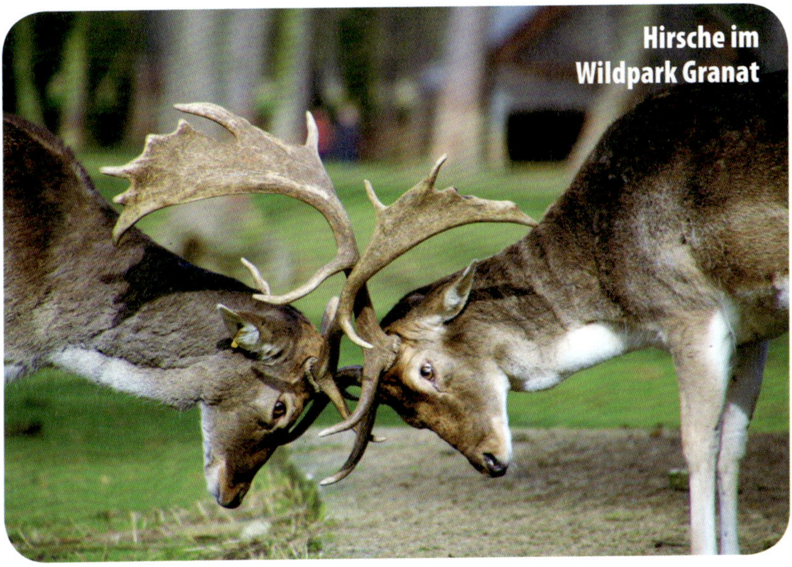

Hirsche im Wildpark Granat

Jeden Sonntag wird im Naturwildpark Granat um die Wette geheult, denn dann ist am Nachmittag Wolfsheulen für große und kleine Fans angesagt. Ein schönes Erlebnis für die ganze Familie.

dichte Pflanzenbewuchs nimmt dschungelähnliche Verhältnisse an und lässt uns teilweise über unübersichtliche Pfade gehen. Wir passen genau auf, entfernen uns für kurze Zeit von der Umzäunung des Parks und folgen dem Hohe-Mark-Steig-Zeichen links auf einem schmalen Waldpfad, der uns kurvenreich knapp 60 Meter zu einer etwas breiteren Straße mit Blick auf eine große Lichtung führt. Dort biegen wir rechts auf breiten Weg ab und laufen geradeaus auf den Wildpark zu, bis wir dann an einer T-Kreuzung links abbiegen. Wir überqueren den großen Parkplatz und umwandern im Uhrzeigersinn den Eingangsbereich, den wir links passieren.

Wir erkennen linker Hand die Wanderzeichen A1/A3/A6, wandern an einer rot-weißen Schranke vorbei und erreichen kurz danach eine Weggabelung, an der wir links abbiegen. Auch den Hohe Mark Steig lassen wir hinter uns und wandern für knapp 1 Kilometer immer geradeaus. An einer Kreuzung angekommen, überqueren wir geradeaus einen breiten Forstweg und

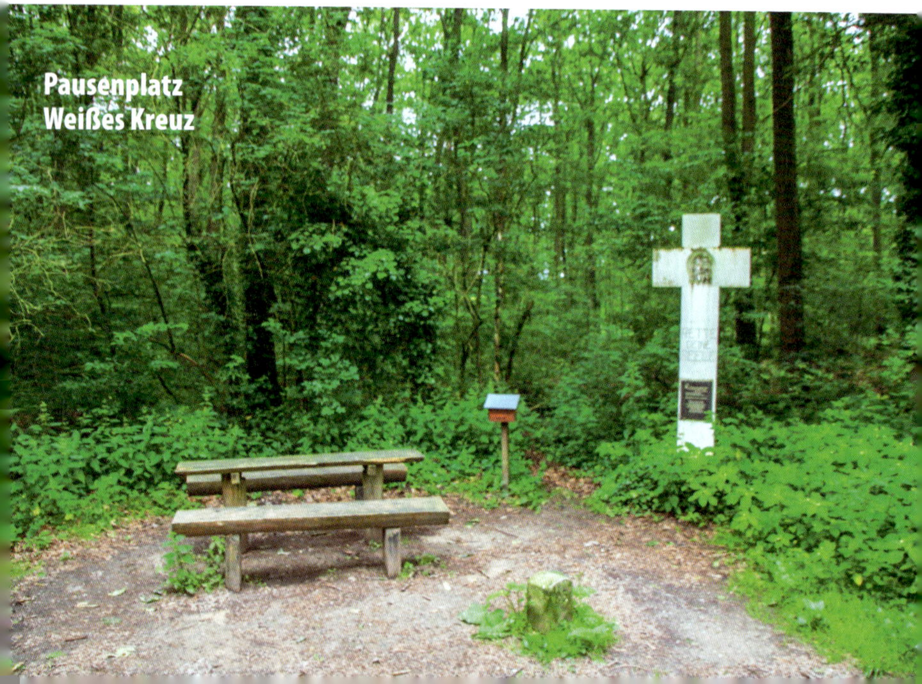
Pausenplatz Weißes Kreuz

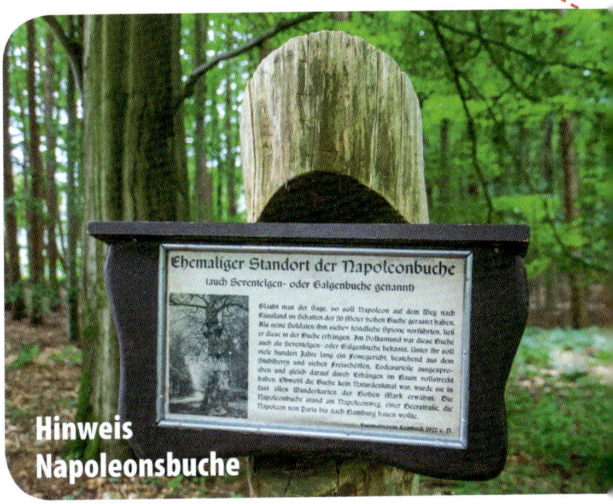

Hinweis Napoleonsbuche

folgen achtsam auf schmalen Pfaden dem A3. Nach 200 Metern an einer unscheinbaren Gabelung halten wir uns rechts und wandern knapp 300 Meter dem Wegverlauf folgend, bis wir wieder eine Kreuzung überqueren. Dort wandern wir ohne Wanderzeichen knapp 300 Meter geradeaus weiter und erreichen eine unscheinbare Kreuzung. Hier schwenken wir nach rechts und folgen für 200 Meter den verschnörkelten Wegen an einer kleinen Lichtung vorbei, bis wir auf einen Hauptweg mit dem Namen **Napoleonsweg** stoßen. Wir biegen links ab und setzen unsere Tour auf kaiserlichen Spuren fort. Wir orientieren uns an den Markierungen A1/A7, die uns nach 700 Metern zu einer Kreuzung zum **Denkmal Weißes Kreuz** ⑤ führen. Wir nutzen die Sitzgelegenheit für eine kurze Pause und überlegen, was es mit dem weißen Kreuz auf sich hat. Eine Äbtissin eines Klosters in der Hohen Mark ließ das auffällige Kreuz zum Gedenken zweier Mönche, die Raubrittern an diesem Ort zum Opfer gefallen waren, errichten. Wir verlassen diesen mystischen Platz und wandern geradeaus dem A8 und dem Rautezeichen folgend, bis wir nach etwa 700 Metern auf der linken Seite einen Hinweis über die ehemalige **Napoleonsbuche auf einer Schautafel** ⑥ sehen. Die Buche verlor 1974 durch einen Sturm ihre Baumkrone, zerfiel allmählich und wurde Jahre später als Vorsichtsmaßnahme schweren Herzens gefällt. Der Legende nach suchte Napoleon sich unter dem Blätterdach der 200-jährigen Buche ein schattiges Plätzchen, bis er seine Reise nach Russland fortsetzte. Wir wandern weiter, erreichen eine Weggabelung und vernehmen

Panoramatour 6

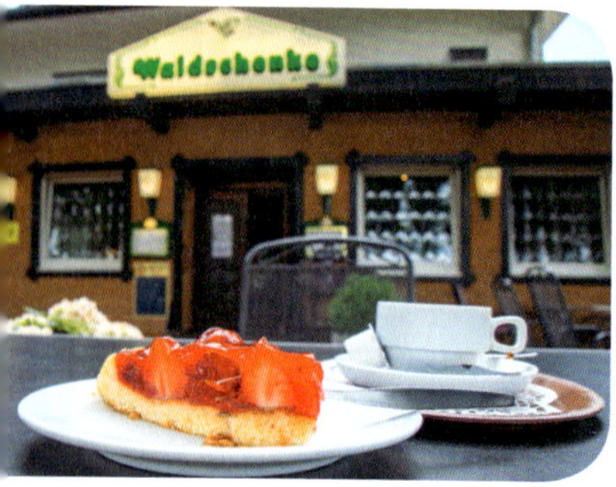

freudig den Hinweis auf die Waldschenke Hohe Mark. Wir wenden uns nach links und wandern dem A2 immer geradeaus folgend, bis wir das beliebte Ausflugslokal **Waldschenke Hohe Mark 7** erreichen. Hier machen wir eine große Pause und genießen insbesondere in den Sommermonaten die angenehme Biergartenatmosphäre. Gut gestärkt vom Kuchenbüfett, lassen wir die Waldschenke hinter uns, biegen links auf den Wanderweg ab und laufen bis zur T-Kreuzung, die wir schon von unserem Tourstart her kennen. Links führt uns der bekannte Weg wieder zu unserem Ausgangsziel zurück.

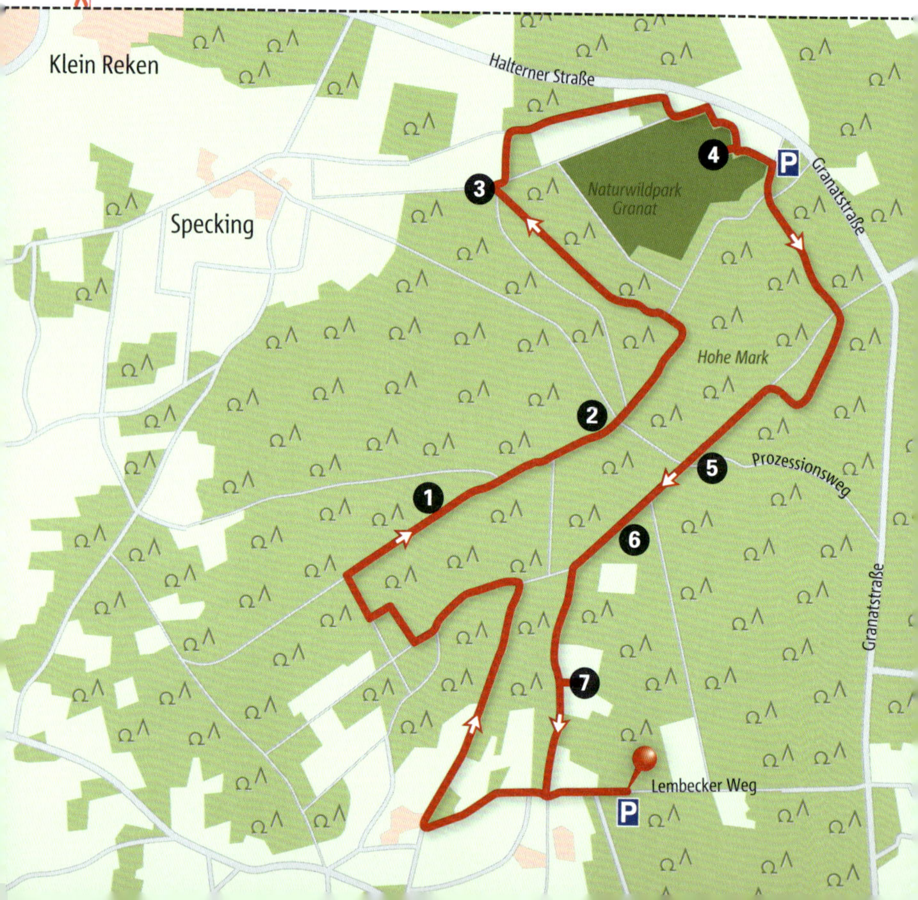

Alles auf einen Blick

WIE & WANN:
Naturpfade, Feldwege, wenig asphaltierte Wege, Forstwege. Ganzjährig interessant. Fernglas einstecken.

Entspannung ✱✱✱✱✱
Genuss ✱✱✱✱
Romantik ✱✱✱✱

HIN & WEG:
Auto: Wanderparkplatz Aufm Eck, Im Holt/Auf den Höfen, 45721 Haltern am See (GPS: 51.747857, 7.086366); Parkplätze am Naturwildpark Granat, Granatstraße 626, 45721 Haltern am See (kostenlos, ganzjährig 10–18 Uhr) (GPS: 51.780361, 7.099389)
ÖPNV: keine direkte Anbindung an die Strecke

ESSEN & ENTSPANNEN:
Waldschenke Hohe Mark ❼ Im Holt 300, 45721 Haltern am See

ENTDECKEN & ERLEBEN:
Feuerwachturm Galgenberg ❶
Schutzhütte am Halterner Eck ❷
Drei-Städte-Eck ❸
Naturwildpark Granat ❹ Granatstraße 626, 45721 Haltern am See
Denkmal Weißes Kreuz ❺
Schautafel Napoleonsbuche ❻

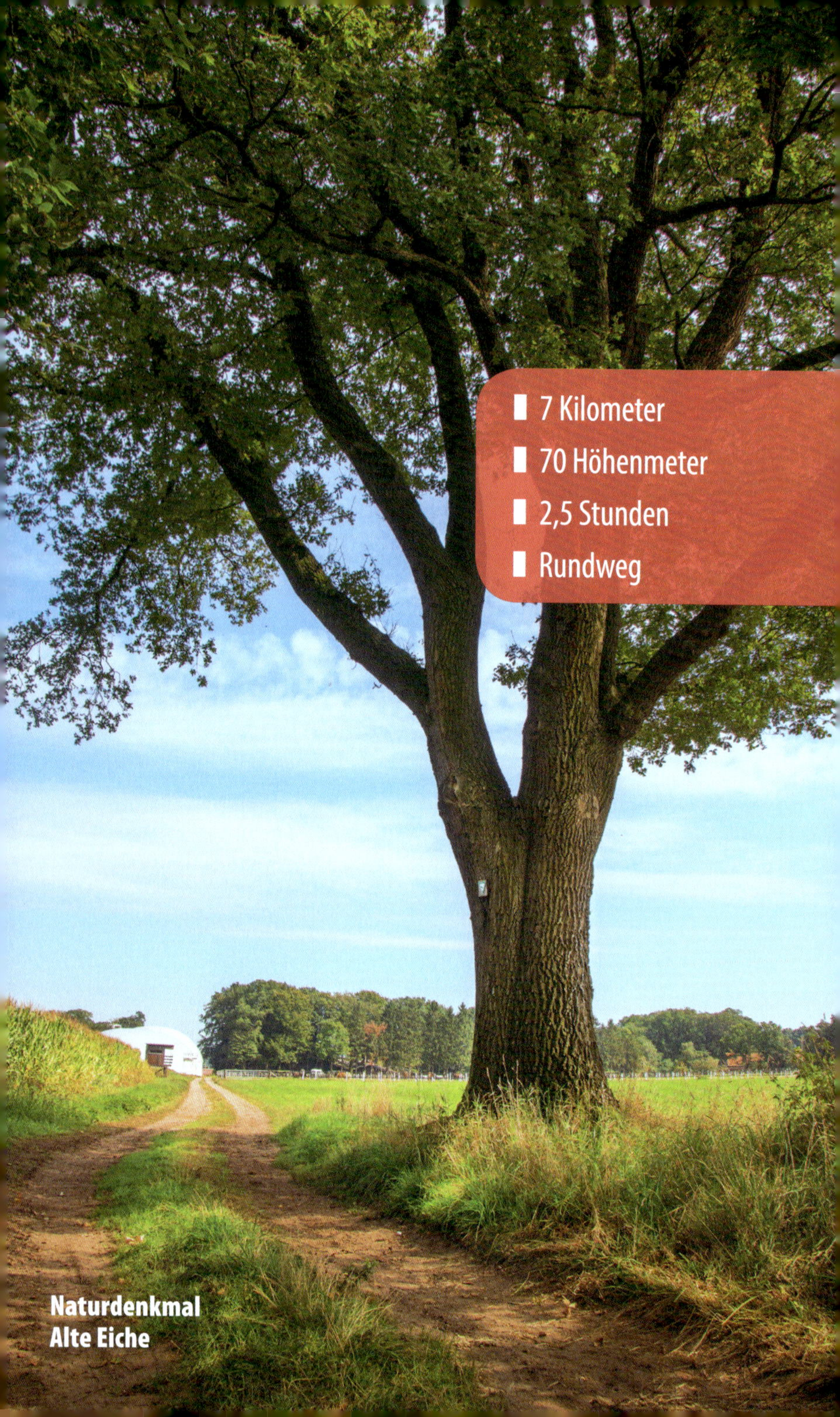

Naturdenkmal Alte Eiche

Unterwegs im Westmünsterland starten wir unser Walderlebnis vom Wanderparkplatz Backenberg in der Hohen Mark. Von dort gehen wir direkt in den Wald hinein und orientieren uns an der Wandermarkierung A4. Unsere Strecke von 7 Kilometern führt uns in **Richtung Melchenberg,** dieser zählt mit seinen

Abenteuer Natur

Walderlebnisweg in Groß Reken

133 Metern zu den höchsten Erhebungen der Rekener Berge. Kurz nach unserem Einstieg ins Wandergebiet erreichen wir eine Weggabelung, an der wir nach rechts auf einen Pfad am Rande einer Lichtung abbiegen. Diesen gehen wir so lange geradeaus, bis wir an einer Kastanie den Wanderzeichen nach rechts tiefer

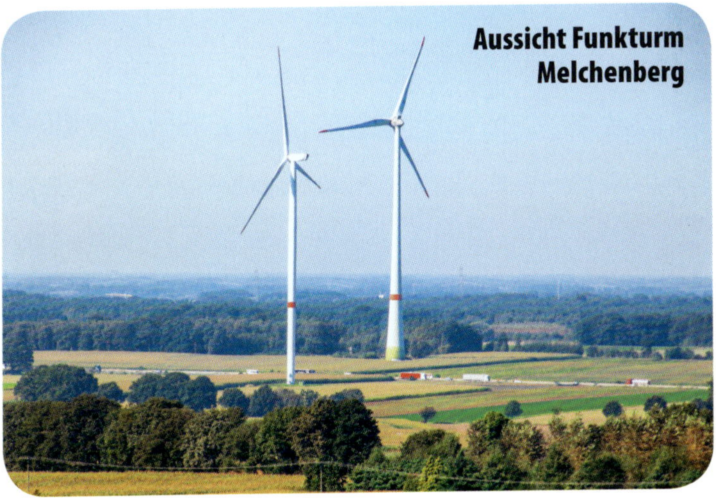

Mit einer Höhe von 113 Metern ü. NN ist der Melchenberg der höchste Punkt der Rekener Berge und ein besonderes Highlight im Naturpark Hohe Mark. Die Aussichtsplattform in 30 Meter Höhe ist, außer in den Wintermonaten, für die Öffentlichkeit zugänglich.

ins Waldgebiet folgen. Kurz darauf kommen wir an einer Wegspinne an, folgen rechts dem A4 und genießen besonders im Herbst die würzige Luft des Waldes. Der Wald eröffnet uns immer wieder schöne Blicke auf kleine Lichtungen, dabei genießen wir das Wechselspiel von Licht und Schatten zwischen den Bäumen. Eine T-Kreuzung nimmt uns nach einiger Zeit in Empfang und wir achten auf die Wandermarkierungen, die in den Sommermonaten durchaus etwas verdeckt sein können. Wir erkennen den Hinweis, der uns nach rechts den Pfad entlang des Waldrandes laufen lässt und passieren kurz darauf eine Weggabelung, an der wir leicht links dem Wegverlauf folgen. Von diesem weichen wir auch nicht an der nächsten Weggabelung ab. Immer noch auf dem Hauptweg unterwegs, laufen wir mit Blick auf eine Pferdekoppel links vorbei. Die nächste Linkskurve nimmt uns am Ende des Zauns tiefer in den Wald hinein. Wir spüren den leichten Anstieg und laufen weiter geradeaus durch die

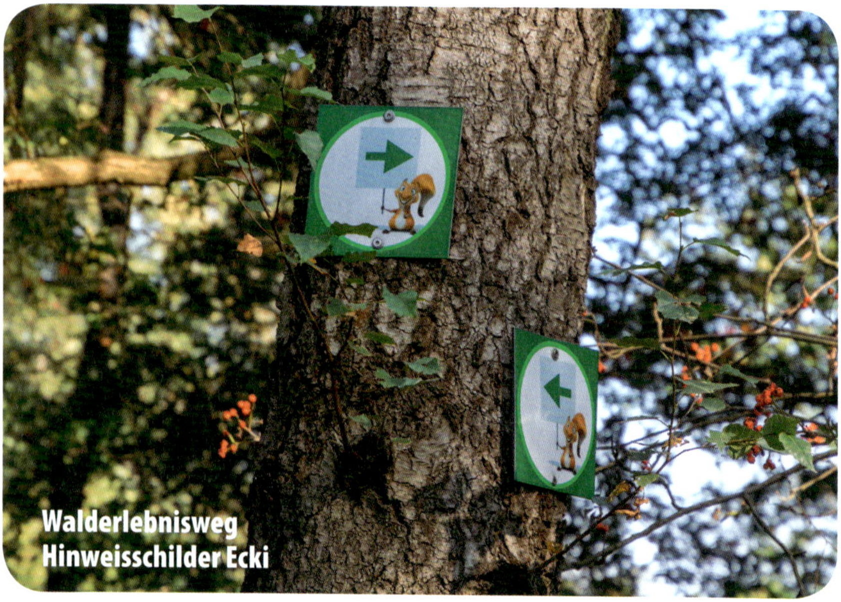

Walderlebnisweg Hinweisschilder Ecki

üppige Baumvegetation, wir ignorieren schmale Wege nach links und rechts, bis wir an eine Wegspinne gelangen. Hier müssen wir etwas genauer hinschauen und folgen dem leicht nach links mit der A4-Markierung versetzten Weg. Die zunehmende Steigung lässt uns die Gipfelhöhe des Melchenbergs spüren.

Für die Seele

Wir genießen ein pures Walderlebnis mit besonderen Momenten am Wegesrand und einen wundervollen Panoramablick vom Aussichtsturm am Melchenberg.

Wir folgen weiterhin dem A4, der uns nun etwas steiler zu einer T-Kreuzung bringt, an der wir links auf einen schmalen Pfad abbiegen. Wir erhalten einen interessanten Blick auf die dicht bewachsenen Böschungen und können dabei auf die Baumkronen schauen. Immer höher voran erreichen wir über verschnörkelte Pfade den Gipfel des **Melchenbergs.** Hier erwartet uns ein Rastplatz mit Sitzmöglichkeiten und ebenfalls ein weiteres Wanderhighlight mit fantastischem Panoramablick, ein 60 Meter hoher **Funkturm ①.** Die beeindruckende Landmarke ist mit einer Aussichtsplattform in 30 Meter Höhe ausgestattet. Nach einer kurzen Trinkpause unter dem Schatten einer Birke unterhalb des Turms geht es für uns hoch hinaus. Die Stahlkonstruktion ist für die Öffentlichkeit kostenlos zugänglich und nur in den Wintermonaten aufgrund von Glatteis geschlossen. 168 Stufen führen uns zu einem atemberaubenden 360-Grad-Rundumblick. Bei klarem Wetter genießen wir weite Blicke über Reken und bis ins Ruhrgebiet. Wir verweilen oben noch ein wenig, bis wir wieder unten unsere Tour fortsetzen. In der direkten Nähe befindet sich ein

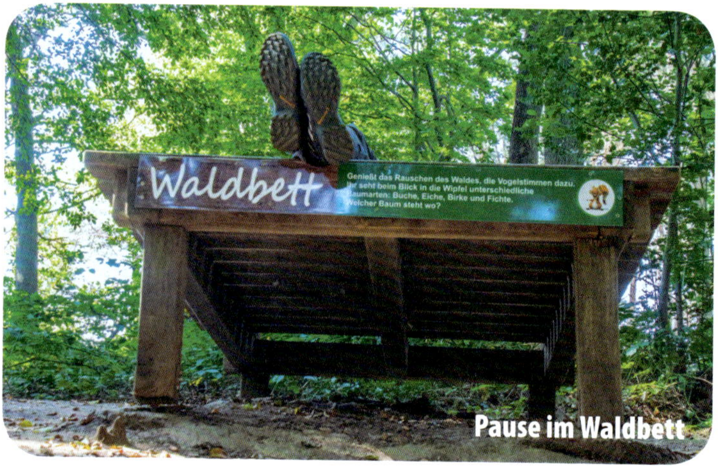

Pause im Waldbett

Der Walderlebnispfad lädt zur abenteuerlichen Entdeckungsreise auf 1,4 Kilometern ein. Das charmante Eichhörnchen Ecki weiß an 14 Abschnitten viel über die Natur zu erzählen. Dabei können Kinder an den interaktiven Wissensstationen ihre Fähigkeiten testen.

Walderlebnisweg ② für große und kleine Entdecker. Dieser ist 1,4 Kilometer lang und erstreckt sich vom Funkturm bis zum Niedrigseilgarten am Berghotel Hohe Mark. Dazwischen informiert Ecki, das freundliche Eichhörnchen, an zwölf Wissensstationen über die vielfältige Waldlandschaft und deren Bewohner. Entspannt folgen wir Ecki, lernen an den jeweiligen Mitmachstationen einiges über die Natur und lassen uns zu diversen Interaktionen verleiten.

Zeit für eine Pause und einen Perspektivwechsel. Wir nutzen an einer Wissensstation das **Waldbett ③,** um diesen schönen Moment im Liegen zu genießen und die Baumkronen hochzuträumen. Das Erlebnis Nichtstun wirkt. Ausgeruht folgen wir auf verschnörkelten Pfaden weiterhin Ecki, bis wir dann nach ausreichenden Informationen über das Waldgeschehen den **Niedrigseilgarten ④** in der Nähe des Berghotels Hohe Mark erreichen. Ein besonderes Highlight für Groß und Klein. Mit der Seilbahn zwischen den Bäumen zu sausen ist ein klasse Gaudi und hebt unsere Wanderstimmung. Auch das Kraxeln in niedriger Höhe von Baum zu Baum über den wackeligen Seilparcours muss erst einmal gemeistert werden.

Wer danach einen leichten Erschöpfungszustand spürt, der kann sich auf eine lohnende Pause auf der Biergartenterrasse des **Berghotels Hohe Mark** 5 freuen. Im schön angelegten Gartenpark erhalten wir eine Erfrischung oder Kaffee mit tollem Ausblick in die Rekener Berglandschaft. Ausgeruht geht es für uns weiter. Mit dem Ausgang des Biergartens im Rücken umwandern wir links das Berghotel und folgen der A1-Markierung. Am Fuße des Berghotels angekommen, sehen wir links eine Eiche mit einer Bank und erkennen rechts die A1-Markierung, die uns auf einen unscheinbaren Pfad führt. Wir folgen diesem Weg durchs

Der Niedrigseilgarten in Reken ist ein Erlebnis für die ganze Familie. Hier kann man nicht nur mit der Seilbahn zwischen den Bäumen hin und her sausen, sondern auch an zahlreichen Elementen das Klettern und Balancieren üben. Der Eintritt ist kostenlos.

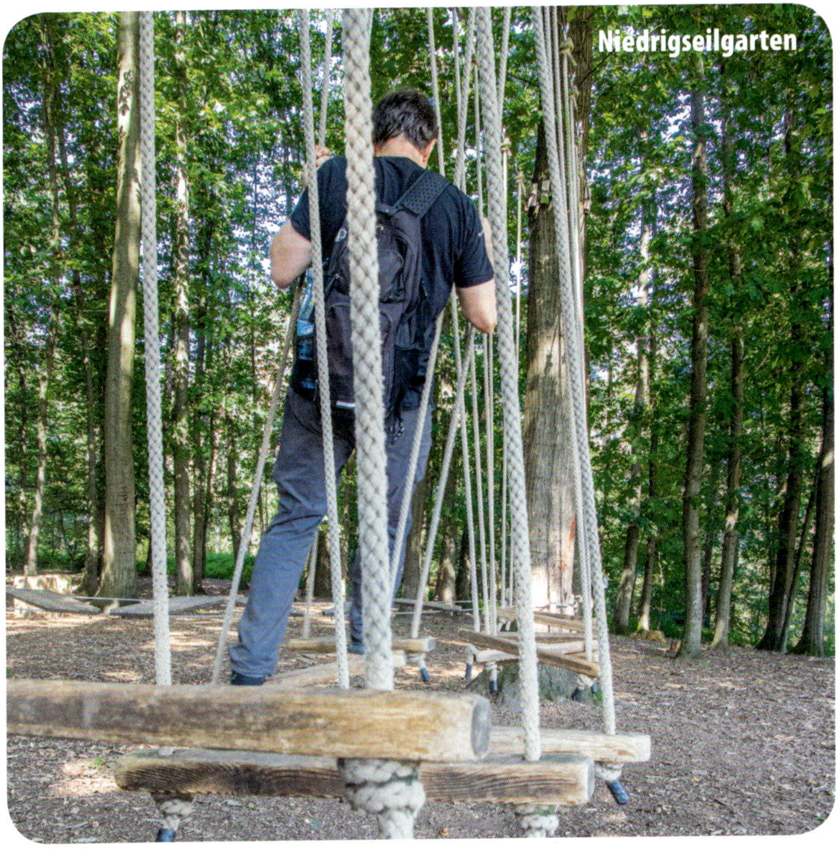
Niedrigseilgarten

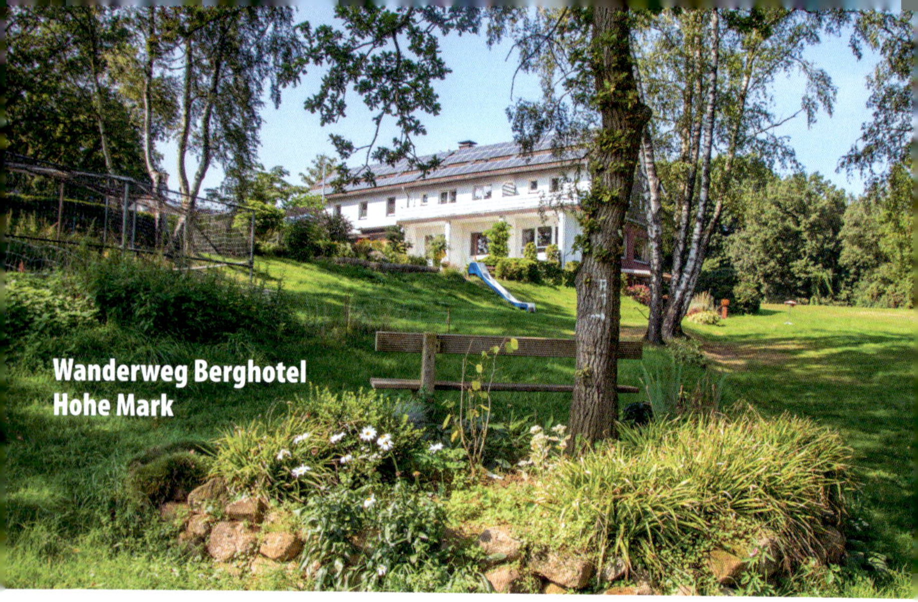

Dickicht und laufen, bis wir an der nächsten Weggabelung nach links leicht hangabwärts weiterwandern. Schwungvoll und kurvenreich kommen wir an einer T-Kreuzung mit Blick auf eine Lichtung an. Dort erhalten wir den A1-Hinweis und wandern links am Waldrand entlang weiter. Nach einigen Metern laufen wir in einem großen Rechtsbogen dem Wegverlauf folgend durch eine offene Landschaft mit landwirtschaftlichem Betrieb, bis wir an eine T-Kreuzung auf die Straße **Preinhok** gelangen und rechts für etwa 30 Meter weiterlaufen und nächstmöglich links abbiegen. Rechter Hand erkennen wir ein paar Gebäude und eine große Pferdekoppel im Vordergrund. Wir laufen den Zaun des Geländes entlang, bis wir eine Weggabelung erreichen, an der wir rechts auf einem breiten Weg weiterwandern. Wir erhalten einen schönen Panoramablick über die Felder und Wiesen und laufen dem A2 folgend immer geradeaus. An der nächsten Weggabelung wandern wir weiter geradeaus und genießen den schönen Weg entlang des Waldrandes mit weitem Blick über die offene Landschaft. Wir erfreuen uns an den kleinen und großen Highlights am Wegesrand, wie zum Beispiel an den riesigen Buchen, die unseren Wegabschnitt säumen. Bevor wir an der nächsten Weggabelung nach links gehen, machen wir einen Abstecher zur gegenüberliegenden, nicht weit entfernt liegenden **alten Eiche 6**, die als **Naturdenkmal** gekennzeichnet ist. Die kräftigen Äste des Baumelefanten sind mittlerweile zwecks Stabilisierung mit Zugbändern verbunden. Ein starker Rückzugsort für die heimische Vogelwelt. Wir verlassen den alten Zeitzeugen mit seiner mächtigen Baumkrone, gehen zur Weggabelung zurück und folgen dem gegenüberliegenden Wegverlauf. Ein großer Linksbogen führt uns an eine Stelle, von der wir über einen schmalen Pfad auf der rechten Seite einen Blick auf den unten liegenden **Waldsee 7** werfen können. Dort erkennen wir einen kleinen Sandstrand mit kleinen Angelhütten aus Holz, die wie nostalgische Strandzelte aussehen. Zurück zum Hauptweg wandern wir weiter entlang landwirtschaftlich genutzter Felder, bis an einer Weggabelung eine große Eiche unseren Weg teilt. Wir gehen an dem Baum rechts vorbei und folgen der A2-Markierung. Wir wandern immer geradeaus und wieder geht es für uns ein Stück am Waldrand entlang. Nach kurzer Zeit trennen wir uns vom A2, dessen Strecke durch Felder

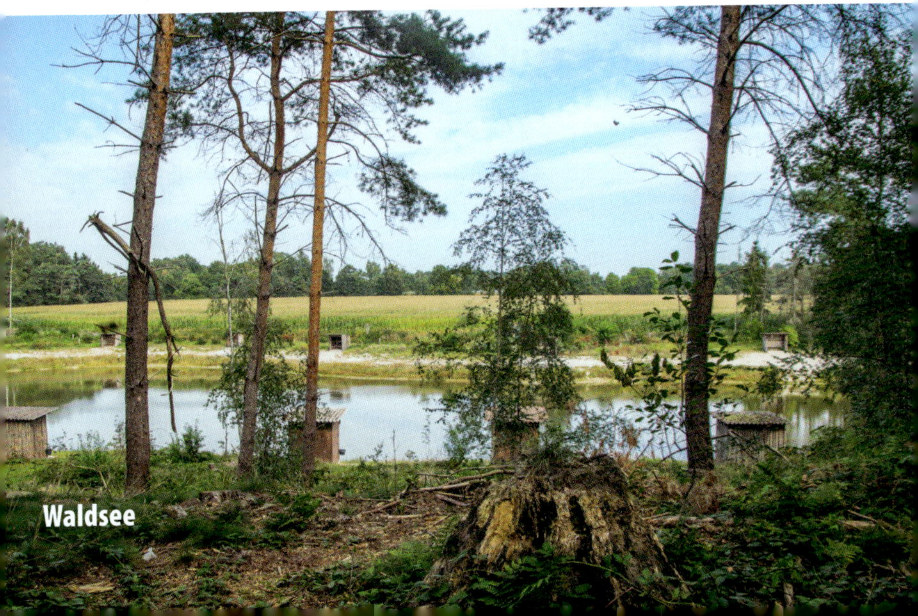
Waldsee

und Wiesen verläuft, wir aber bleiben weiter geradeaus und erreichen eine Weggabelung.

Hier biegen wir links auf den Waldweg mit dem A5-Wanderzeichen ab und nachdem wir ein kleines Waldstück passiert haben, gelangen wir an eine T-Kreuzung. Wir schwenken nach links und wandern abermals am Waldrand entlang mit weitem Blick über eine landwirtschaftlich genutzte Fläche. Nach einiger Zeit hat uns der Wald wieder und wir erreichen die Markierungen A5/6, die uns kurvenreich allmählich zum Ausgangsort führen. Wir folgen diesem Wegverlauf, biegen nach einiger Zeit rechts ab und erkennen den uns bekannten Hinweg. Die eindeutigen Hinweise führen uns sicher zum Wanderparkplatz.

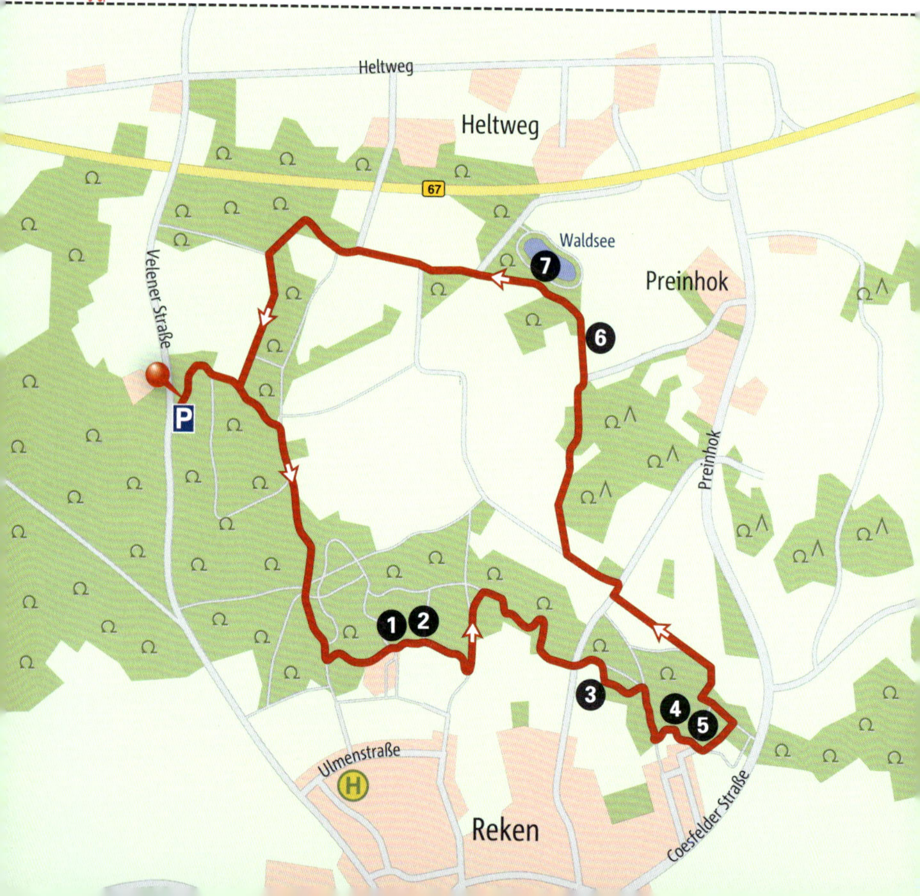

Alles auf einen Blick

WIE & WANN:
Schöne Naturpfade, Forstwege. Ganzjährig interessant.

Entspannung ✱✱✱✱✱
Genuss ✱✱✱✱✱
Romantik ✱✱✱✱✱

HIN & WEG:
Auto: Wanderparkplatz 114 Backenberg, Velener Straße, 48734 Reken (GPS: 51.845245, 7.030838)
ÖPNV: Bus R74 bis Groß Reken, Velener Straße (Fußweg 15 Minuten)

ESSEN & ENTSPANNEN:
Berghotel Hohe Mark ❺ Werenzostraße 17, 48734 Reken, Tel. (0 28 64) 9 51 95 95, www.berghotel.nrw

ENTDECKEN & ERLEBEN:
Funkturm Melchenberg ❶
Walderlebnisweg ❷
Waldbett ❸
Niedrigseilgarten ❹
Naturdenkmal alte Eiche ❻
Waldsee ❼

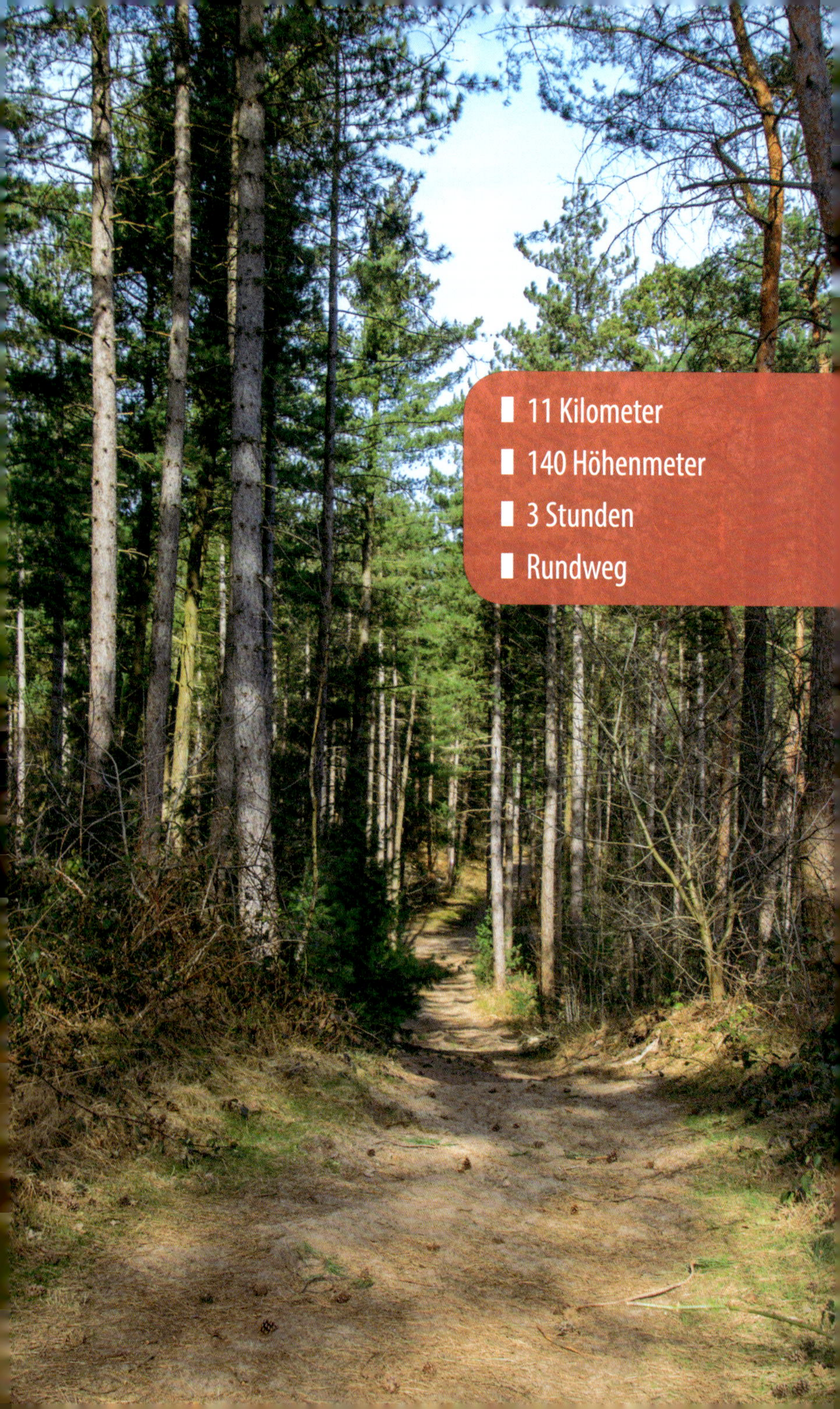

- 11 Kilometer
- 140 Höhenmeter
- 3 Stunden
- Rundweg

Im Mittelpunkt unserer Wandertour steht das große Waldgebiet die Haard rund um die Stimberghöhe. Diese ist mit 157 Metern über dem Meeresspiegel ein schönes Wanderhighlight und der höchste Berg im Naturpark Hohe Mark. Vom Parkplatz am Stimbergpark gehen wir an der großen Wanderkarte vorbei und er-

Teufelssteine

Stimberg in Oer-Erkenschwick

kennen an der Wegspinne leicht rechts an der rot-weißen Schranke unseren Einstiegspunkt. Dabei orientieren wir uns an der **Stimbergroute.** Die stilistische Wandermarkierung in den Farben Blau und Weiß stellt einen großen Felsbrocken dar und wird zum Wanderlotsen unserer Strecke. Haard-typisch verläuft unsere Tour auf sandigen, hügeligen und kurvenreichen Pfaden, die uns insbesondere im Herbst durch eine bunte Baumvegetation führen. Nach einem Schlenker rechts und Schlenker links kommen wir nach rund 500 Metern wieder an einer rot-weißen Schranke vorbei, die wir passieren und unseren Weg weiter geradeaus mit leichtem Aufwärtstrend fortführen. Der kurvenreiche Wegverlauf zwischen den hochgewachsenen Waldkiefern, Eichen und Buchen führt uns bis zu einer Kreuzung, an der wir den asphaltierten Weg überqueren und den gegenüberliegenden Weg am Zaun entlang weitergehen. Lehrreiche **Wissensstationen** am Wegesrand, wie zum Beispiel der **Bergmann ①,** informieren uns über die Natur- und Kulturgeschichte am Rande des Ruhrgebiets. Kaum zu glauben, dass statt der hügeligen Landschaft der Haard

Das seltene Quarzitgestein vom Stimberg, auch passenderweise „Steinberg" übersetzt, war als Baumaterial einst sehr beliebt. Die grauen Felsbrocken können rund um die Stimberghöhe in verschiedenen Ausprägungen bestaunt werden.

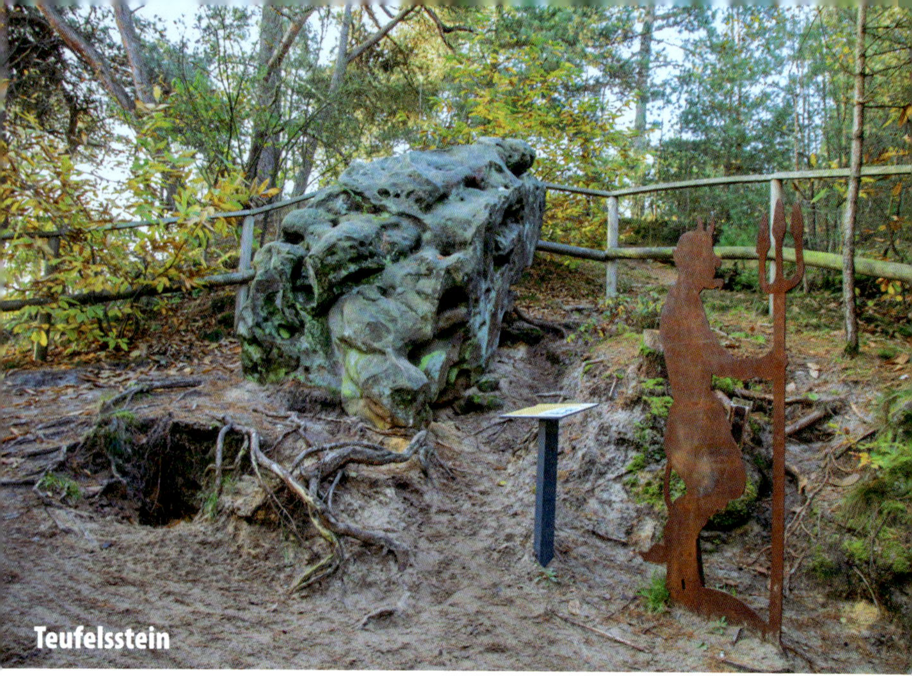

Teufelsstein

einst ein Meer, basierend auf den Halterner Sanden, seinen Ursprung hier hatte. Wir folgen den Wanderzeichen und erkennen einen riesigen Stein aus Quarzit, den sogenannten **Teufelsstein ②.** Der Sage nach hatte der Teufel seine Finger im Spiel und verfehlte mit einem riesigen Stein sein Ziel, sodass dieser an dieser Stelle zu bestaunen ist. Die teuflische Geschichte macht uns neugierig und wir erhalten über einen QR-Code an einer Hinweistafel ein spannendes Hörerlebnis.

Auf der Stimberghöhe wurde zu Zeiten des Kalten Krieges eine Radarstation auf dem Gipfel errichtet. Diese Einrichtung war zwecks Luftabwehr mit einer Raketenstation in unmittelbarer Nähe der Haard verbunden.

Gut informiert wandern wir weiter und genießen den weichen Waldboden, der uns zwischen hochgewachsenen Waldkiefern zu einer Wegspinne führt. Diesen Ort merken wir uns für den Rückweg, denn hier weichen wir kurz von unserer Route ab, um den Gipfel des Naturparks zu erreichen. Dazu zweigen wir scharf links auf dem leicht steilen Weg ab, der uns direkt zur Anhöhe hochführt. Die **Stimberghöhe ③** ist sehr schön gestaltet und bietet ein herrliches Naturerlebnis sowie idealen Platz zum Verweilen. Die Spuren des Kalten Krieges sind kaum noch wahrnehmbar und weichen der schönen Gestaltung der Naturschutzumgebung, die nun auch Heimat von seltenen Brutvögeln und Fledermäusen geworden ist. Ein weiträumiger Panoramablick bleibt allerdings aus, doch geht es hier vielmehr um das Erkunden der Natur und ihrer Besonderheiten. Und mittendrauf lädt ein pinkfarbener Heiderahmen zu einem blühenden Blick auf eine Heidelandschaft ein.

Für die Seele

Wir erfreuen uns an einer herrlichen Panoramaaussicht vom Feuerwachturm auf dem Farnberg und lassen die Blicke über die Baumwipfel der Haard schweifen.

Wir genießen diese luftige Auszeit im grünen Klassenzimmer und wenden uns langsam dem Rückweg zu. Wieder zurück führt unsere Wanderung geradewegs über die Kreuzung fort und wir nehmen die Verfolgung der Wanderzeichen mit dem Teufelsstein-Symbol erneut auf. Unser Weg führt uns leicht abwärts, erst über eine Kreuzung hinweg und dann zu

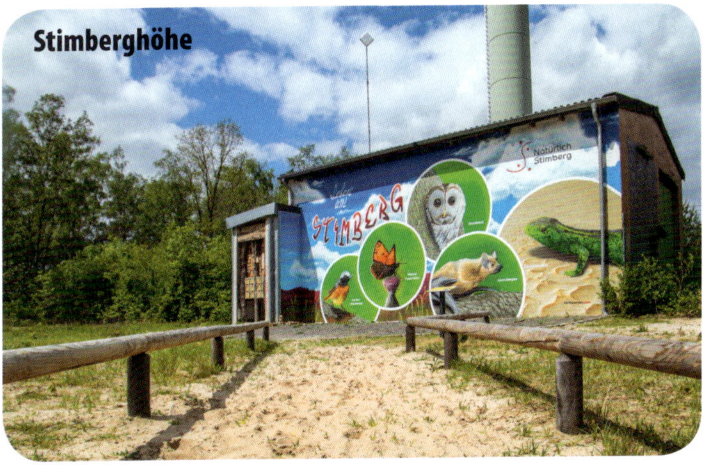

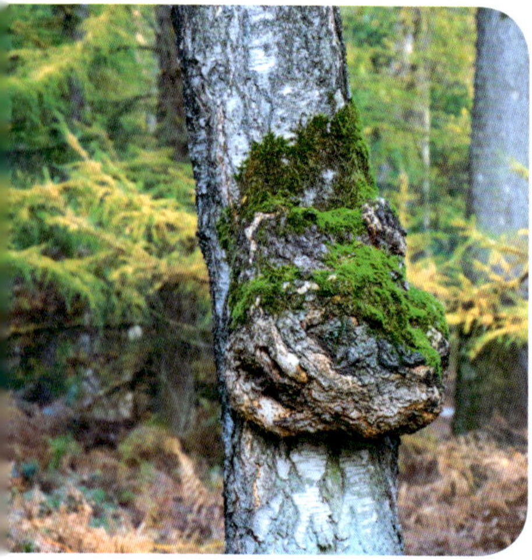

einer Wegspinne, an der wir uns nach links wenden, um weiterhin den Wanderzeichen der Stimbergroute zu folgen. Nach 260 Metern gelangen wir zu einer Kreuzung, wo unsere markierte Strecke einen leichten Verlauf nach rechts nimmt. Das Schlendern in dem bunten Mischwald wirkt sehr wohltuend auf uns. Nach weiteren 250 Metern schwenken wir wieder an einer Gabelung nach links und folgen entspannt der Streckenführung, bis wir nach etwa 800 Metern rechter Hand eine Sitzbank erkennen. Hier sind wir achtsam, denn wir schwenken auf dem Waldpfad nach links ab und verlassen den Hauptweg. Die Wandermarkierung bestätigt uns, dass wir auf dem richtigen Weg sind. Leicht aufwärts erreichen wir eine Kreuzung, die wir geradeaus überqueren. Ab und zu gewähren uns links und rechts schmale Waldschneisen einen tiefen Einblick in das Dickicht des Waldes. Wir wandern durch den herbstlichen Waldabschnitt weiter und überqueren geradeaus eine weitere Kreuzung. An einer T-Kreuzung angelangt, führt uns unser Weg rechts herum. Hier gehen wir eine Weile geradeaus und widerstehen den Verlockungen einzelner Wege, die nach links oder nach rechts tiefer ins Waldgeschehen hineinführen. Wir gehen so lange geradeaus und ignorieren weitere Abzweigungen, bis uns die Stimbergroute an eine kleine Kreuzung nach links führt. 200 Meter folgen wir dem Wegverlauf und erreichen eine T-Kreuzung mit einem auffälligen Grenzstein. Dort biegen wir nach links und nächstmöglich wieder rechts ab. Der verschnörkelte Pfad bringt uns nach etwa 300 Metern zu einer Kreuzung, an der wir auf der linken Seite einen Hochstand und die blau-weiße Markierung erkennen. Ein leichter Anstieg steht uns bevor, den wir aber mühelos und vom bunten Blätterreichtum verzaubert meistern. Die Wege werden schmaler und nach einer Weile an einer T-Kreuzung machen wir einen Schlenker nach links, folgen weiterhin unserer markierten Stimbergroute. Nach 300 Metern kommen wir an einem umzäunten Gelände vorbei. Wir wandern entlang der Schutzzone von Jungbäumen und gelangen direkt zu einer **alten Buche 4.** Märchenhaft steht die mächtige Baumgestalt mit ihrer bunten Blättervielfalt im Rampenlicht des goldenen Oktobers. Ein magischer Moment, den wir intensiv auf uns wirken lassen, um dann dem Wegverlauf geradeaus zu folgen. An der nächsten Kreuzung überqueren wir einen breiten Forstweg und wandern knapp 100 Meter weiter geradeaus, bis uns eine Abzweigung nach links auf einen schönen Pfad führt, dem wir erst einmal für weitere 400 Meter geradeaus folgen. Links und rechts am Wegesrand breitet sich ein flauschiger Moosteppich

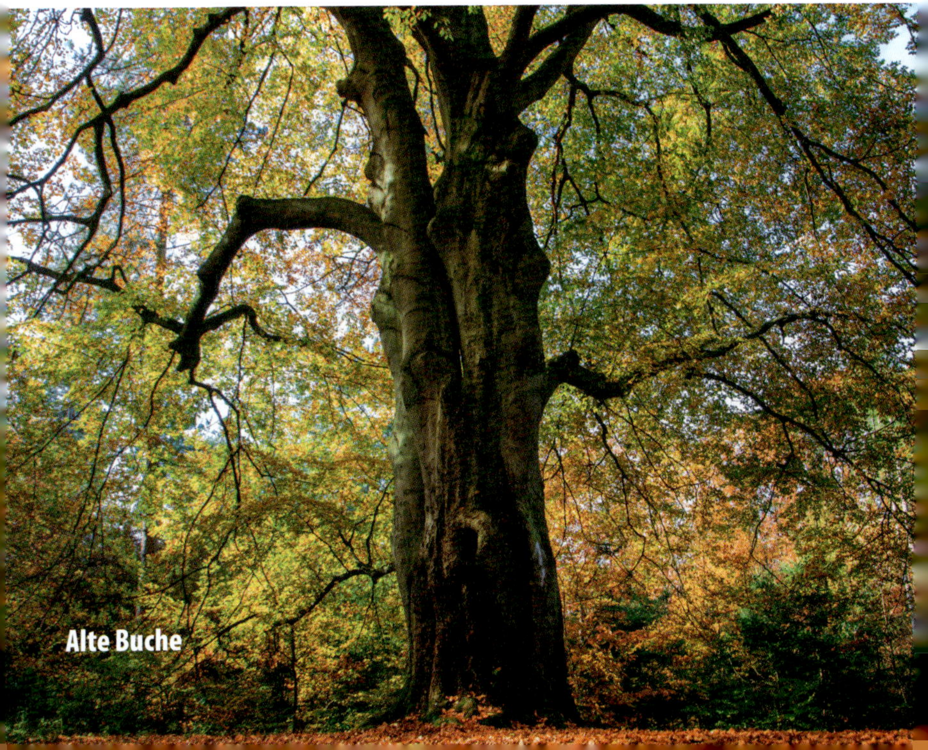

Alte Buche

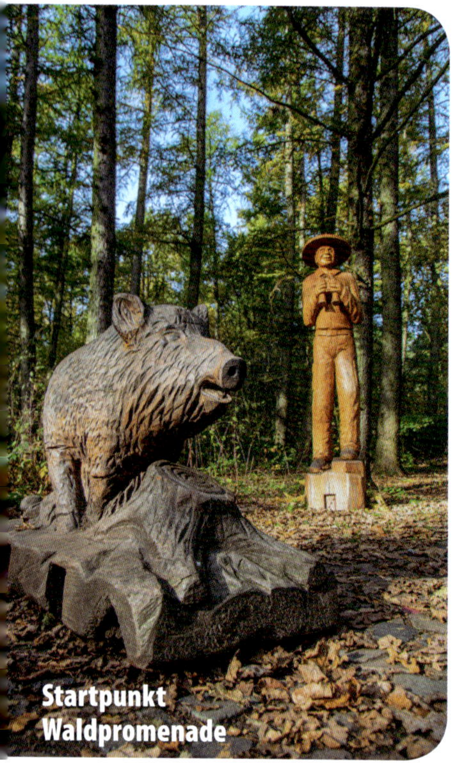

aus und lässt vereinzelt Fliegenpilze im Sonnenlicht glänzen. Nach einer Weile überqueren wir eine Kreuzung und wandern weiterhin auf schmalen Pfaden, bis wir vor einer Linkskurve rechts unserer Route folgen. Trotz der guten Ausschilderung sind wir achtsam und lassen uns von den Wanderzeichen souverän entlang des Wegverlaufs lotsen. An einer Kreuzung biegen wir links ab, dabei bleibt unsere Strecke kurvenreich. Vor einem Hochstand machen wir einen Schlenker nach rechts, um kurz danach links auf wilden Pfaden dem Wegverlauf zu folgen. Leicht bergauf, immerhin sind wir in Richtung Farnberg, geht es für uns weiter, bis wir eine Kreuzung erreichen, an der wir dem breiteren Weg nach links folgen. Nach kurzer Zeit erkennen wir eine Abzweigung, die uns nach rechts führt und uns dem Feuerwachturm Farnberg immer näher bringt. Die Spuren der Wanderzeichen führen uns an einer Weggabelung erst rechts und kurz danach an einer weiteren Abzweigung links entlang. An einer Kreuzung führt unsere Tour geradeaus über einen wurzeligen Pfad steil aufwärts. Jetzt nochmal die Schuhe gut schnüren. Sobald wir den Anstieg gemeistert haben, wenden wir uns an einer Gabelung nach rechts und erkennen nach ein paar Metern das aus den Bäumen herausragende Stahlgerüst. Auf einer Höhe von 135 Metern angekommen, gönnen wir uns direkt am **Feuerwachturm Farnberg** 5 eine ausgiebige Verschnaufpause. Der frei begehbare Feuerwachturm mit einer Höhe von 38 Metern ist einer von zwei Beobachtungsstationen in der Haard. Diese übernehmen in den Zeiten von März bis September eine wichtige

Schutzfunktion zur Lokalisierung möglicher Waldbrände. Gut ausgeruht wollen wir uns den faszinierenden Panoramablick nicht entgehen lassen und steigen langsam die 179 Stufen des Stahlgiganten hinauf. Die Belohnung ist atemberaubend und unsere Blicke schweifen weit über die Baumwipfel der Haard hinaus. Ein vollkommener Moment für unsere Wanderseele. Wieder unten angekommen, wandern wir mit dem Feuerwachturm im Rücken rechts auf dem Forstweg den uns bekannten Markierungen folgend weiter und gelangen an eine Kreuzung, an der wir rechts auf einem Hauptweg abbiegen. Nach einer Weile nimmt uns eine Abzweigung nach rechts in Richtung Mutter Wehner mit und wir durchlaufen auf weichem Boden den bunten Herbstwald. Wieder unterwegs auf schmalen Pfaden können wir den Wanderhinweisen vertrauen und gehen auch an einer Wegspinne immer weiter geradeaus. An einer weiteren Kreuzung laufen wir diesmal links herum und genießen für knapp 800 Meter gera-

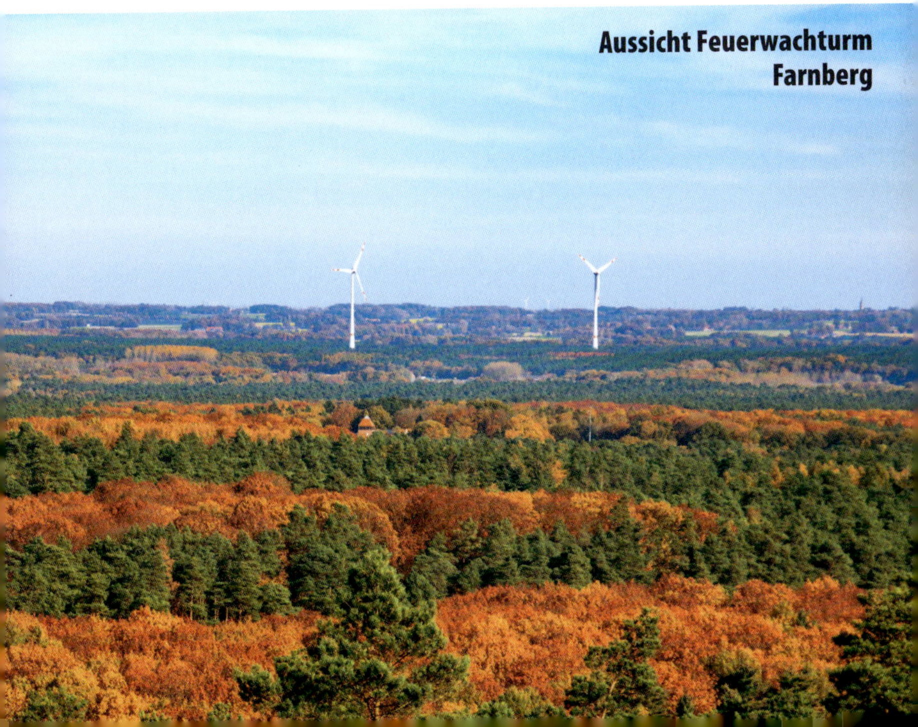

Aussicht Feuerwachturm Farnberg

Die Waldpromenade ist ein 5,5 Kilometer langer Wanderweg im südlichen Teil der Haard. Im Fokus des Projekts der RVR Ruhr Grün stand dabei die Neugestaltung des Haardgrenzwegs zwischen Oer-Erkenschwick und Marl.

dewegs den abwechslungsreichen Wegverlauf, bis wir an einer Wegspinne ankommen und den **Startpunkt der Waldpromenade 6** erreichen. Bevor wir links die letzten Meter bis zu unserem Ausgangsziel weiterwandern, machen wir noch einen kurzen Abstecher zu den auffälligen Holzschnitzereien des Kettensägenkünstlers Georg Maurus.

Mit interessanten Eindrücken wandern wir auf dem Haardgrenzweg in Richtung Stimberg mit Blick auf das **Maritimo Wellness Resort 7,** wo man auch einkehren kann, zu unserem Wanderparkplatz zurück. Das **Hotel Restaurant Stimbergpark 8** würde sich am Ende der Wanderung ebenfalls für eine Einkehr anbieten.

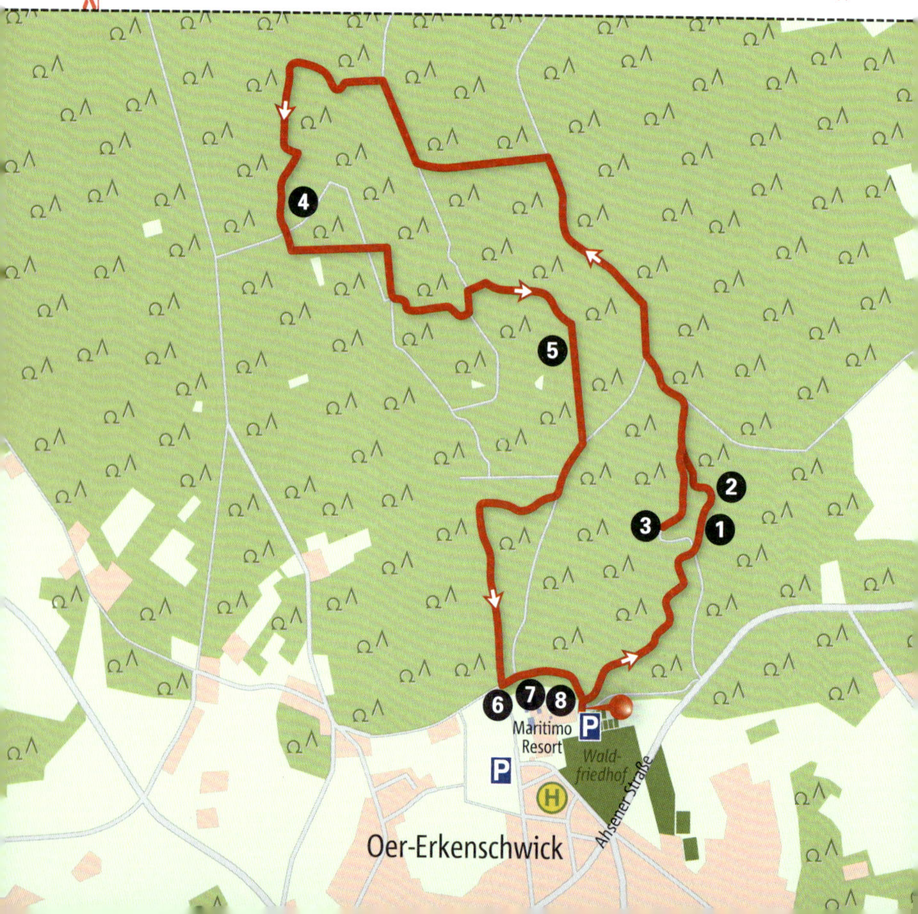

Alles auf einen Blick

WIE & WANN:
Hügelige Sandwege, befestigte und unbefestigte Naturpfade, Forstwege. Ganzjährig interessant. Fernglas einstecken.

Entspannung ✱✱✱✱✱
Genuss ✱✱✱✱✱
Romantik ✱✱✱✱✳

HIN & WEG:
Auto: Wanderparkplatz 54, Am Stimbergpark, 45739 Oer-Erkenschwick (GPS: 51.658033, 7.250908)
ÖPNV: Bus 231 bis Ulmenstraße

ESSEN & ENTSPANNEN:
Maritimo Wellness Resort ❼ Am Stimbergpark 80, 45739 Oer-Erkenschwick, Tel. (0 23 68) 69 80, www.maritimo.info
Hotel Restaurant Stimbergpark ❽ Am Stimbergpark 78, 45739 Oer-Erkenschwick, www.stimbergpark.de

ENTDECKEN & ERLEBEN:
Wissensstation Bergmann ❶
Teufelsstein ❷
Stimberghöhe ❸
Alte Buche ❹
Feuerwachturm Farnberg ❺
Startpunkt Waldpromenade ❻

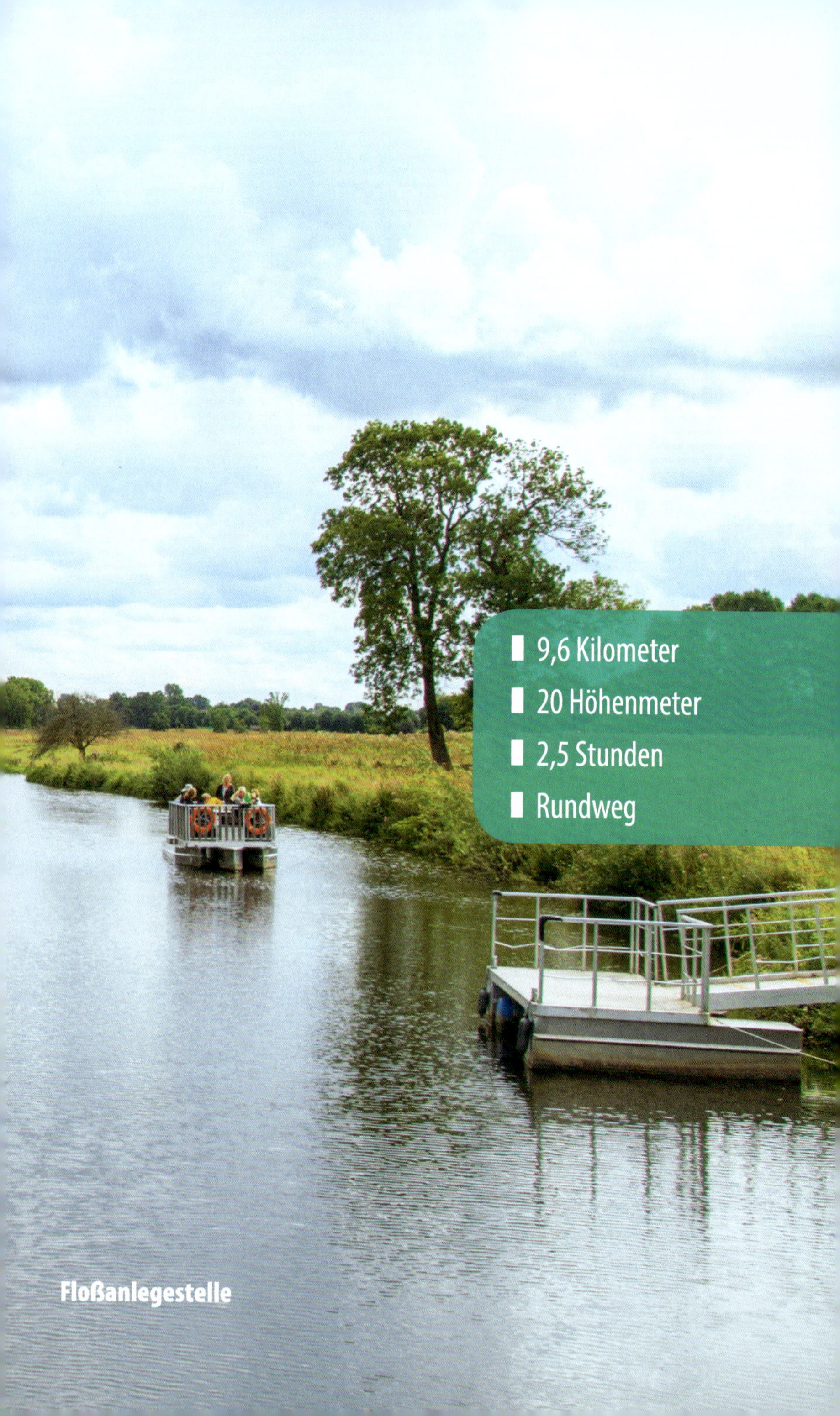
9,6 Kilometer
20 Höhenmeter
2,5 Stunden
Rundweg
Floßanlegestelle

Unterwegs im Münsterland wählen wir für unsere Rundwanderung ein beliebtes Ausflugsziel, das **Naturbad Olfen 1**. Schon vom Parkplatz erkennen wir den außergewöhnlichen Sprungturm und erhalten am Eingangsbereich einen kleinen Einblick durch die Gitter der Umzäunung auf das mit Sandstrand und Strandkörben ausgestattete Gelände. Da liegt der Gedanke an eine erfrischende Abkühlung nach unserer Wanderung doch sehr nahe.

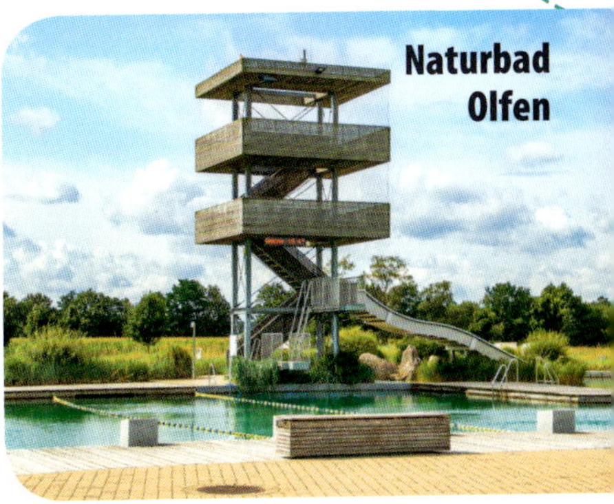

Wir laufen zwischen dem Naturbad und einem abenteuerlichen Kinderspielplatz auf eine Weggabe-

Flussgeschichten

Die Steverlandschaft in Olfen

lung zu. Hier wandern wir rechts in Richtung Füchtelner Mühle und erreichen nach knapp 100 Metern eine T-Kreuzung, an der wir links abbiegen und parallel zur **Kökelsumer Straße** für etwas mehr als 200 Meter geradeaus laufen, bis wir kurz vor einer Brücke links in eine Zufahrtstraße zum Alten Postweg unsere Richtung ändern. Nach ein paar Metern biegen wir rechts auf einen Forstweg ab, dem wir geradeaus bis zur nächsten Kreuzung folgen. Rechts entlang erkennen wir eine Brücke, die wir überqueren. Dabei genießen wir den idyllischen Moment mit Blick auf die Stever und wandern weiter entlang des Wegverlaufs erst links und dann mit einem Schlenker rechts in Richtung der Kökelsumer Straße. Links haltend überqueren wir

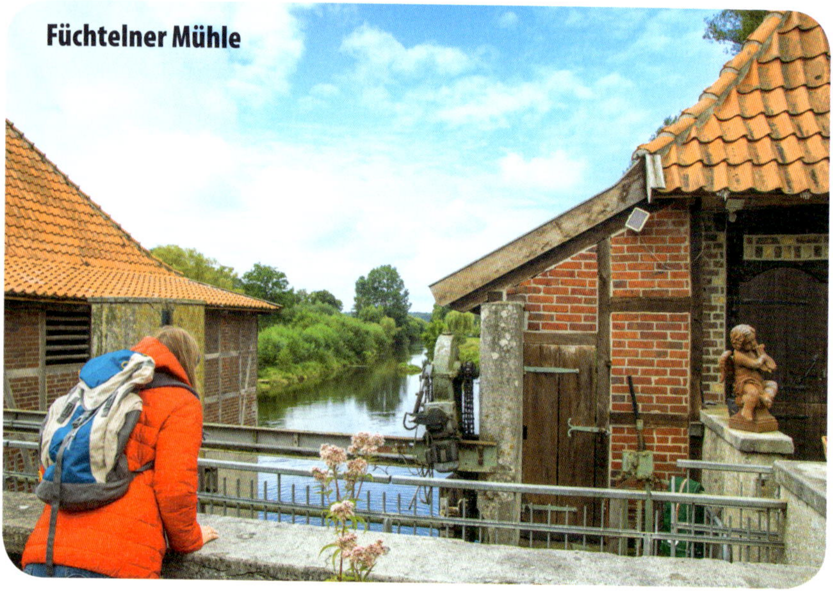

diese Hauptstraße und gelangen nach kurzer Zeit zur **Füchtelner Mühle 2**. Das historische Bauwerk wurde um 1306 von Fürstbischof Otto III. als Wasserburg erbaut und später als Wasser- und Sägemühle genutzt. Heute gehört die kleine Wasserkraftanlage der Stadt Olfen. Gegenüberliegend erwartet uns ein idealer Rastplatz. Denn dort locken uns das Restaurant und Café **Landhaus Füchtelner Mühle 3** mit selbst gebackenen Kuchen sowie das neue Touristikinformationszentrum **Naturparkhaus Steveraue 4**. Wir verlassen diesen beeindruckenden Ankerpunkt des Naturparks Hohe Mark und gehen gemütlich am Naturparkhaus rechts vorbei, bis wir an einer Weggabelung einen Schwenker nach rechts machen und auf dem Kökelsum unsere Tour fortsetzen. Diese Landstraße bringt uns kurz danach zu einem **Bootsanleger für Floßfahrten 5** auf der Stever. Ein Floß legt gerade mit Passagieren ab, dessen Kapitän Spannendes über den beeindruckenden Wandel der Steverauen zu erzählen weiß.

Die wunderschöne Steverauenlandschaft hat sich von ehemaligen Äckern und Weiden in eine lebendige Flusslandschaft verwandelt. Dabei sind durch die gezielte Renaturierung ein natürlicher Hochwasserrückhalteraum und wichtiger Lebensraum für Pflanzen und Tiere entstanden.

Wir nutzen die Möglichkeit und werfen von der baubotanischen Aussichtsplattform unweit des Anlegers einen weiten Blick in die wundervolle Auenlandschaft. Dabei haben wir einen schönen Ausblick und entdecken ein Storchennest, Heckrinder und mit etwas Glück die Wildpferde, auch Koniks genannt.

Wir gehen zur Straße zurück und wandern mit dem Bootsanleger im Rücken rechts weiter parallel zur Stever. Der asphaltierte Weg führt uns für ein paar Kilometer durch das halboffene Gebiet und erlaubt uns zahlreiche Einblicke in die bestehende Landschaftskultur der Bauernschaften. An einer Weggabelung ankommend, halten wir uns rechts und folgen dem Wegverlauf der **Bockholter Balwe,** die uns bis zu einer

Für die Seele

Wir lernen ein Teilstück des Hohe Mark Steigs kennen und erleben abwechslungsreiche Momente in der beeindruckenden Steverauenlandschaft.

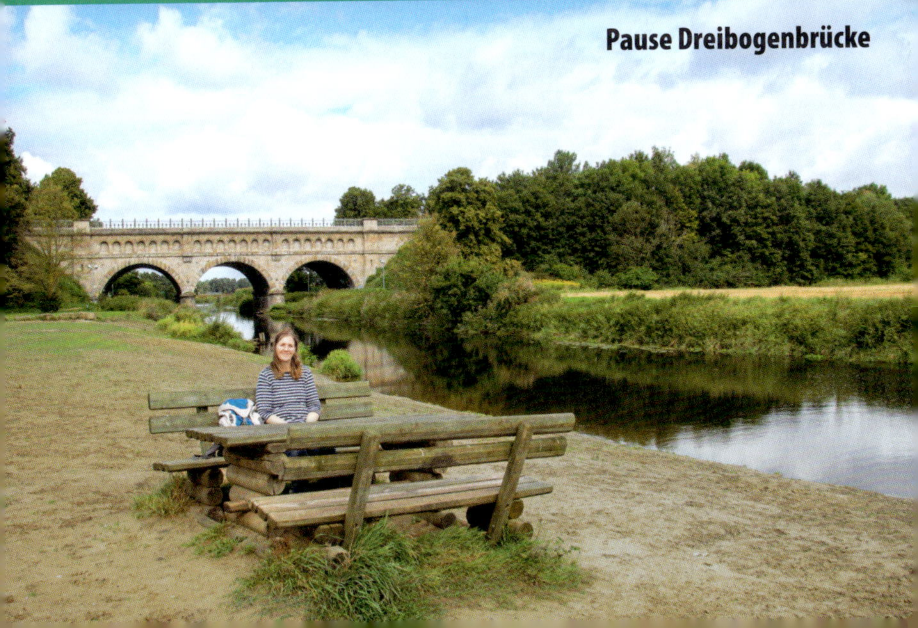

Pause Dreibogenbrücke

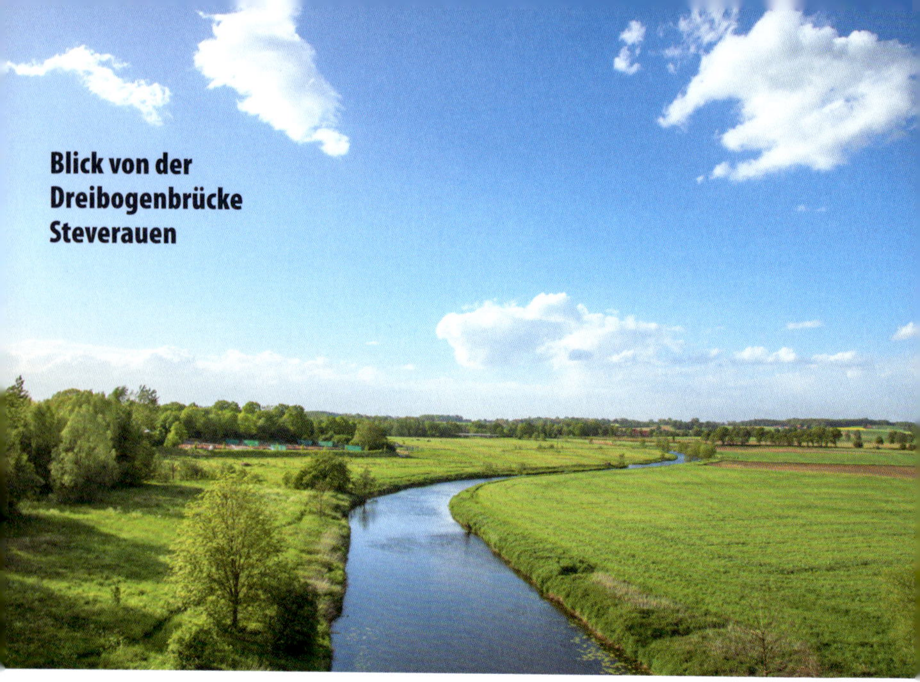

Blick von der Dreibogenbrücke Steverauen

T-Kreuzung bringt. Links lohnt sich der Weg zum **Biohof Mehring,** der Kuchen und regionale Produkte in seinem Sortiment führt. Wir aber biegen rechts auf die **Steverstraße** ab, um kurz darauf links auf die **Rechede** weiterzuwandern. Diese Straße lässt uns etwas später wieder an einer T-Kreuzung ankommen, an der wir uns rechts halten und nach knapp 150 Metern geradeaus eine Kreuzung mit einem Holzkreuz erreichen. Im Sommer lädt eine große Kastanie zu einer schattigen Rast und weitem Auenblick ein. Wir überqueren die Straße **Birkenallee** und wandern für knapp 1 Kilometer dem Wegverlauf immer geradeaus folgend, wobei uns die Wissensstationen am Wegesrand mit passenden Informationen über den Wandel der Steverauenlandschaft versorgen. Ankommend an einer Kreuzung geht es für uns über einen schmalen Pfad rechts deichaufwärts. Mit jedem Schritt geht es ein Stück höher und wir erhalten zunehmend eine weite Aussicht über die umliegende Landschaft, bis wir nach einer Weile die Deichkrone erreicht haben und damit oben auf der **Dreibogenbrücke** 6 angelangt sind. Wir genießen den grandiosen Ausblick weit über die herrliche Auen-

Die Dreibogenbrücke ist ein historisches Bauwerk und wurde von Karl Hinckeldeyn im Jahr 1894 entworfen, um die Alte Fahrt des Dortmund-Ems-Kanals über die Stever zu ermöglichen.

landschaft bis tief ins Münsterland und ins Ruhrgebiet. Gut, dass der Brückentrog trockengelegt wurde und wir diesen Wanderweg genussvoll entlangtapern können. Mit bestem Ausblick wandern wir weiter, bis uns nach ein paar Metern der Hohe-Mark-Steig im Zickzackkurs wieder nach unten führt. Unten angekommen, wenden wir uns scharf nach rechts und folgen den auffälligen Hohe-Mark-Steig-Markierungen. An der kommenden Weggabelung weichen wir von unserer Route für einen Abstecher zum Café Zum Steverstrand ab. Für den Rückweg merken wir uns diese Stelle und schreiten rechts haltend voran, bis wir die Stever erreichen. Am Fluss biegen wir nach rechts und unterwandern die malerische Dreibogenbrücke.

Ein kleiner Sandstrand ermöglicht uns den direkten Zugang zum Ufer und wir erhalten nochmals einen prächtigen Eindruck von der historischen Kulisse der Dreibogenbrücke. Wir freuen uns auf eine Stärkung im **Restaurant Zum Steverstrand** 7 und lassen uns verwöhnen. Im Sommer im Biergarten mit bestem

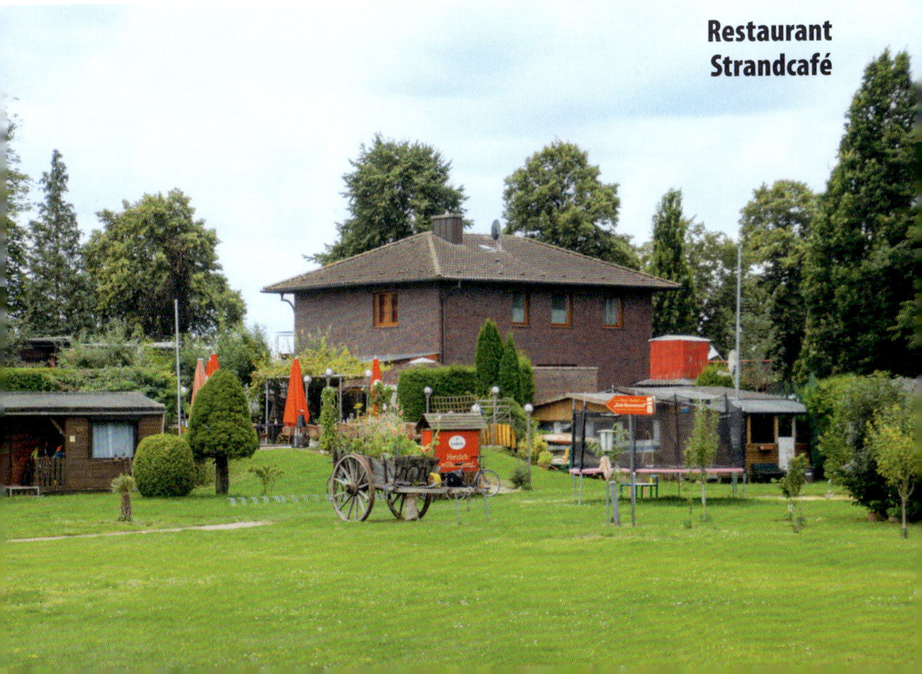

Restaurant Strandcafé

Sturmrelikt Ela

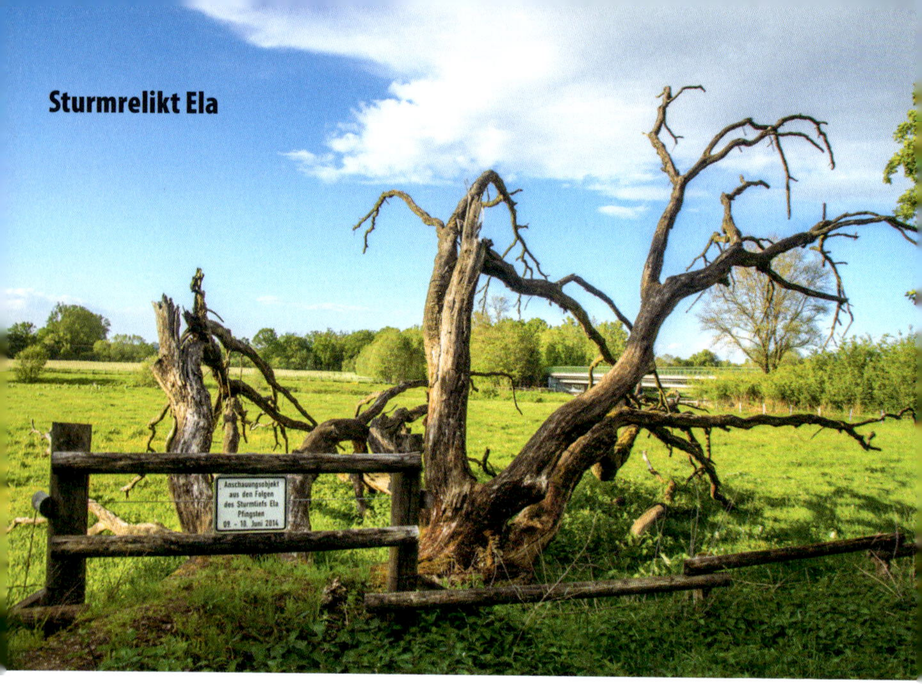

Seit dem 11. Jahrhundert ist die als Poitou bezeichnete Großeselrasse bekannt und erhielt ihren Namen basierend auf der Landschaft Poitou in Frankreich. Mit bis zu 450 Kilogramm Körpergewicht zählen die zotteligen Zeitgenossen zu den schwersten Eselarten.

Blick auf die Dreibogenbrücke. Gut gestärkt gehen wir wieder mit Blick auf die Dreibogenbrücke bis zur uns bekannten Weggabelung zurück und setzen unsere Wanderung den Hohe-Mark-Steig-Zeichen folgend fort. Dabei kommen wir an einem jüdischen Friedhof vorbei, über den wir auf einer Infotafel einige Hintergründe erfahren. Kurz darauf erreichen wir eine Koppel, auf der die außergewöhnlichen **Poitou-Esel** **8** seit 2006 ihr Quartier bezogen haben. Wir haben Glück und die Lieblinge der Auenlandschaft zeigen sich uns in ihrem zotteligen Gewand.

Neugierig begleiten uns die liebevollen Tiere, bis wird das Ende des Zauns und damit eine Kreuzung mit einer großen Infotafel über die Poitou-Esel erreichen. Wir wenden uns nach rechts und folgen dem Wegverlauf, der uns linker Hand vorbei an einem Tennisplatz und Skaterpark führt. Der Abschnitt verläuft kurvenreich entlang der halboffenen Auenlandschaft und erstreckt sich über 400 Meter, bis wir die Straße **Birkenallee** erreichen. Mit dem Überqueren der Straße machen wir einen Richtungswechsel nach rechts, um nach 60 Metern an einem **Rehgehege** links auf dem

Weg unsere Wanderung fortzusetzen. Auf der rechten Seite sehen wir einen umgekippten Baum, ein **Relikt** ⑨ des im Jahre 2014 wütenden **Sturmtiefs Ela.** Wir laufen parallel zur entfernten Stever und erreichen nach knapp 230 Metern eine **Aussichtsplattform** ⑩, die uns einen weiten Blick auf die renaturierte Landschaft der Steverauen eröffnet. Hier haben Störche, Heckrinder und Eisvögel längst ihr Domizil gefunden, aber es ist auch die Heimat der sogenannten Koniks. Wir haben Glück und mit weitschweifenden Blicken entdecken wir die kleinen Wildpferde am Flussufer. Wir beobachten die vierbeinigen Landschaftspfleger und genießen den schönen Moment.

Mit dieser Belohnung zieht es uns weiter entlang der umzäunten Auenlandschaft und der Hohe-Mark-Steig-Markierungen. Wir erreichen nach einer Weile einen roten Klinkerbau, an dem wir rechts auf dem schmalen Waldweg vorbeigehen. Wir durchwandern einen Siedlungsbereich, orientieren uns weiter an den

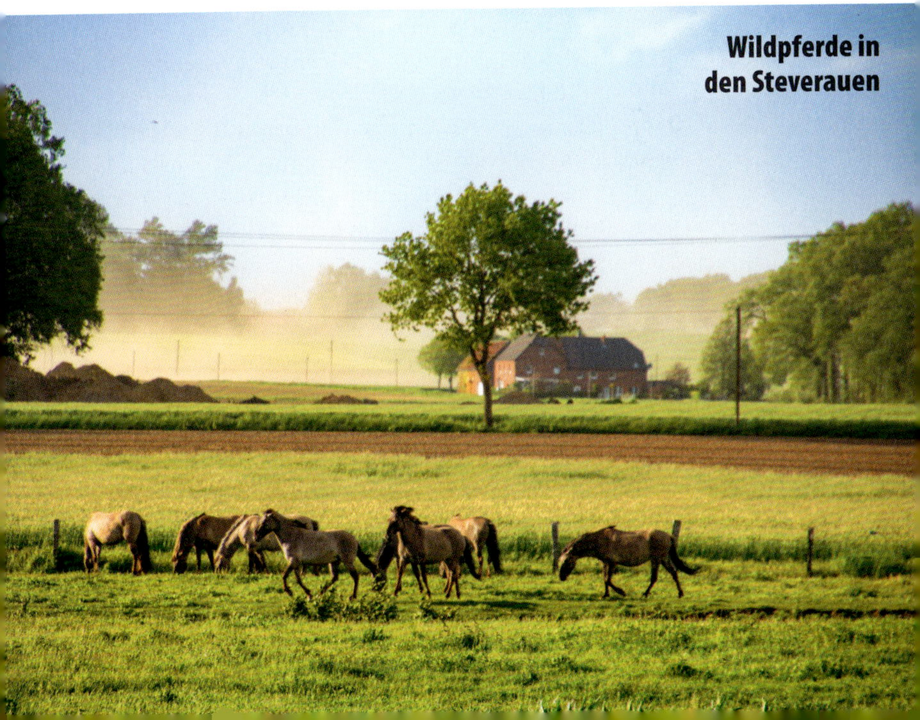

Wildpferde in den Steverauen

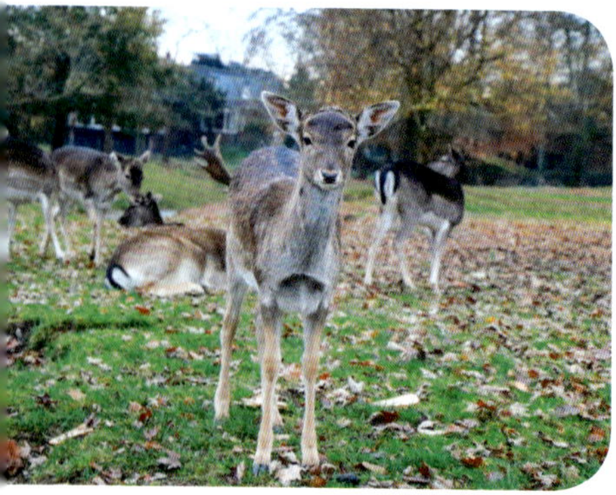

Hohe-Mark-Steig-Hinweisen und laufen für etwa 220 Meter immer geradeaus, bis wir links auf die **Heidkampstraße** für ein paar Meter gehen, um dann nach kurzer Zeit an einer T-Kreuzung rechts in die **Sternbuschstraße** einzubiegen. Für 300 Meter gehen wir schnurgeradeaus und durchlaufen dabei einen kleinen Waldabschnitt, bis wir an eine T-Kreuzung gelangen, um links in Richtung unseres Ausgangsziel zu gehen. Die Hohe-Mark-Steig-Zeichen führen uns über die **Kökelsumer Straße,** bis wir unser Ausgangsziel wieder erreichen.

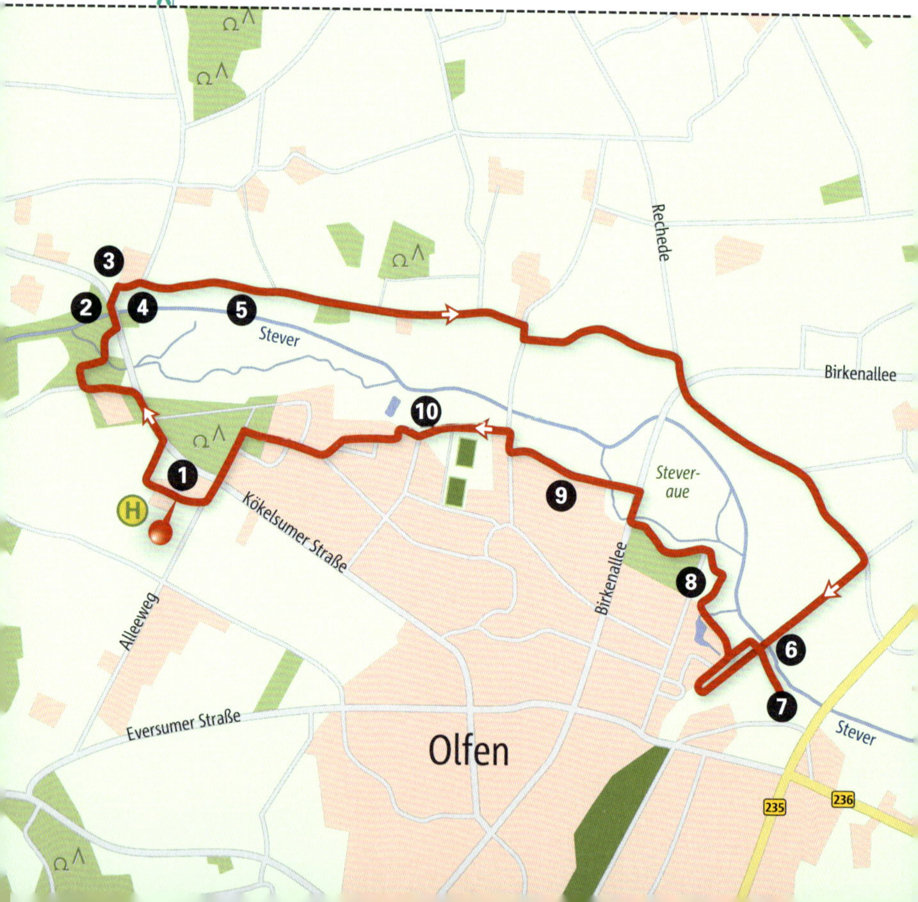

Alles auf einen Blick

WIE & WANN:

Asphaltierte Wege und teils Forstwege. Ganzjährig interessant. Floßfahrtsaison auf der Steveraue von Mai bis Oktober beachten.

HIN & WEG:

Auto: Wanderparkplatz Naturbad, Alleeweg 4, 59399 Olfen (GPS: 51.715879, 7.358669)
ÖPNV: Bürgerbus bis Naturbad Olfen

ESSEN & ENTSPANNEN:

Landhaus Füchtelner Mühle ❸ Kökelsumer Straße 66, 59399 Olfen, Tel. (0 25 95) 4 30, www.fuechtelner-muehle.de
Restaurant Zum Steverstrand ❼ Lüdinghauser Straße 31, 59399 Olfen, Tel. (0 25 95) 30 77, www.steverstrand.de

Entspannung ★★★★☆
Genuss ★★★★★
Romantik ★★★★☆

ENTDECKEN & ERLEBEN:

Naturbad Olfen ❶ Alleeweg 4, 59399 Olfen
Füchtelner Mühle ❷
Naturparkhaus Steveraue ❹
Floßfahrtanleger ❺
Dreibogenbrücke ❻
Poitou-Esel ❽
Relikt Sturmtief Ela ❾
Aussichtsplattform Steveraue ❿

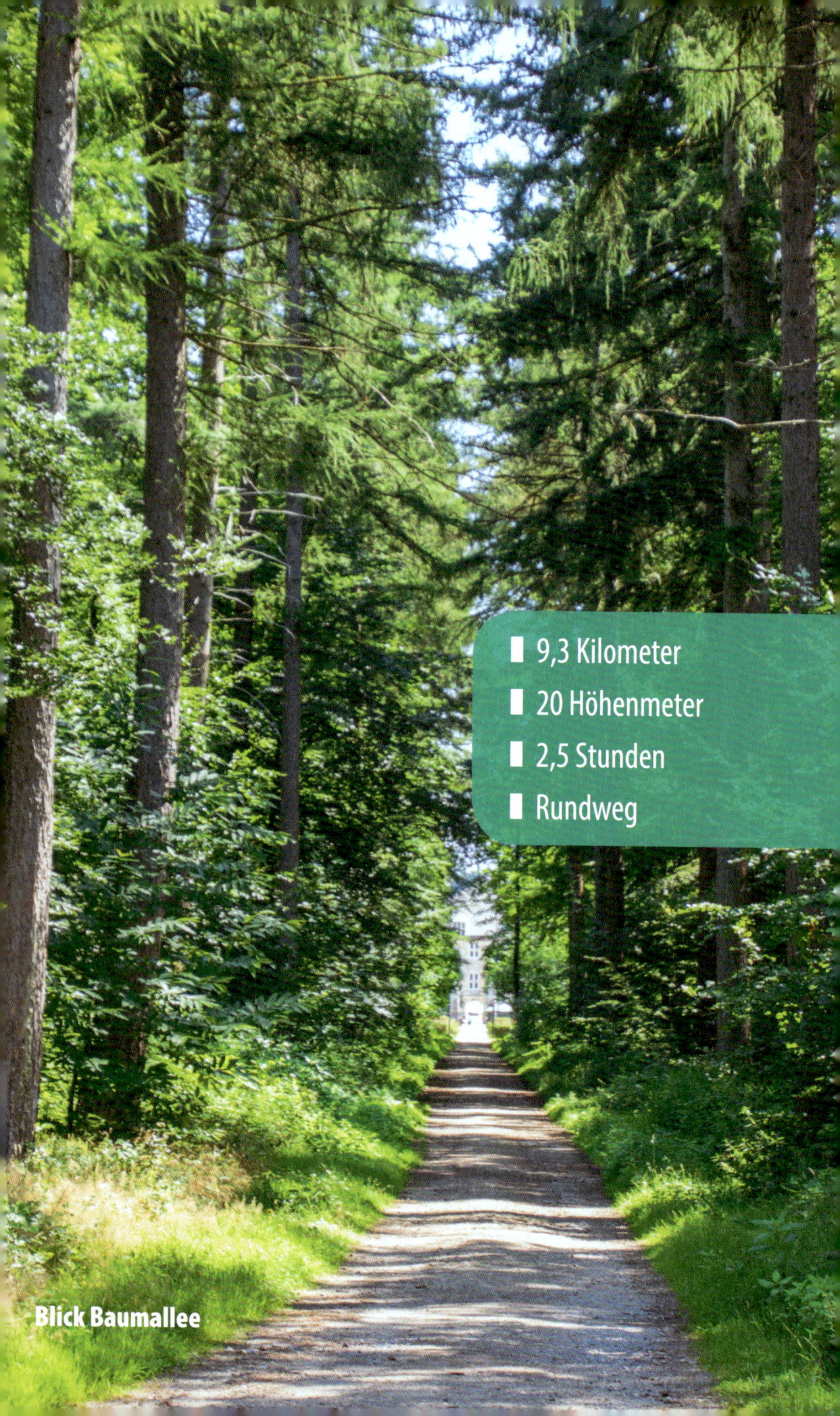

- 9,3 Kilometer
- 20 Höhenmeter
- 2,5 Stunden
- Rundweg

Blick Baumallee

Zwischen Münsterland und Ruhrgebiet führt uns diese Rundwanderung vorbei am Schloss Lembeck und lässt uns das umliegende Waldgebiet des Naturparks entdecken. Wir starten unsere Tour vom Parkplatz am Sportplatz Schwarz-Weiß Lembeck. Diesen lassen wir hinter uns, gehen zurück bis zur T-Kreuzung und biegen links auf die Straße **Am Hagen.** Es trennen uns nur ein paar Schritte, bis wir linker Hand eine rot-weiße Schranke erkennen und auf dem Forstweg in die grüne Welt des Waldes eintauchen. Schnell haben wir genügend Abstand vom Alltagsstress gewonnen und wandern entspannt immer geradeaus durch die grüne Kraftoase. Diese ist anfangs von märchenhaften Fichten und Kiefern geprägt, die sich im

Märchenhaft

Im Wald um Schloss Lembeck

weiteren Verlauf mit Eichen und Buchen vereinen. Wir genießen den Wechsel der Baumvielfalt und erreichen nach knapp 500 Metern eine T-Kreuzung. Eine Reihe von Wanderzeichen, wie der Hohe Mark Steig und der X2, lotsen uns links auf den Lorenzweg, dem wir bis zur Weggabelung folgen und danach einen Schwenker nach rechts machen. Parallel zu einem Bachlauf wandern wir auf einem schmalen Pfad, der uns für eine Weile zwischen prächtigen Buchen und Lärchen führt. Kurz bevor wir die Westseite des Schlosses erreichen, entdecken wir rechter Hand die **Denkstätte St. Antonius** ❶, die mit einem Denkmal aus Holz 1992 zu Ehren des Heiligen St. Antonius errichtet wurde. Nach unserer kurzen Stippvisite an diesem heiligen Ort wandern

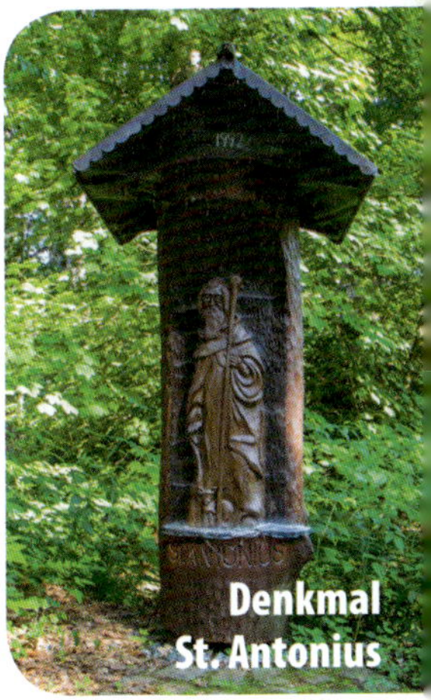
Denkmal St. Antonius

Das beeindruckende Wasserschloss Lembeck wurde auf Basis einer abgerissenen Burg in den Jahren 1674–1692 im Barockstil erbaut. Das adelige Bauwerk ist heute noch in Familienbesitz und ein beliebtes Ausflugsziel sowie ein historischer Ankerpunkt der 100-Schlösser-Route.

wir in Richtung Schloss und gelangen nach kurzer Zeit zum Westeingang des **Schlosses Lembeck ❷**. Das Westtor ist nicht für die Öffentlichkeit zugänglich, doch erhalten wir einen ersten Eindruck der beeindruckenden Parkanlage, die besonders für ihre große Rhododendrensammlung und die bunte Blütenpracht ab Mai bekannt ist. Auch die Inszenierung der Mauerkulisse als Begrenzung mit den Skulpturen von Atlas und der römischen Göttin Minerva sowie den beiden Obelisken erwecken unsere Aufmerksamkeit.

Ein schöner Vorgeschmack, den wir im Anschluss an unsere Wanderung mit der Begehung des Parks vertiefen werden. Wir setzen unsere Tour fort und laufen parallel zur Schlossanlage den Weg mit dem Namen **Kohlenallee** weiter, bis wir nach etwa 200 Metern an einer Weggabelung links abbiegen.

Vereinzelt erhalten wir auf diesem Teilstück einen Blick auf die prächtige Schlossfassade, deren Sicht aber nach und nach entlang unseres weiteren Wegverlaufs in der märchenhaften Waldumgebung nachlässt. Links

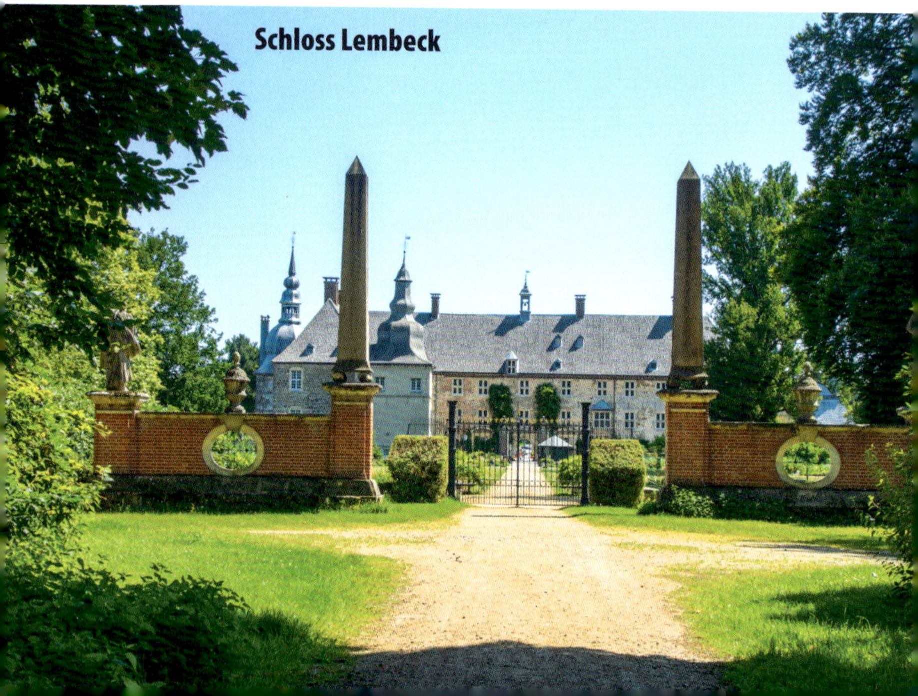

Schloss Lembeck

und rechts begleitet uns am Wegesrand das auffällige Drüsige Springkraut mit seinen purpurroten Blüten, das ein Nektarmagnet für Hummeln und Bienen ist.

Nach knapp 250 Metern wenden wir uns rechts einem schmaleren Pfad zu, der uns gefühlt noch tiefer in den Wald führt. Wir genießen das Licht-und-Schatten-Spiel der märchenhaften Baumgestalten für weitere 250 Meter, bis wir an einer Weggabelung links unsere Tour weiter fortsetzen. An einer Lichtung gelangen wir zu einer weiteren Weggabelung, an der wir leicht links auf der **Hubertusallee** wieder tief in den Wald eintauchen. Nach 400 Metern biegen wir von der Hubertusallee links auf den nächsten Waldpfad ab und erfreuen uns am zierlichen Gesang einzelner

!

Jährlich findet das Veranstaltungshighlight Landpartie auf dem Schlossgelände statt. Fünf Tage taucht das Schloss in eine fantastische Welt der Bereiche Garten, Wohnen und Mode ein. Ein schönes Fest mit großartigen Erlebnissen für die ganze Familie.

Für die Seele

Wir besuchen das im Wald des Naturparks Hohe Mark gelegene Schloss Lembeck und erkunden auf verwunschenen Waldpfaden die märchenhafte Umgebung.

Waldbewohner. Ankommend an einer T-Kreuzung biegen wir links auf einen asphaltierten Weg ab und durchschreiten für knapp 300 Meter eine bäuerliche Landschaft, bis wir eine Kreuzung erreichen. Hier biegen wir rechts ab, um kurz danach wieder links in den Wald einzutauchen. Wir gehen immer geradeaus und lassen uns von diesem Weg zu einer T-Kreuzung bringen, an der wir rechts der X-Markierung folgen. Hier gehen wir eine Weile geradeaus und ignorieren vorerst die Wege, die nach links und rechts führen, bis wir nach knapp 400 Metern rechts abbiegen und damit das Naturschutzgebiet **Lasthausener Moor ③**, linker Hand, erreichen. Wir erhalten einen Einblick in den kleinen und unscheinbaren Landschaftsabschnitt des

Das Drüsige Springkraut stammt aus dem Himalaja und ist aufgrund seiner schnellen Verbreitung gegenüber den heimischen Pflanzen nicht ganz unumstritten. Doch wird es auch als Zuckerspender für Insekten und Heilkraut gerne genutzt.

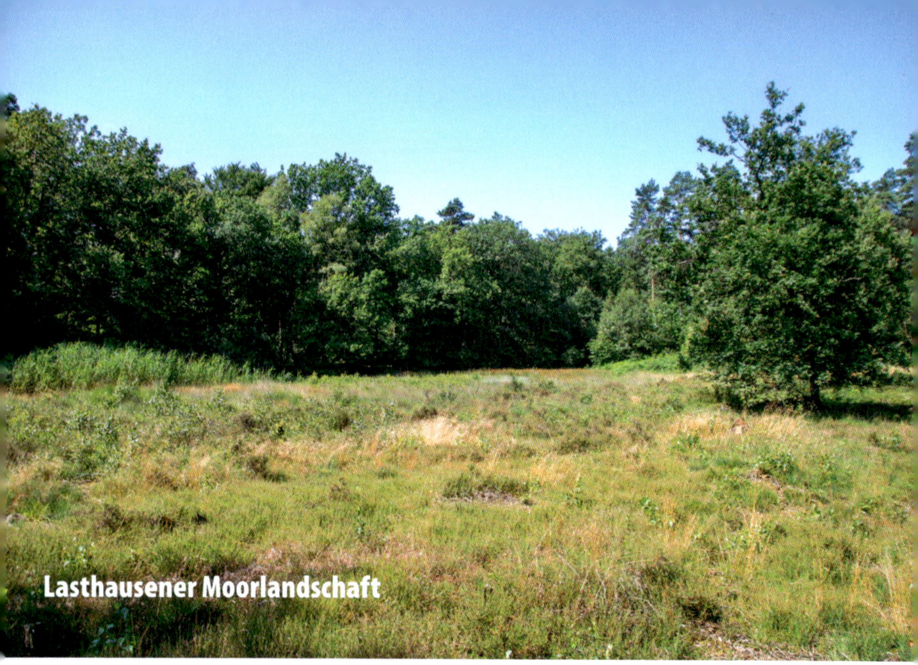

Lasthausener Moorlandschaft

schutzwürdigen Moorgebiets, das eines der letzten artenreichen Übergangsmoore ist. Ein stilles Naturereignis, in dem sich auch der Moorfrosch umgeben von seltenen Moorpflanzen heimisch fühlt. Nachdem wir den besonderen Ort genauer betrachtet haben, folgen wir dem Wegverlauf so lange geradeaus, bis wir eine T-Kreuzung erreichen, an der wir erst rechts abbiegen, um kurz darauf wieder links auf dem Bakeler Weg weiterzuwandern. Nach etwas über 250 Metern erkennen wir rechts eine **Schutzhütte ④,** an der wir eine Rast machen. Vom Rucksackproviant gestärkt, überqueren wir die Straße **Im Schöning** und passieren eine rot-weiße Schranke, um auf einem Forstweg in den Wald hineinzugehen. Die intensiven Düfte des Waldes sind sehr wohltuend und laden uns zum Waldbaden ein. Intensiv nehmen wir durch tiefes Ein- und Ausatmen das Waldaroma auf und genießen diesen wohltuenden Moment. Bewusst tapern wir gemütlich den Waldweg entlang und erreichen nach einiger Zeit eine Kreuzung, an der wir links auf einen schmalen Pfad, der parallel zu einem Bach verläuft, abzweigen. Das dichte Nadelgehölz bildet eine märchenhafte Kulisse für das klassische Märchen vom Aschenputtel, das mit ihrem Prinzen zwischen den Kiefern, Tannen und Fichten auf weißen Pferden durchreitet. Nach dem fabelhaften Ausflug gelangen wir nach knapp 700 Metern wieder zu einem Hauptweg, der den Namen **Reuterweg** trägt. Hier zweigen wir rechts ab, um kurz darauf erneut links auf einem weiteren Waldpfad mit dem botanischen Namen **Rhododendronweg** zu gehen. Auf diesem laufen wir immer geradeaus, bis wir auf die **Johannesallee** stoßen und auf dieser rechts unsere Wanderung fortsetzen. Nach 500 Metern auf dieser Allee erreichen wir eine Kreuzung, an der wir noch

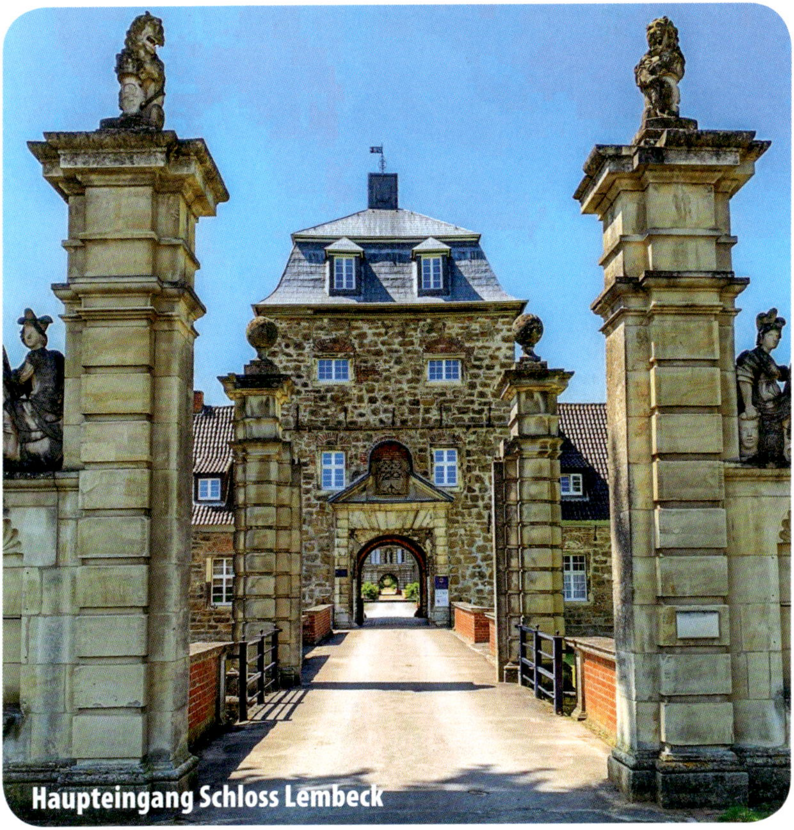

Haupteingang Schloss Lembeck

Verwöhntour 10

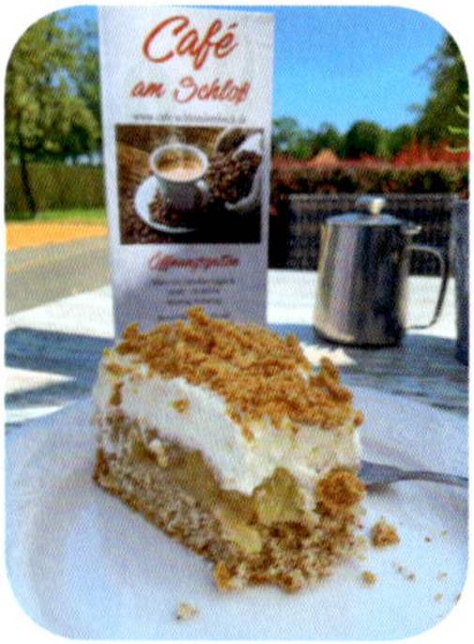

einmal das schöne Schloss Lembeck von Weitem betrachten, wobei das grüne Spalier an hohen Kiefern eine lange Blickachse bis zum Schloss eröffnet. Wir wenden uns von diesem fabelhaften Tunnelblick ab und biegen an dieser Kreuzung links auf die **Hubertusallee,** die uns nach 400 Metern zu einer weiteren Kreuzung bringt. Der Hinweis nach Lembeck führt uns rechts über einen Waldpfad zu einer T-Kreuzung, an der wir nun links auf den vom Anfang bekannten Wegen unsere schöne Tour langsam auspendeln lassen. Zum Abschluss lassen wir uns im **Café am Schloss Lembeck** ⑤ verwöhnen. Dazu fahren wir vom Parkplatz zum nahe liegenden Schlosseingang und wählen den hausgemachten Apfelkuchen.

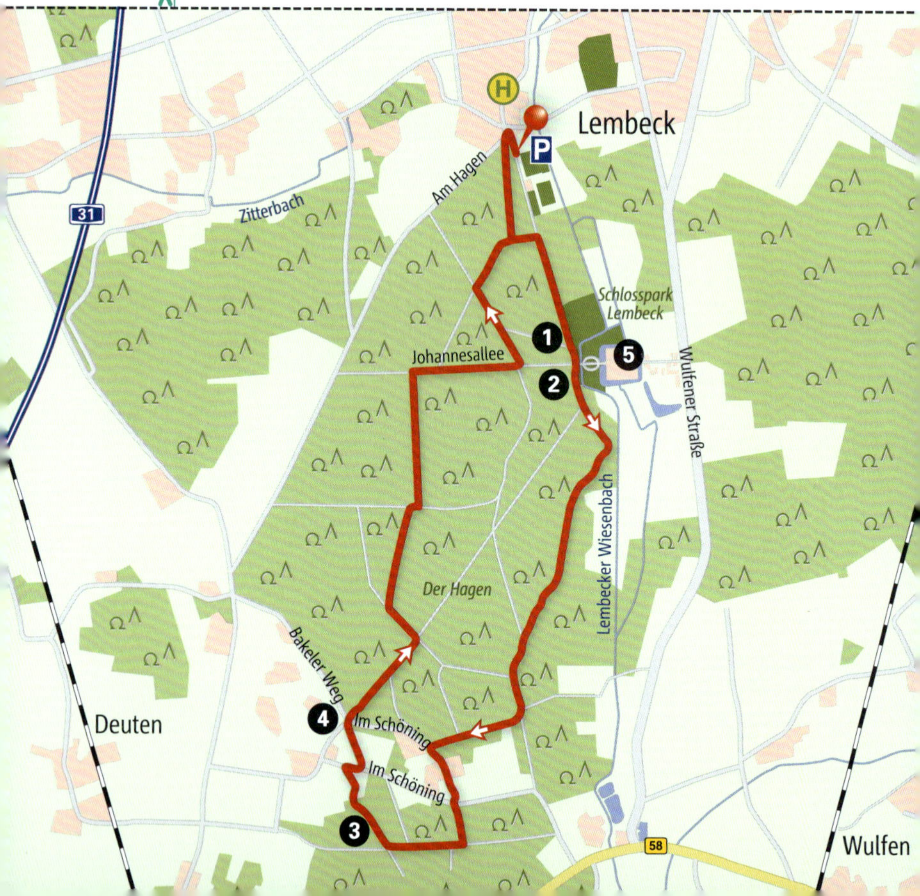

Alles auf einen Blick

WIE & WANN:
Befestigte Wege, unbefestigte Pfade und Forstwege. Ganzjährig interessant. Von Mai bis Juni blühen prachtvoll die Rhododendren im Schlosspark.

HIN & WEG:
Auto: Parkplatz am Sportplatz, Am Hagen 27, 46286 Dorsten-Lembeck (GPS: 51.752391, 6.992131)
ÖPNV: Bus TB205 bis Dorsten-Lembeck Reithalle

ESSEN & ENTSPANNEN:
Café am Schloss Lembeck ❺ Schloss 2, 46286 Dorsten-Lembeck, Tel. (0 23 69) 7 68 92, www.cafe-schlosslembeck.de

Entspannung ✱✱✱✱✱
Genuss ✱✱✱✱✱
Romantik ✱✱✱✱✱

ENTDECKEN & ERLEBEN:
Denkstätte St. Antonius ❶
Schloss Lembeck ❷ Schloss 2, 46286 Dorsten-Lembeck, Tel. (0 23 69) 71 67, www.schlosslembeck.de
Lasthausener Moor ❸
Schutzhütte ❹

Issel

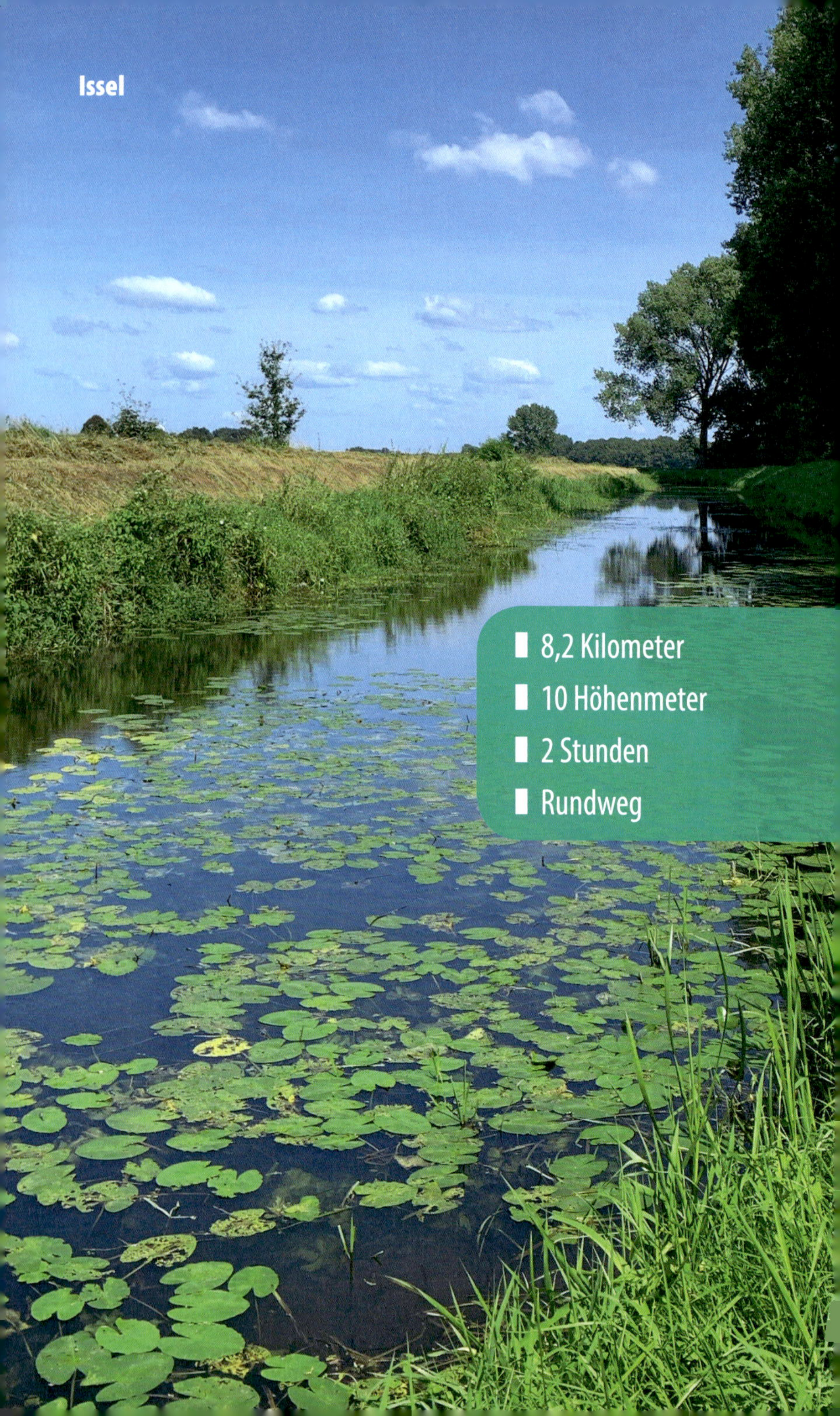

- 8,2 Kilometer
- 10 Höhenmeter
- 2 Stunden
- Rundweg

Flussidylle

Landpartie in Hamminkeln

Unsere Wandertour beginnt im Stadtteil Hamminkeln am beschaulichen **Wasserschloss Ringenberg** ❶. Wir werden uns die auffällige Burganlage nach unserer Tour genauer anschauen.

Für eine Stärkung ist nach Ablauf unserer Tour auch gesorgt, denn in unmittelbarer Nähe des Schlosses lädt das **Land-Café Alpakas am Schloss** ❷ in charmanter Umgebung mit den liebreizenden Alpakas zu Kaffee und Kuchen ein. Mit dieser Vorfreude wandern wir mit dem Schloss im Rücken den Wegverlauf rechts haltend am Land-Café vorbei und erreichen die **Hauptstraße.** Nachdem wir diese Straße überquert haben, gehen wir leicht rechts versetzt geradeaus auf die **Zingelstraße,** die uns rechts am Klinkerbau mit dem Namen „Pension zum Schloss" vorbeiführt. Kurzweilig laufen wir durch einen Siedlungsbereich und folgen der Zingelstraße, die einen Linksbogen macht, bis wir rechter Hand die rot-weißen Wegpfosten erkennen und durch diese über eine kleine Brücke zu einer T-Kreuzung gelangen. Dort biegen wir rechts auf den **Deichweg** ab, den wir kurz bis zur nächsten Kreuzung entlanglaufen, um dann links auf den **Kranendeichweg** zu schwenken und für eine Weile der **Wandermarkierung A4** immer geradeaus zu folgen. Die landwirtschaftliche Umgebung lädt uns zu ausschweifenden Blicken über weite Wiesen und Felder ein. Im weiteren Verlauf erreichen wir eine Bahntrasse, überqueren die Gleise und laufen an der Weggabelung an einer

Das seit 1984 denkmalgeschützte Wasserschloss Ringenberg ist Eigentum der Stadt Hamminkeln. Die Herren von Dingden erbauten die Burg im 13. Jahrhundert. Heute sind dort ein Standesamt, Ateliers und ein Restaurant angesiedelt.

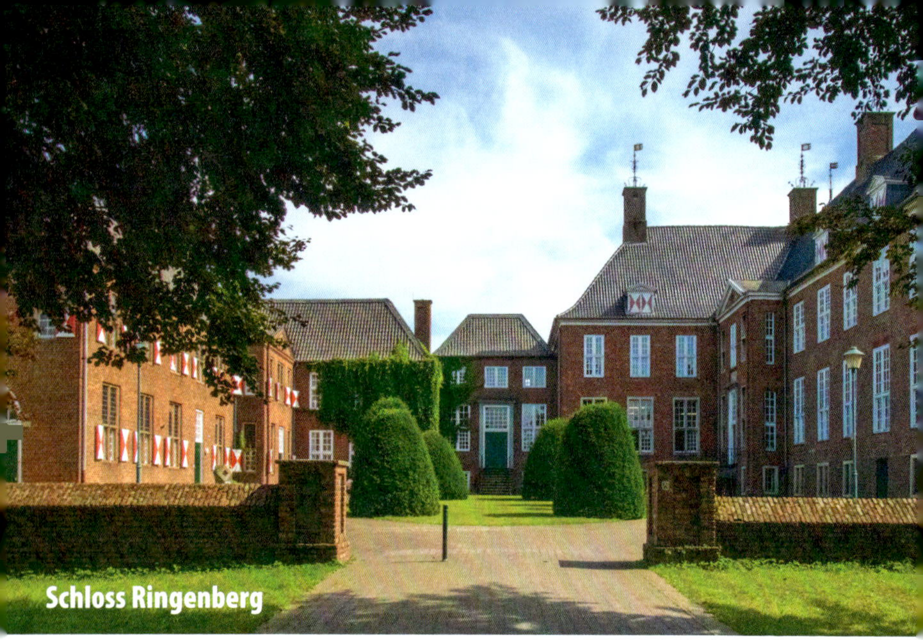

Schloss Ringenberg

alten Eiche geradeaus weiter. Das offene Landschaftsbild hebt unsere Wanderlaune und wir beobachten auf der großen Weidefläche eine Handvoll Kühe, die sich liebevoll um ihre Kälber kümmern. Hier wird das Konzept Naturschutz und Tierwohl durch **Mutterkuhhaltung** ③ verfolgt. Denn die Tiere leben im Familienverbund und das Kalb bleibt rund acht Monate bei der Mutter. Im Freien können sich die Tiere oft von frischem Gras auf der Weide ernähren. Die Landschaftskultur bleibt somit erhalten und schafft weiteren Lebensraum für viele Insekten und Vögel. Wir verweilen noch kurz und lassen diesen Moment der Natürlichkeit auf uns wirken. Dem Hauptweg folgend erreichen wir einen kleinen Waldabschnitt, bleiben auf der Straße **Kranendeich** und ignorieren jegliche Abzweigungen. Die lange Trasse durch die Bauernschaft auf dem Kranendeich endet für uns an einer T-Kreuzung, an der wir links auf dem **Römerrast** dem A4 weiter folgen. Mit weitem Blick über die offene Landschaft wandern wir durch eine kleine Allee von jungen Wallnussbäumen. Dem Wegverlauf folgend erreichen wir eine Brücke, von der wir einen ersten Blick auf die ruhige Flusslandschaft der Issel werfen können. Direkt nachdem wir die Brücke überquert haben, führt uns unmittelbar links ein unscheinbarer und dicht bewachsener Pfad zum Isselufer hinunter. Wir erfreuen uns an dem ruhigen Flussweg für 2,5 Kilometer und genießen den stillen Verlauf der Issel. Anfangs führt uns der schmale Uferweg durchs grüne Dickicht, das insbesondere im Sommer einen üppigen Bewuchs aufzeigt. Wir lieben den Gang durch die Botanik und wandern weiter entlang eines Zauns, der Teil einer Umzäunung der Kläranlage ist. An dessen Ende führt uns der Pfad etwas vom Ufer weg, sodass wir parallel weiter ein Stück zur Issel über eine große Wiese unter dem Schatten von Sträuchern und Bäumen laufen. Ankommend an einer Querstraße sehen wir links eine

Für die Seele

Gemütlich tapern wir entlang der Issel und erfreuen uns zum Abschluss an der tierischen Alpakabegegnung im Land-Café Alpakas am Schloss.

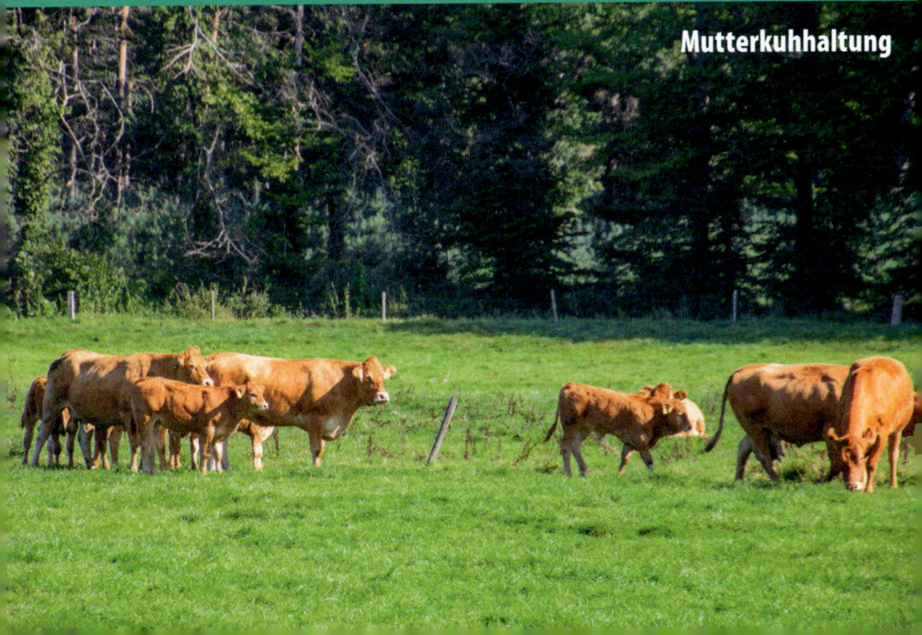

Mutterkuhhaltung

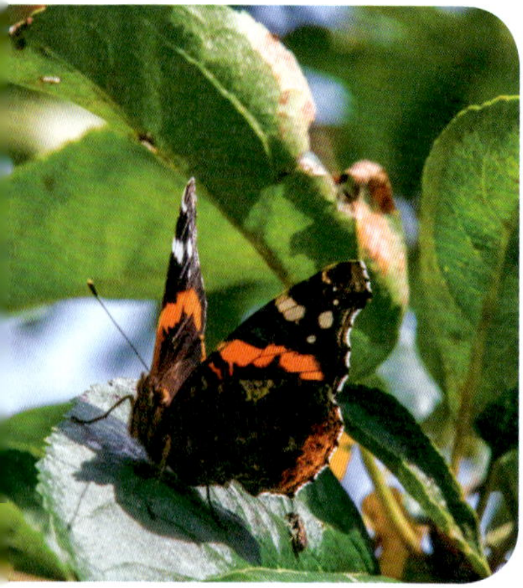

Brücke, die wir überqueren und dabei einen Blick entlang der Blickachse auf die Issel über das kleine Stauwehr werfen. Wir gelangen in wenigen Schritten zum anderen Ufer und folgen rechts der Wegmarkierung A4. Wir lassen uns für eine Weile von der idyllischen Flusslandschaft treiben. Besonders auf diesem Teilstück sind die kurvenreiche Issel und der Lebensraum vieler Tier- und Pflanzenarten zu bestaunen. Vereinzelte Flussabschnitte werden mit Seerosen überdeckt, die langsam ihre gelbe Blütenpracht über die Issel verteilen. Insbesondere Libellen und andere Insekten mögen diese natürlichen Landeplätze. Entspannt folgen wir dem Flussverlauf, der uns nochmals an einer Brücke vorbeiführt. Ein schönes Fotomotiv. Wir halten diesen imposanten Moment mit weitem Blick über die **Issel 4** fest und lassen die stille Gegend auf uns wirken, bis wir unsere Wanderung gemütlich im Tapermodus entlang des Ufers fortsetzen.

Die Issel ist 81,5 Kilometer lang, entspringt in Raesfeld und mündet in den Niederlanden, wo sie auch „Oude IJssel" genannt wird. Die Issel übernahm über viele Jahrhunderte eine Grenzfunktion, die sich auch die Römer zunutze machten.

Wir erkennen eine Autobahnbrücke, die wir unterqueren und kurz danach dem Hinweis auf den Wanderweg A4 folgen. Wir müssen hier achtsam sein, denn der üppige Bewuchs lässt den Einstieg auf einen unübersichtlichen Waldpfad links in ein kleines Waldgebiet fast verschwinden. Nach knapp 50 Metern ist der Waldspaziergang schnell vorbei und wir gelangen zu einer Bahntrasse, vor der wir links abbiegen und schnurgeradeaus an Weiden und Wiesen weiterlaufen. Wir unterqueren abermals die Autobahnbrücke und wandern geradeaus, bis wir die uns bekannte Gabelung mit der Sitzbank erreichen. An dem schattigen Plätzchen machen wir eine kurze Trinkpause, bevor wir rechts über die Bahngleise gehen und uns der Kranendeichweg wieder zum Deichweg führt. Wir machen an der Kreuzung einen Schlenker nach rechts und erkennen vom Hinweg auf der linken Seite die Brücke. Nachdem wir diese überquert haben, biegen wir rechts auf die **Zingelstraße** ab, der wir noch für eine Weile folgen. Direkt in der Nähe liegt gut sichtbar auf der rechten Seite die katholische **Christus König Kirche ⑤**. Wir nehmen den kleinen Umweg in Kauf und machen einen Abstecher zu dieser beeindruckenden Sehenswürdigkeit.

Nach unserer kurzen Besichtigung gehen wir die Hauptstraße zum Schloss langsam zurück und erhalten noch weitere historische Eindrücke vom malerischen Ringenberg, dessen Namensgebung möglicherweise auf das Wappen mit seinen zehn Ringen zurückzuführen ist. Bevor wir unseren Ausgangspunkt wieder erreichen, sticht uns auf der linken Seite ein auffälliges Gebäude ins Auge, bei näherer Betrachtung erweist es sich als die seit 1750 bestehende

Die katholische Kirche in Ringenberg wurde 1936 vom Kölner Architekten Dominikus Böhm erbaut und nach dem Patron des Christus König benannt. Zur Kirche gehört das imposante Glockenhäuschen, in dem sich drei große Gussstahlglocken befinden.

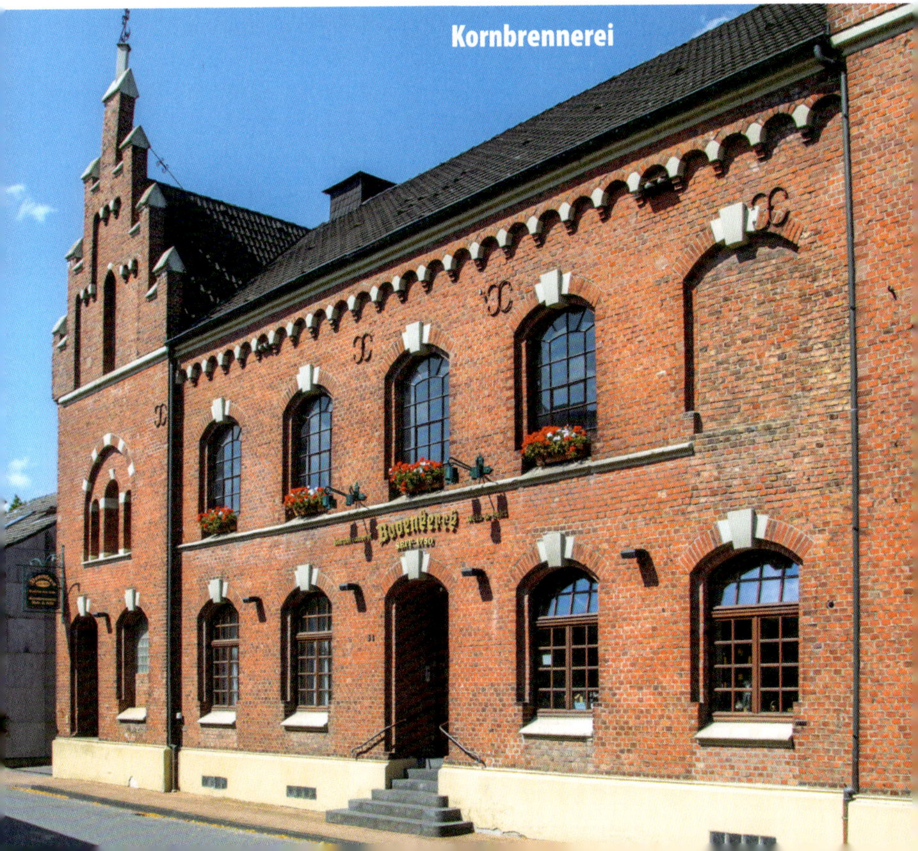

Kornbrennerei

Der Besuch im Land-Café Alpakas am Schloss bietet neben einer großen Auswahl an Torten auch ein Treffen mit den liebreizenden Alpakas, die auf dem Gelände gezüchtet werden. In der ansässigen Boutique wird nachhaltige Mode aus Alpakawolle angeboten.

Kornbrennerei Bovenkerck ❻. Das denkmalgeschützte Brennereigebäude wurde im Jahre 1898 erbaut und bietet neben der erlesenen Verköstigung nach alten Rezepturen auch eine Museumstour an. Wir wandern langsam weiter und freuen uns zum Abschluss auf eine ausgiebige Pause bei Kaffee und hausgemachten Kuchen im **Land-Café Alpakas am Schloss.**

Wir lassen uns hier noch eine Weile vom Charme der Alpakas verzaubern, bis wir danach ein wenig auf Erkundungstour rund um das Schloss Ringenberg gehen. Zum guten Schluss sehen wir noch den hinteren Bereich des historischen Gebäudes an, auf dem sich eine **Streuobstwiese** mit klassischen Apfelsorten befindet.

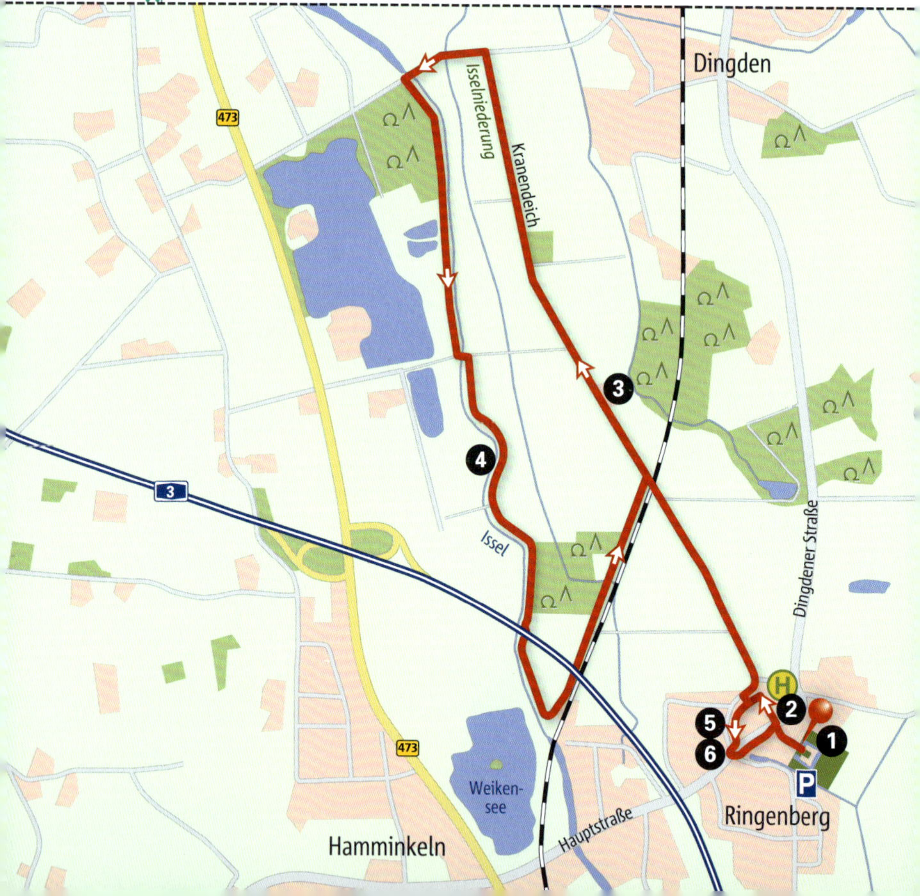

Alles auf einen Blick

WIE & WANN:
Wiesenwege, Waldwege und Asphalt. Beste Wanderzeit von April bis Oktober.

HIN & WEG:
Auto: Wanderparkplatz Schloss Ringenberg, Schloßstraße 8, 46499 Hamminkeln (GPS: 51.742304, 6.613758)
ÖPNV: Bus 64 bis Ringenberg Ort

ESSEN & ENTSPANNEN:
Land-Café Alpakas am Schloss ❷ Schloßstraße 5, 46499 Hamminkeln, Tel. (0 28 52) 50 71 28, www.alpakas-am-schloss.de

Entspannung ✱✱✱✱✱
Genuss ✱✱✱✱✱
Romantik ✱✱✱✱✱

ENTDECKEN & ERLEBEN:
Wasserschloss Ringenberg ❶ Schloßstraße 8, 46499 Hamminkeln, www.meinschlossringenberg.de
Mutterkuhhaltung ❸
Issel ❹
Christus König Kirche ❺ Hauptstraße 21, 46499 Hamminkeln
Kornbrennerei Bovenkerck ❻ Hauptstraße 31, 46499 Hamminkeln

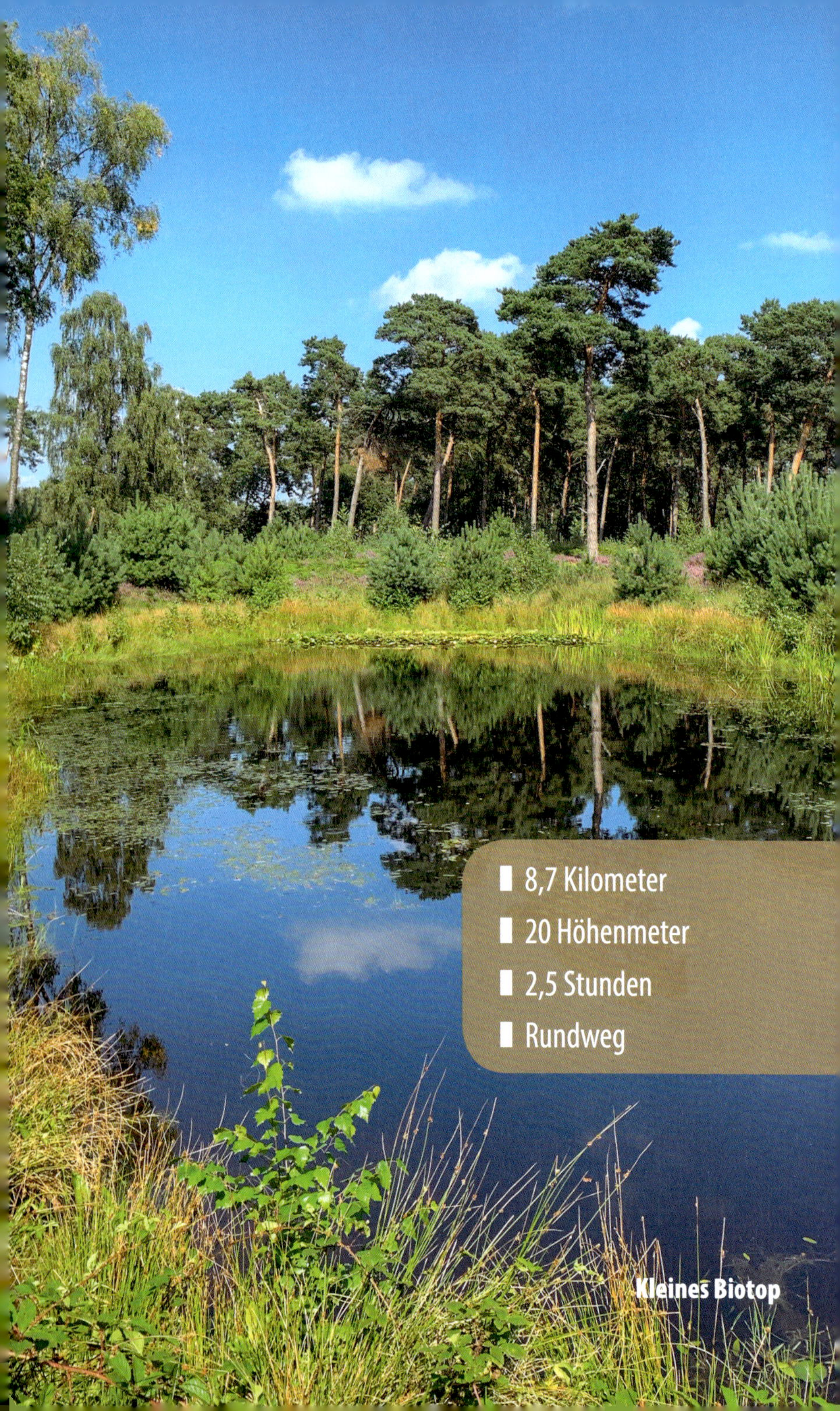

Kleines Biotop

Unsere kontrastreiche Wanderung ist von verschnörkelten Waldpfaden und offener Heidelandschaft geprägt. Ein kleiner Wanderparkplatz mitten in der Dingdener Heide dient uns als idealer Ausgangspunkt für unsere kulturelle Zeitreise, die wir mit einem märchenhaften Ausflug entlang des idyllischen Flussverlaufs des Mumbecker Bachs kombinieren. Anfangs folgen wir den Heiderundweg-Hinweisen, machen ziemlich früh einen Schlenker nach links und laufen einige Meter auf einem schmalen Pfad entlang des Waldrands. An der folgenden Weggabelung wandern wir geradeaus und beginnen unsere Reise auf verwunschenen Pfaden des ehemaligen Märchenwalds entlang des ruhigen **Mumbecker Bachs ①**. Der bezaubernde Flussverlauf wird für die nächsten Kilometer zu unserem stillen Begleiter, der sich zunehmend zeigt. Wir erreichen eine T-Kreuzung, an der wir erst kurz nach rechts schwenken und direkt danach nach links abbiegen, um parallel zum Mumbecker Bach zu wandern. Der Wegverlauf bringt uns zu einer Weggabelung, an der wir links am Waldrand

Zeitreise

Die Dingdener Heidelandschaft

mit teilweisem Blick auf eine offene Landschaft weitergehen. Wir wandern weiter zwischen beeindruckenden Buchen und Eichen und erhalten dabei eine schöne Sicht in die Schlucht des mäanderndes Bachverlaufs. Der Naturpfad führt uns zeitweise vom Flussverlauf weg, doch nach kurzer Zeit geht es für

> Der ehemalige Märchenwald gehörte zu einer kleinen und extra für Kinder angefertigten Freizeitanlage, die in den Sechzigerjahren auch als Drießens Busch bekannt war. Heute erinnern nur noch Teile von Umrissen und Relikte an das märchenhafte Gelände.

uns mit stetigem Blickkontakt entlang des Bachs weiter. Der hügelige Wegverlauf fordert von uns eine gewisse Trittfestigkeit, die auch durchaus beim Überqueren eines maroden Holzstegs notwendig ist. Nach einer Weile entdecken wir, verteilt entlang des ruhigen Flusses, interessante **Miniaturskuplturen.** Diese Relikte des **ehemaligen Märchenwaldes** ❷ lassen nur erahnen, welcher Zauber auf diesem Waldabschnitt einst lag. Sitzbänke laden dazu ein, diese märchenhafte Gegend auf sich wirken zu lassen. Wir machen eine kurze Pause, gehen über eine alte Steintreppe hinunter zum Bach und schauen uns die Miniaturruinen genauer an.

Wir beenden unsere Märchenstunde, wandern entspannt weiter und genießen dabei das Plätschern des Bachlaufs. Unsere Wanderung auf gewundenen Pfaden macht an einer T-Kreuzung eine Kehrtwende und wir laufen an der anderen Uferseite wieder zurück. Dazu machen wir einen Schlenker nach rechts und

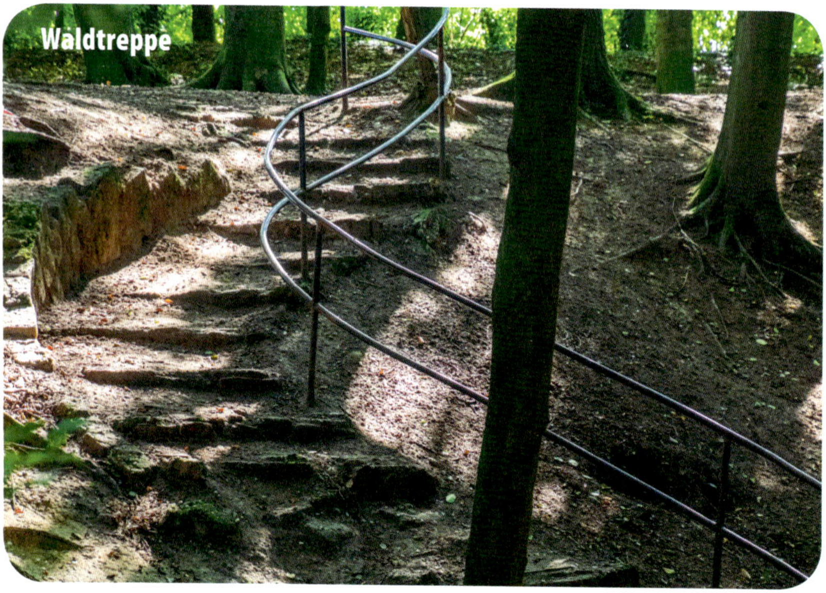
Waldtreppe

gelangen nach dem Überqueren einer Brücke geradewegs zur **Krechtinger Straße.** Dort biegen wir rechts ab und folgen nächstmöglich wieder rechts dem Waldpfad in Richtung Mumbecker Bach. Mit einem Schlenker nach links laufen wir Schritt für Schritt, immer dem Bachverlauf näher kommend. Nach kurzer Zeit erkennen wir links eine kleine Anhöhe mit Sicht auf ein weiteres Relikt, an dem wir dann weiter dem Wegverlauf mit Blick auf das urige Bachtal folgen. Auch an der nächsten Weggabelung gehen wir weiter geradeaus und immer noch parallel zum Bachverlauf. Mittlerweile säumen den Wegesrand hohe Waldkiefern und ändern allmählich den Charakter der vor uns liegenden Landschaft. Der weitere Wegverlauf führt uns abermals an einer Weggabelung vorbei, an der linken Hand steht eine Sitzbank, diese lassen wir links liegen und laufen halb rechts vorbei. An einer weiteren Weggabelung nehmen

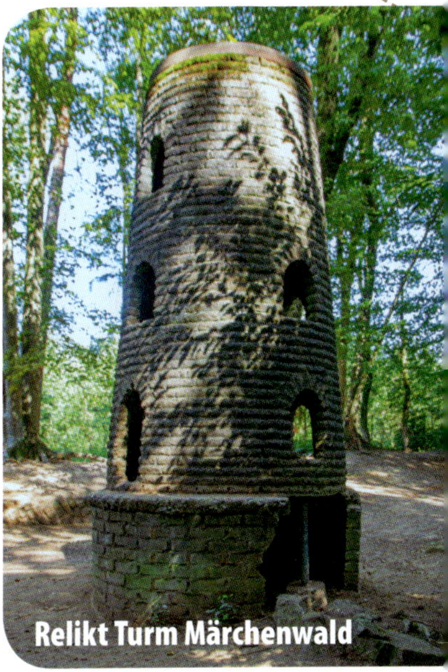

Relikt Turm Märchenwald

Für die Seele

Wir folgen einem märchenhaften Bachlauf, gehen entspannt auf eine Zeitreise und lernen dabei den kulturellen Wandel der bäuerlichen Landschaft kennen.

wir Abstand vom Mumbecker Bach und folgen nun links dem markierten **Heiderundweg.** Damit begeben wir uns auf eine Zeitreise des kulturellen Wandels und erfreuen uns an den interessanten Beispielflächen. Wir lernen dabei die vielfältige Landschaft und deren Wandel durch den Blick verschiedener Zeitfenster kennen. Den Schildern der Heide folgend biegen wir bei der

Die Dingdener Heide ist mit ihren Feuchtwiesen und Grünland ein idealer Rückzugsort für zahlreiche Vogelarten. Sie beeindruckt auf einer Fläche von rund 2000 Hektar mit interessanten Beispielflächen der bäuerlichen Kulturlandschaft.

nächsten Möglichkeit links ab und erreichen eine Kreuzung, die wir geradeaus überqueren, bis wir an einer Brücke ankommen.

Über die Brücke gelangen wir zu einer T-Kreuzung, an der wir rechts weitergehen und einen Wanderparkplatz erreichen. Hier achten wir auf unsere Wegführung, die uns erst links die Hinweise folgen lässt und danach mit einem Schlenker nach rechts auf die **Krechtinger Straße** bringt. Dort biegen wir rechts ab, bis wir an eine Kreuzung gelangen, um links auf dem **Bußter Weg** unsere Wanderung fortzusetzen. Der Heiderundweg führt uns nach etwas über 200 Metern rechts auf einen Waldpfad und bringt uns zu einem schönen **Rastplatz mit Holzbänken** ③ mitten in der Natur. Wir genießen unseren Rucksackvorrat und lassen

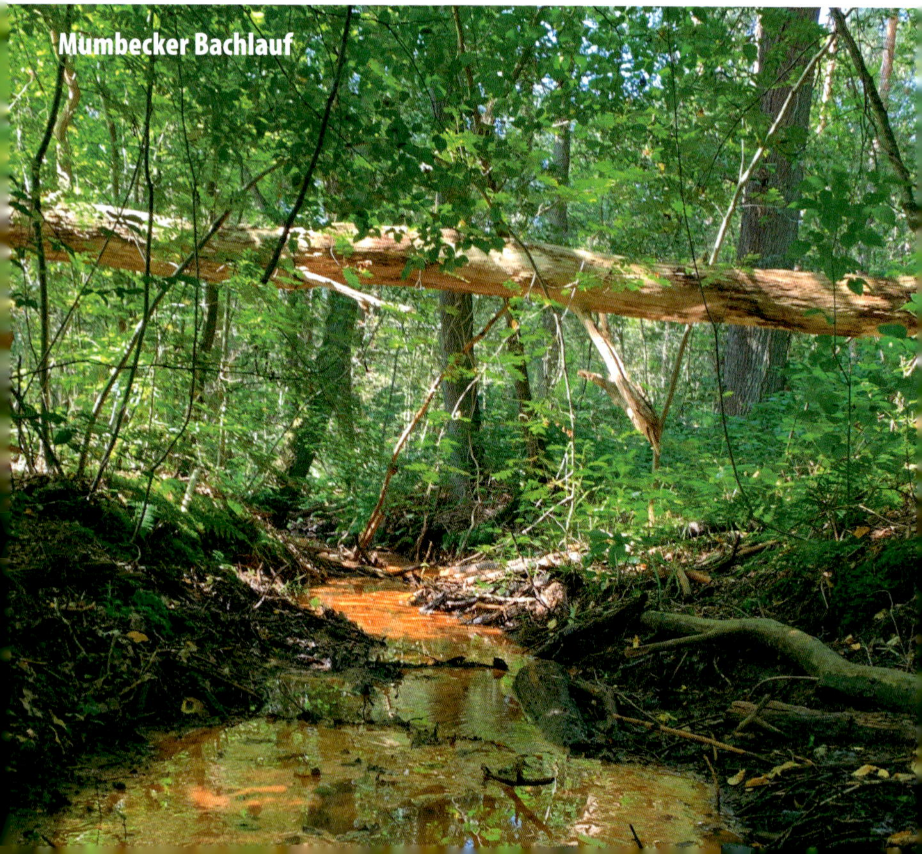

Mumbecker Bachlauf

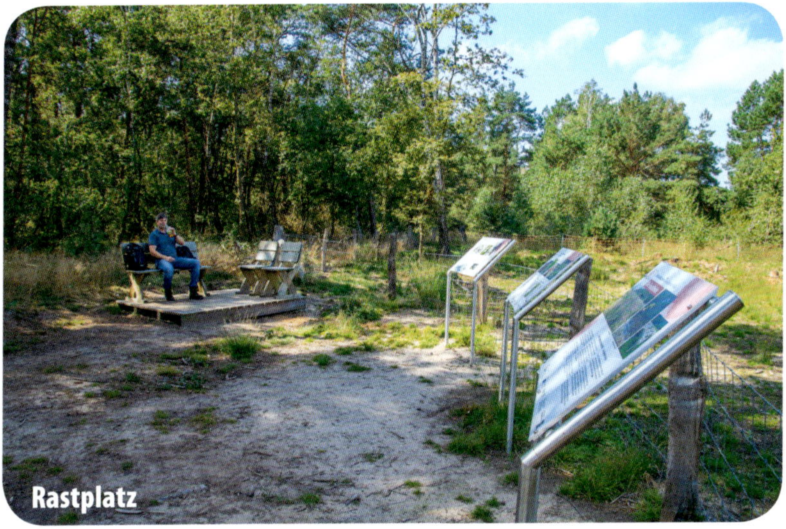

Rastplatz

unsere Wanderseele mit einem Bütterken in der Hand für eine Weile baumeln. Auch Wildbienen und bunte Tagfalter haben an diesem Ort einen geeigneten Lebensraum und Nahrungsangebot für sich gefunden. Gut gestärkt wandern wir in dieser offenen Heidelandschaft zwischen Wiesenflächen und Waldkiefern weiter. Wir folgen den Wanderhinweisen des Rundwegs und kommen an eine T-Kreuzung, an der wir links kurz auf der **Finkenberg Straße** gehen und sofort die nächste Möglichkeit in einen Feldweg rechts einbiegen. Die offene Landschaft der kleinen Dingender Heide eröffnet uns weite Blicke über Felder und Wiesen und lässt uns interessante Eindrücke über die landwirtschaftlichen Gegebenheiten erleben. Immer noch unterwegs auf dem Heiderundweg erreichen wir eine T-Kreuzung, an der wir links abbiegen. Hier gehen wir mit weitem Blick immer geradeaus und biegen rechts auf die Straße **Konstantinforst** ab. Vor Kopf erkennen wir einen Waldabschnitt, den wir nach kurzer Zeit erreichen und uns der Hinweistafel „Zeitfenster Kiefernforst 1843–1920“ widmen. Dabei informieren

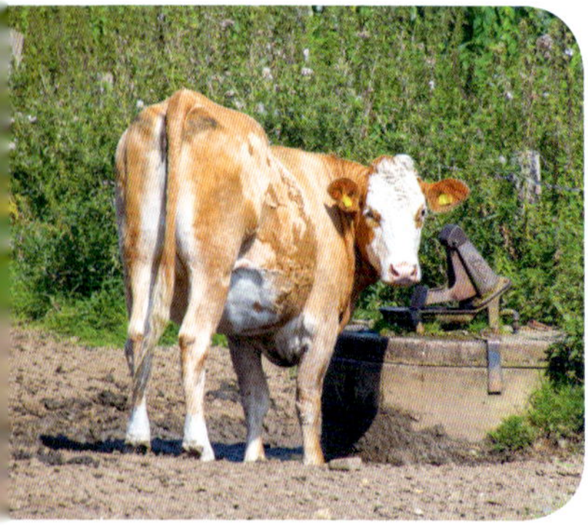

wir uns über die Heidekultivierung und Aufforstungen von Kiefern in der Dingender Heide und deren Nutzen für den Bergbau als Grubenholz. Wir folgen dem Wegverlauf mit einer leichten Linkskurve und gehen kurz danach rechts an einer T-Kreuzung auf der Straße **Beltinghof** weiter. Hier wandern wir immer geradeaus den Heidemarkierungen folgend, bis wir zum **Zeitfenster Ackerland** ④ gelangen. Mit Blick auf die Beispielfläche und die dort grasenden Kühe fühlen wir uns in die Zeit ab 1960 hineinversetzt und wandern weiter, bis wir an eine T-Kreuzung gelangen. Wir bleiben geradeaus auf dem **Leopoldskamp Weg** und laufen am Waldrand entlang. Schrittweise erobert links und rechts eine violette Blütenpracht den Wegesrand und deutet auf das **Zeitfenster Heide** ⑤ hin. Wir lassen uns für eine Weile von diesem Pflanzentraum verzaubern und genießen den

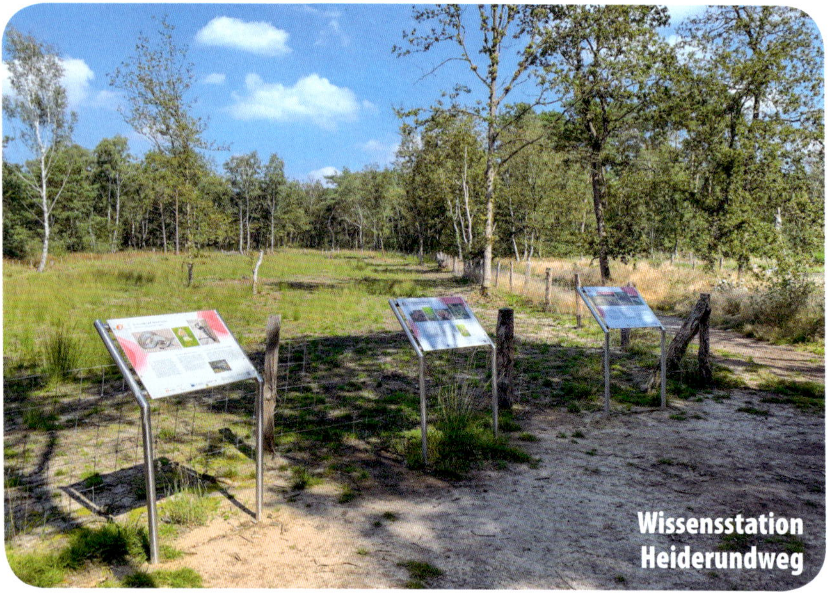
Wissensstation Heiderundweg

Anblick vom violetten Blütenmeer. Was für ein Heidenspaß. Etwas weiter lockt uns ein schmaler Pfad zu einem verwunschenen **Biotop 6**, an dem viele Insekten sowie Frösche und Libellen beheimatet sind. Vorsichtig gehen wir auf dem Trampelpfad, ohne Spuren zu hinterlassen, wieder zum Hauptweg zurück. Wir laufen nun für eine Weile den **Leopoldskamp** geradeaus und verlassen auch damit den Heiderundweg. **Hinweis:** Wer abkürzen mag, folgt hier einfach den Heiderundweg-Schildern und kommt nach kurzer Zeit ebenfalls am Parkplatz an. Wir sind aber noch nicht müde und folgen der Streckenführung weiter geradeaus, um weitere Glücksmomente in der Natur zu genießen. Die offene Weidelandschaft wissen auch Störche, Kühe und Vögel zu schätzen und sind gut zu beobachten.

Die Störche nutzen schon seit dem Jahr 2010 ihren zweiten Wohnsitz in der Dingdener Heide. Die optimalen Bedingungen der Grünfläche sind ein idealer Rückzugsort und bieten auch beste Voraussetzungen für den Familiennachwuchs der Familie Adebar.

Ankommend an einer Weggabelung, folgen wir leicht rechts versetzt dem **Wanderweg A6.** Dieser bereitet uns einen abenteuerlichen Marsch durch die dicht bewachsene Vegetation und lässt uns gefühlt in einen

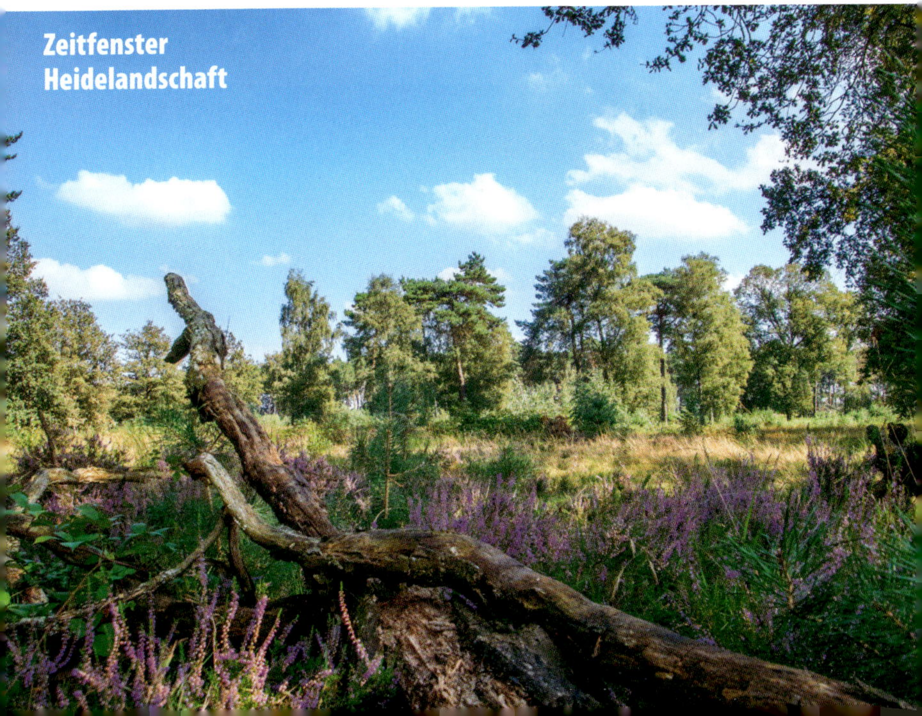

Zeitfenster Heidelandschaft

Entschleunigungstour 12

Dschungel eintauchen. Wir orientieren uns am Weidezaun linker Hand und tauchen nach rund 150 Metern aus dem botanischen Meer wieder auf. Der Übergang verläuft nahtlos auf einem breiteren Weg weiter, der uns an eine T-Kreuzung mit weitem Feldblick bringt. Wir schwenken nach rechts und erreichen nach kurzer Zeit eine Kreuzung, an der wir rechts auf die Straße **Zum Venn** gehen. Diese Straße lässt uns noch einmal für 1 Kilometer immer geradeaus die weiten Grünflächen und angepasste Baumvegetation erfassen, die ein idealer Lebensraum für zahlreiche Vogelarten sind. Ein schöner Abschluss, den wir so lange genießen, bis wir unseren Ausgangsort, den kleinen Wanderparkplatz, erreichen.

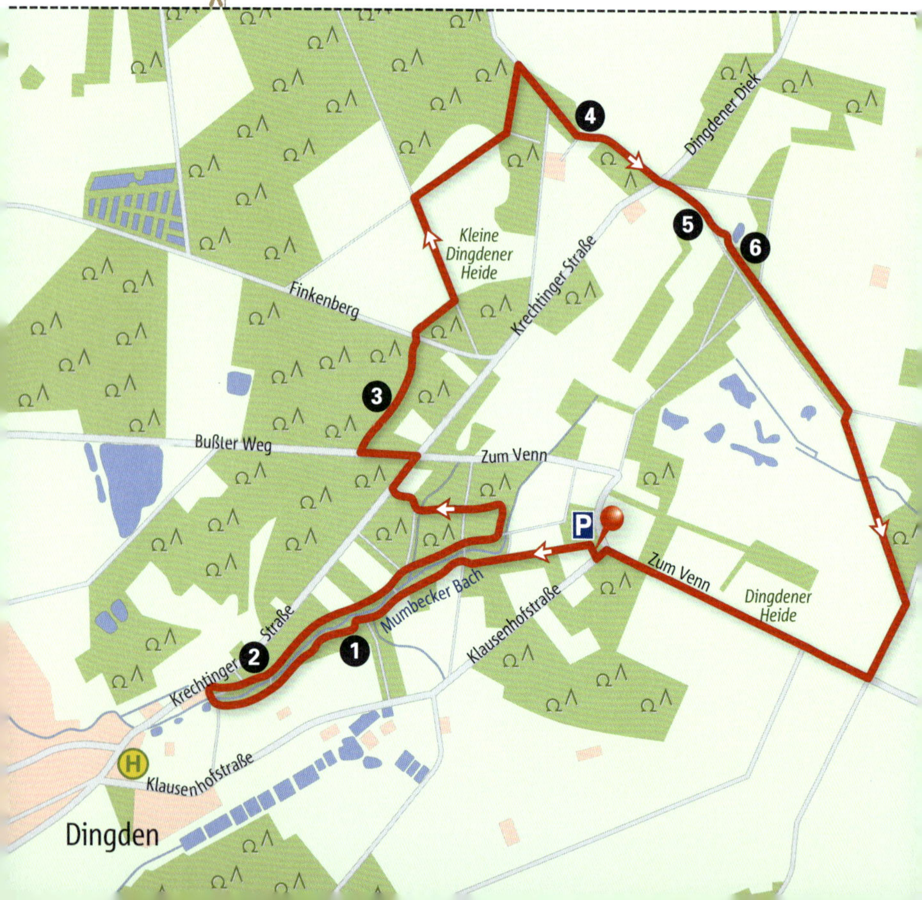

Alles auf einen Blick

WIE & WANN:
Hauptsächlich Naturpfade und Forstwege. Ganzjährig interessant, besonders schön zur Heideblütenzeit im August/September.

HIN & WEG:
Auto: Kleiner Wanderparkplatz Dingdender Heide, Klausenhofstraße, Zum Venn, 46499 Hamminkeln (GPS: 51.780034, 6.653249)
ÖPNV: Bus 64 bis Hamminkeln Akademie Klausenhof (Fußweg 20 Minuten)

ESSEN & ENTSPANNEN:
Selbstversorgung

ENTDECKEN & ERLEBEN:
Mumbecker Bach ❶
Miniaturskulpturen im ehemaligen Märchenwald ❷
Rastplatz mit Holzbänken ❸
Zeitfenster Ackerland ❹
Zeitfenster Heide ❺
Biotop (Kleiner Waldsee) ❻

Entspannung ★★★★★
Genuss ★★★★☆
Romantik ★★★★☆

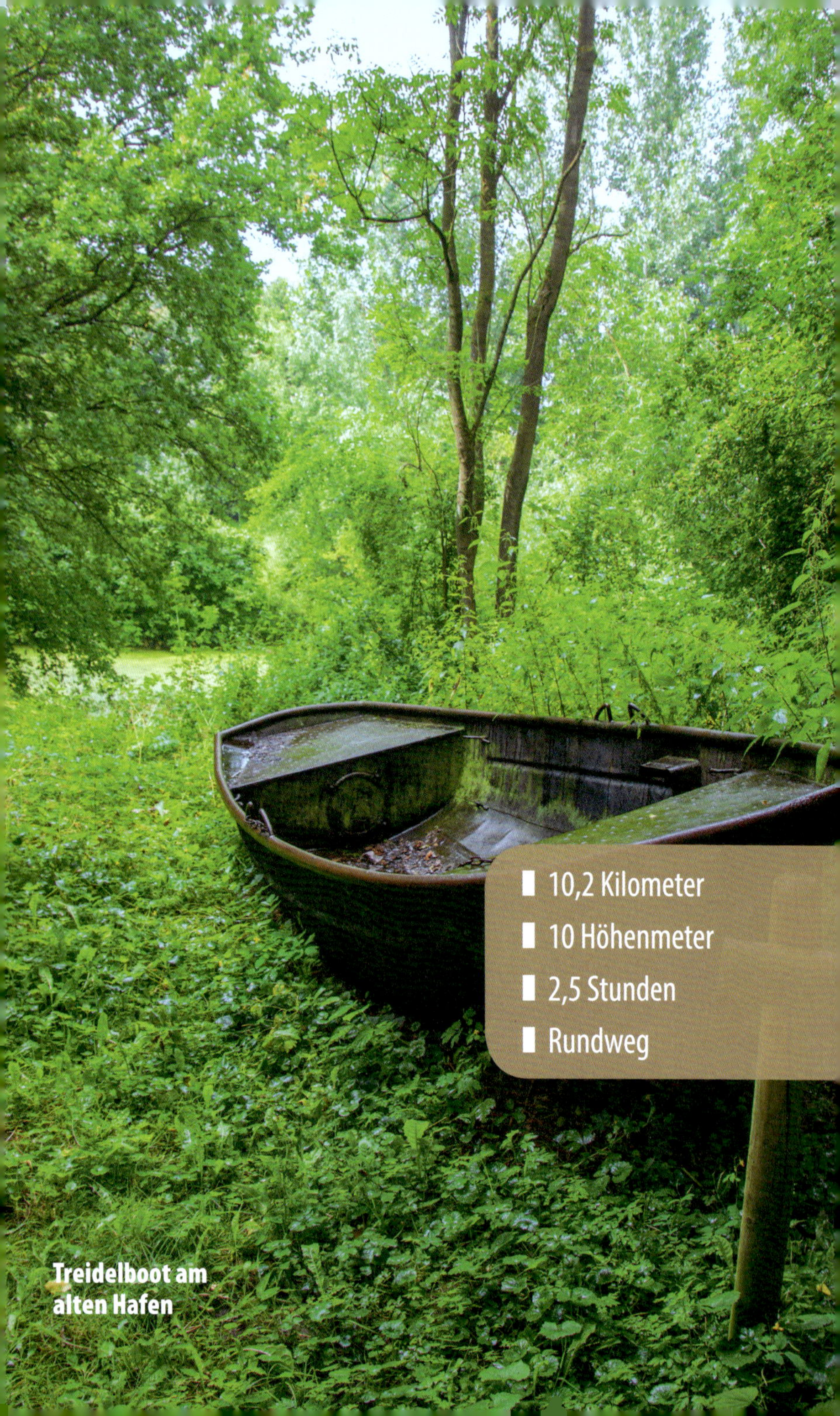

- 10,2 Kilometer
- 10 Höhenmeter
- 2,5 Stunden
- Rundweg

Treidelboot am alten Hafen

Diesmal startet unsere Rundwanderung am Niederrhein. Dort erleben wir eine vielfältige Natur und erfahren Interessantes über die Geschichte des alten Treideldorfs **Krudenburg** ❶ an der Lippe. Das wurde erstmals im 13. Jahrhundert erwähnt und war Dreh- und Angelpunkt für die Lippeschifffahrt. Unsere Reise beginnt an einem kleinen Wanderparkplatz am alten Hafen, mitten im Ortskern des denkmalgeschützten Dorfs. Dazu folgen wir vorerst den ausgewiesenen Wanderzeichen X und A7, die uns anfangs durch das Dorf führen und auf dem **Lippeweg** am Ortsrand wandern lassen. Wir erfreuen uns an der romantischen Umgebung zwischen historischen Hausfassaden und Lippefluss, den wir ab und an durch eine Böschung erkennen können, und erreichen kurz danach einen auffälligen Froschbrunnen. Im Sommer genießen wir die kühlende Erfrischung und informieren uns auf dem Schild des Sockels mit dem thronenden Frosch über die historischen Wasserstände. Gegenüber vom Froschbrunnen erhalten wir entlang der Blickachse der kopfsteingepflasterten Dorfstraße historische Eindrücke in den Ortskern. Wir sind vom Charme des alten Fischerdorfs beeindruckt und stellen uns vor, wie die Menschen hier gelebt haben.

Das Treideln, auch Schiffsziehen genannt, wurde entlang des Ufers bis Mitte des 19. Jahrhunderts ausgeübt. Durch die Zugkraft von Menschen oder Pferden sind so müheselig Schiffe stromaufwärts, entlang der künstlich angelegten Leinpfade, gezogen worden.

Baumgestalten

Auf Kulturspuren in Krudenburg

Wir wandern gemütlich durch Krudenburg auf dem **Brückenweg** weiter und bei schönem Wetter holen wir uns an der **mobilen Dudel-Bude Krudenburg** ❷

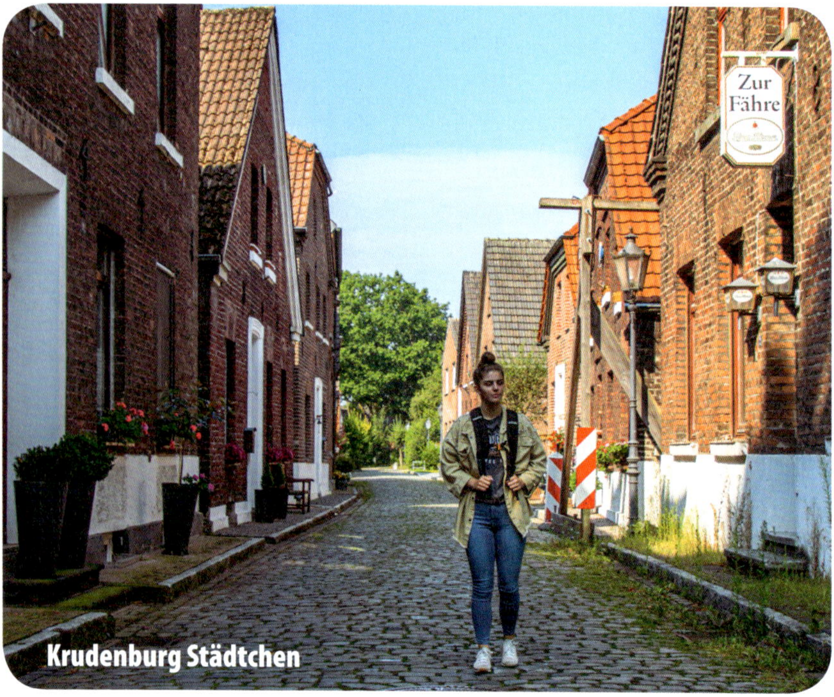

Krudenburg Städtchen

direkt am Wegesrand einen Pausensnack oder eine Erfrischung. Unser Blick schweift über die Pferdekoppel bis hin zum Kirchturm. Wir verlassen den beschaulichen Ort und überqueren am Ende des Brückenwegs geradeaus die **Dinslakener Straße.** Auf der anderen Seite halten wir uns links und wandern an einer Kläranlage und an einem Hundeverein vorbei. Nach knapp 500 Metern erreichen wir eine Weggabelung mit einer Sitzbank, hier ignorieren wir die Wanderzeichen und folgen dem Streckenverlauf links entlang.

Hinweis: Sollte der Wanderweg A7 wieder freigegeben sein, dann führt dieser geradeaus verkürzt zum Wanderparkplatz – Waldsportplatz, an dem diese Wanderung fortgesetzt werden kann.

Wir gelangen über einen hügeligen Weg wieder zur Dinslakener Straße und biegen rechts auf den Fußgän-

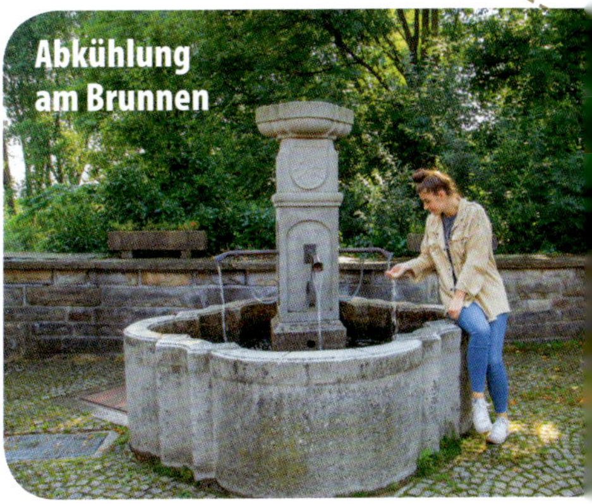

Abkühlung am Brunnen

gerweg ab. Diesen gehen wir für knapp 400 Meter, um rechts auf der Alten Landstraße unsere Wanderung fortzusetzen. Nach etwas über 300 Metern erreichen wir eine Weggabelung mit dem bereits für die Abkürzung genannten Wanderparkplatz und gehen auf einem Forstweg, der mit X1 und A2 markiert ist, geradeaus in das Waldgebiet hinein. Diesem folgen wir und ignorieren Pfade, die nach links oder rechts abweichen, bis wir auf einer Bank die stimmungsvolle Waldatmosphäre genießen. Kurz pausiert bleiben wir auf den X- und A-Markierungen, die wir auch etwas später an einer Weggabelung mit einem Schlenker nach rechts weiterfolgen. Nach 800 Metern überqueren wir eine asphaltierte Straße mit dem Namen **Loosenberge** und laufen geradeaus auf dem Radwanderweg, bis wir nach kurzer Zeit das Naturschutzgebiet **Wacholderheide Loosenberge** ❸ erreichen. Hier

Für die Seele

Das alte Treideldorf Krudenburg bringt uns die Geschichte des Treidelns näher und in der Wacholderheide Loosenberge sehen wir bizarre Baumgestalten.

halten wir uns links und erkennen auf der linken Seite ein uriges Holzgatter, durch das wir schreiten und dann auf dem sandigen Gelände die Heidelandschaft erkunden. Das dichte Wegenetz lässt verschiedene Routen auf der Dünenlandschaft zu und bringt uns in richtige Urlaubsstimmung. Wir wählen an der nächsten Weggabelung die Abzweigung nach rechts und

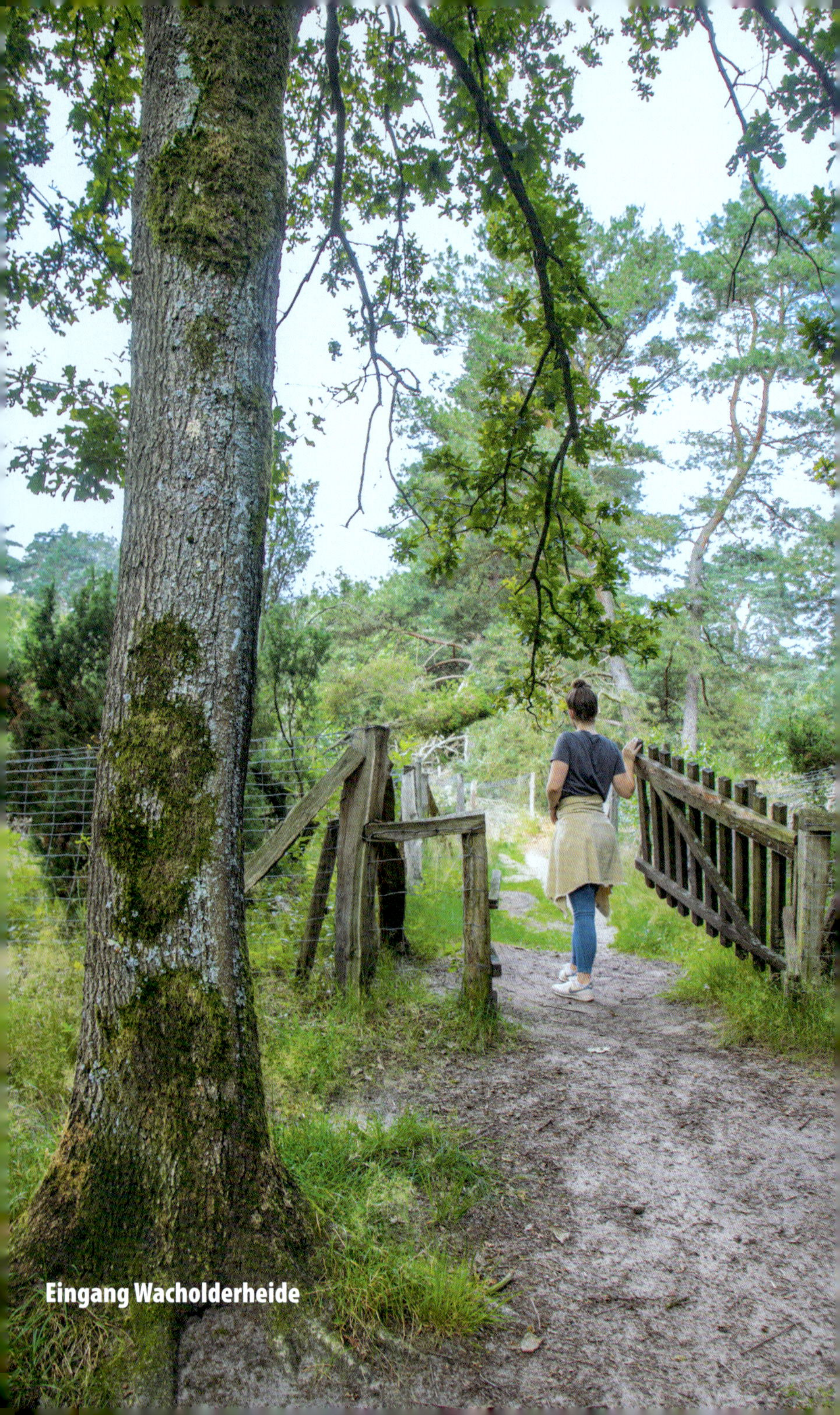

Eingang Wacholderheide

durchstreifen im Uhrzeigersinn das umzäunte Gelände, das durch Flugsande entstanden ist. Fasziniert bleiben wir an skurrilen Baumgestalten stehen und informieren uns anhand einer Schautafel über die alten Hutebäume. Mächtige Eichen sind Zeitzeugen dieser mystischen Landschaftsentwicklung, wo früher das Vieh in den Wald zur Nahrungsaufnahme getrieben wurde und so lichte Wälder entstanden sind.

Das eindrucksvolle Umfeld mit dem würzigen Duft des Wacholders lässt insbesondere im Spätsommer an vielen Stellen das purpurrote Heidekraut aufblühen und ist ebenfalls ein Insektenparadies. Insbesondere die umgekippten Bäume und der Sandboden bieten vielen Kleinstlebewesen eine schätzenswerte Heimat. Wir genießen eine Weile die botanische Augenweide und verlassen durch ein weiteres Holzgatter das bizarre Landschaftsbild. Noch beeindruckt von dem Kleinod, wandern wir mit dem Gatter im Rücken links auf dem A2-Wanderweg weiter, der uns im Wegverlauf links haltend auf einen asphaltierten Weg bringt. Diesen gehen wir für rund 300 Meter, bis wir

Hutewälder sind durch Überweidung entstanden und waren früher der Viehfütterung ausgesetzt, wobei sich die Eiche als Symbol etabliert hat. Diese Landschaftsform in der Verzahnung von Wald und Weide hat eine hohe Bedeutung für die Artenvielfalt.

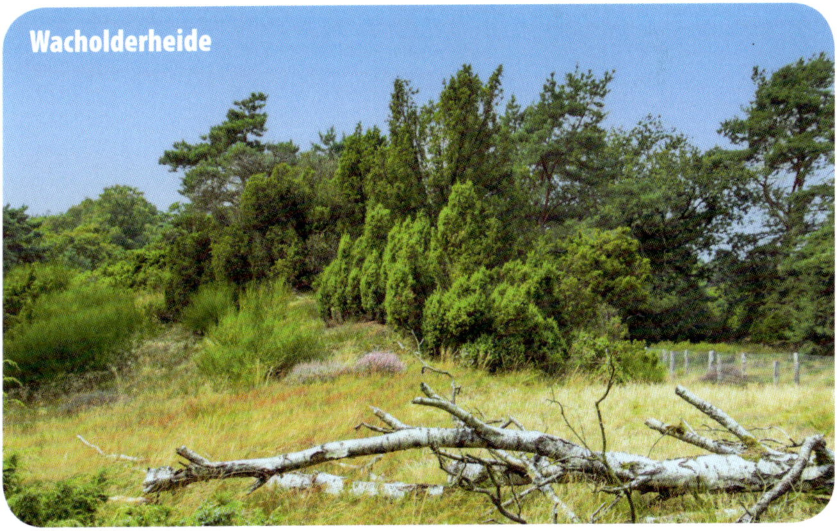
Wacholderheide

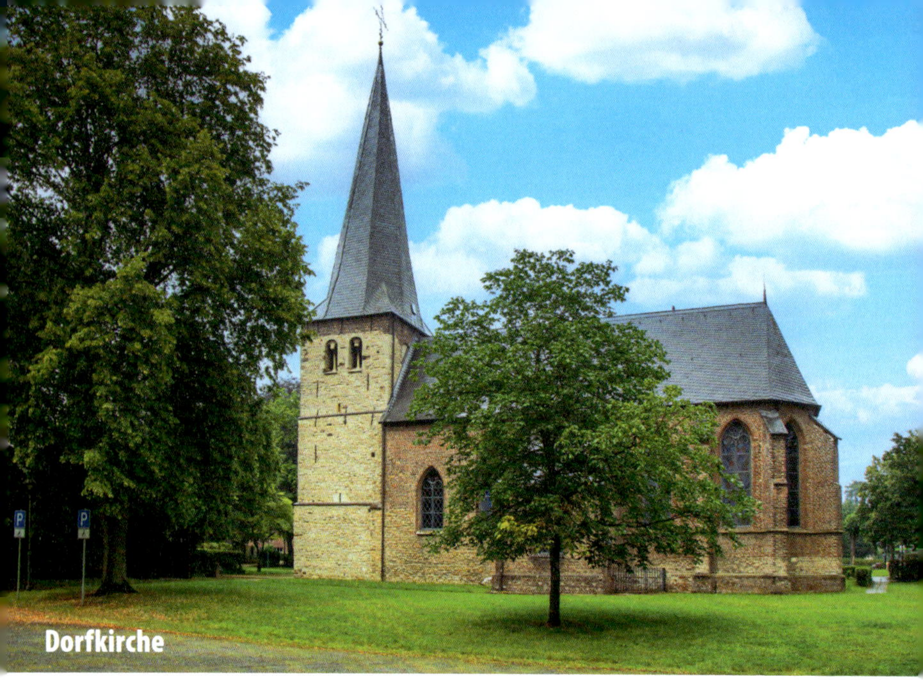

Dorfkirche

ein Schild in **Richtung Drevenack** sehen, hier biegen wir dem Hinweis folgend links auf den Forstweg ab. Hierbei handelt es sich um eine seit 1974 stillgelegte Bahntrasse, die uns geradlinig für einige Kilometer entlang der A2/A3-Markierungen durch den von Eichen und Kiefern gesäumten Waldabschnitt führt. Die wohltuende Waldatmosphäre erreicht alle unsere Sinne und hält auch auf diesem Etappenstück den Alltagsstress von uns fern. Nach 2,5 Kilometern gelangen wir an eine Weggabelung, verlassen den A2/A3 und folgen dem Wegverlauf, der mit der A4-Markierung gekennzeichnet ist. Der Wanderhinweis führt uns für eine längere Strecke durch eine dichte Vegetation von prächtigen Büschen und Bäumen bis zur **Dinslakener Straße.** Diese unterwandern wir und laufen rechts an einem Lebensmittelladen vorbei, kurz darauf gelangen wir zur Hünxer Straße. Bevor wir unsere Tour links fortsetzen, gehen wir an der **Hünxer Straße** noch kurz rechts entlang und machen einen Abstecher zum nahe liegenden **Restaurant Alt-Peddenberg ❹.** Im Sommer bietet der Biergarten eine ideale Gelegenheit für eine erfrischende Rast. Gut ausgeruht gehen wir wieder ein Stück zurück entlang der **Hünxer Straße** und biegen dann rechts auf einen schmalen Pfad in Richtung **Ehrenmal Friedhof Drevenack** ❺ ab. Diese Ruhestätte ist ein Ort zu Ehren der Kriegsopfer des Ersten und Zweiten Weltkriegs. Errichtete Denkmäler erinnern ebenfalls an diese historischen Momente. Wir wandern an der Umzäunung des Friedhofs weiter und folgen dem X-Wanderzeichen, das uns zur Kirchstraße bringt. Diesem folgen wir so lange, bis wir die **Evangelische Kirche Drevenack** ❻ erreichen.

Gegen den Uhrzeigersinn umwandern wir das historische Gebäude und gelangen zu einer Straße, an der wir uns rechts halten, die dann nahtlos beim Überqueren der **Römerstraße** in den **Keltenweg** übergeht. Anfangs durchwandern wir ein Neubaugebiet mit anliegendem Waldstück und kommen nach etwa 650 Metern am **Bauernlädchen** ❼ der Familie Schulte-Bunert vorbei. Dieser historische Gutshof wurde bereits 970 n. Chr. erwähnt und zählt zu den ältesten Anwesen von Drevenack. Wir wandern noch ein kurzes

Die denkmalgeschützte Evangelische Kirche Drevenack wurde erstmals 1291 als Pfarrkirche erwähnt. Die Dorfkirche mit ihrem beeindruckenden Backsteingebäude und sehr gut erhaltenem Westturm ist das älteste Gebäude Drevenacks.

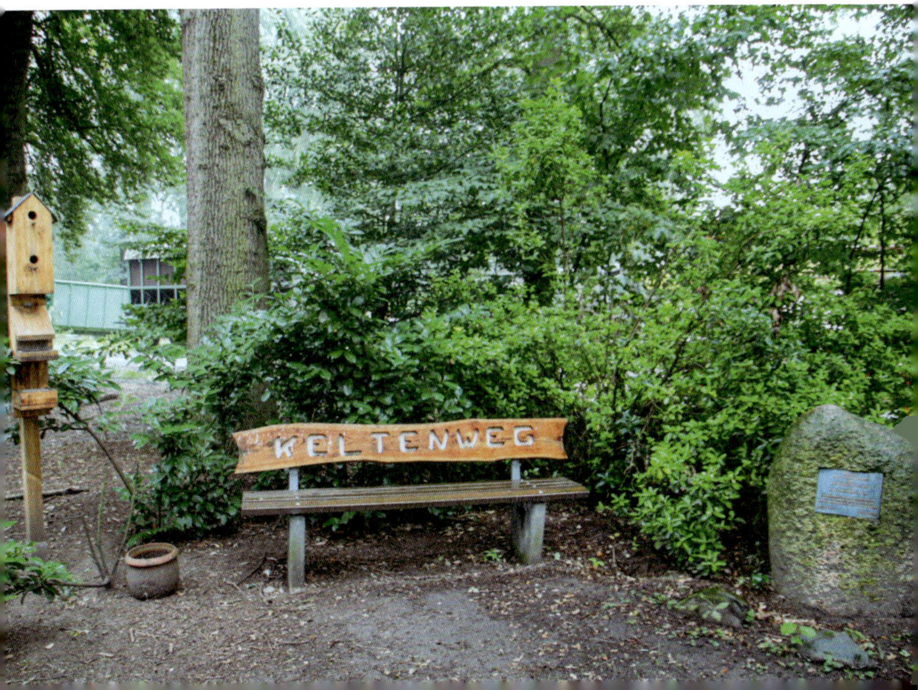

Stück den Keltenweg entlang, bis wir an einer Kreuzung der Wandermarkierung A7 nach links auf den **Krudenburger Weg** gehen. Dem Wegverlauf immer geradeaus folgend, erreichen wir über die Dorfstraße wieder unseren Ausgangsort. Bevor wir unserer Rückfahrt antreten, machen wir noch eine kulturelle Stippvisite zum **Alten Hafen** **8**. Dazu folgen wir einfach dem Hinweisschild. Der Hafen war früher über einen Seitenarm mit der Lippe verbunden und ein wichtiger Anlaufpunkt zum Überwintern für die Lippeschiffe. Eine Aussichtshütte lädt zu einer Rast ein und mit Blick auf das alte Hafenbecken nebst Treidelboot lassen wir unsere Wanderung zwischen Natur und Kultur ausklingen.

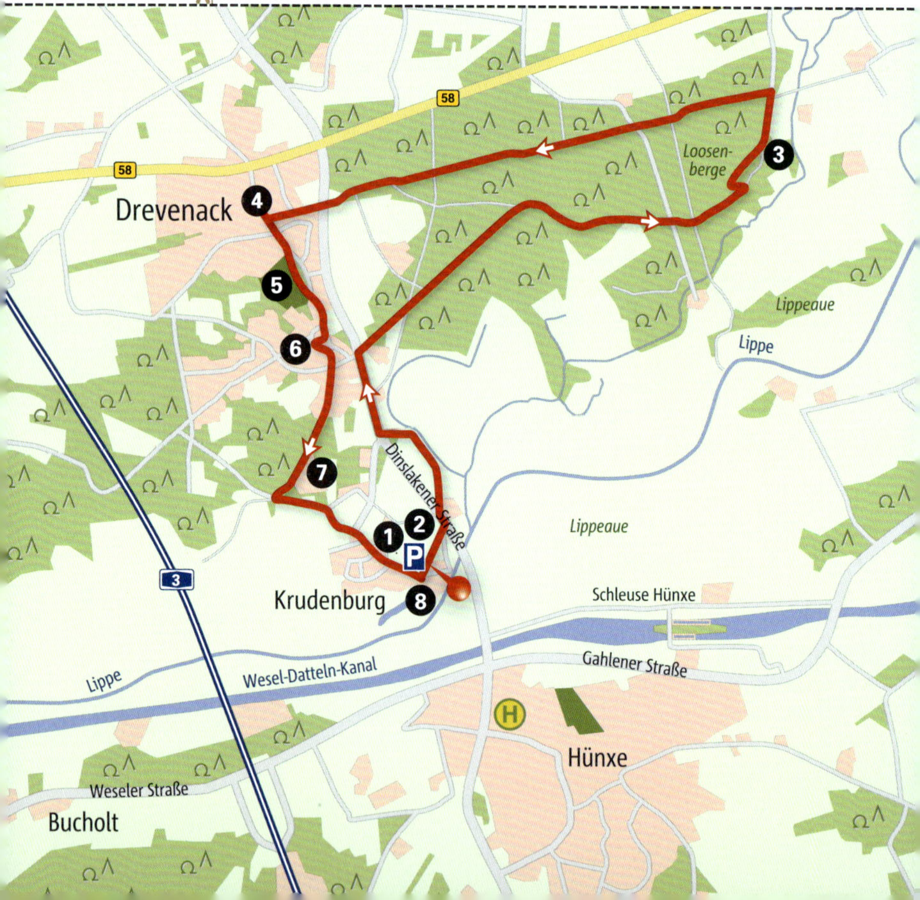

Alles auf einen Blick

WIE & WANN:
Naturpfade, Forstwege, asphaltierte Wege. Ganzjährig interessant.
Blühende Heidelandschaft im Sommer.

HIN & WEG:
Auto: Wanderparkplatz Krudenberg, Dorfstraße, 46569 Hünxe (GPS: 51.650073, 6.755442)
ÖPNV: Bus 80 bis Mühle Hünxe (Fußweg 30 Minuten)

ESSEN & ENTSPANNEN:
Mobile Dudel-Bude Krudenburg ❷ Auf dem Dudel 5, 46569 Hünxe-Krudenburg,
Tel. (0 28 58) 9 17 81 97, https://dudel-bude.de
Restaurant Alt-Peddenberg ❹ Hünxer Straße 16, 46569 Hünxe-Drevenack
Bauernlädchen ❼ Familie Schulte-Bunert, Keltenweg 25, 46569 Hünxe-Drevenack,
Tel. (0 28 58) 21 46

ENTDECKEN & ERLEBEN:
Krudenburg ❶ Dorfstraße 2, 46569 Hünxe, https://krudenburg.de
Wacholderheide Loosenberge ❸
Ehrenmal Friedhof Drevenack ❺
Evangelische Kirche Drevenack ❻ Kirchstraße 6, 46569 Hünxe
Alter Hafen ❽

Entspannung ★★★★★
Genuss ★★★★☆
Romantik ★★★★☆

Marina Flaesheim
Freizeitoase

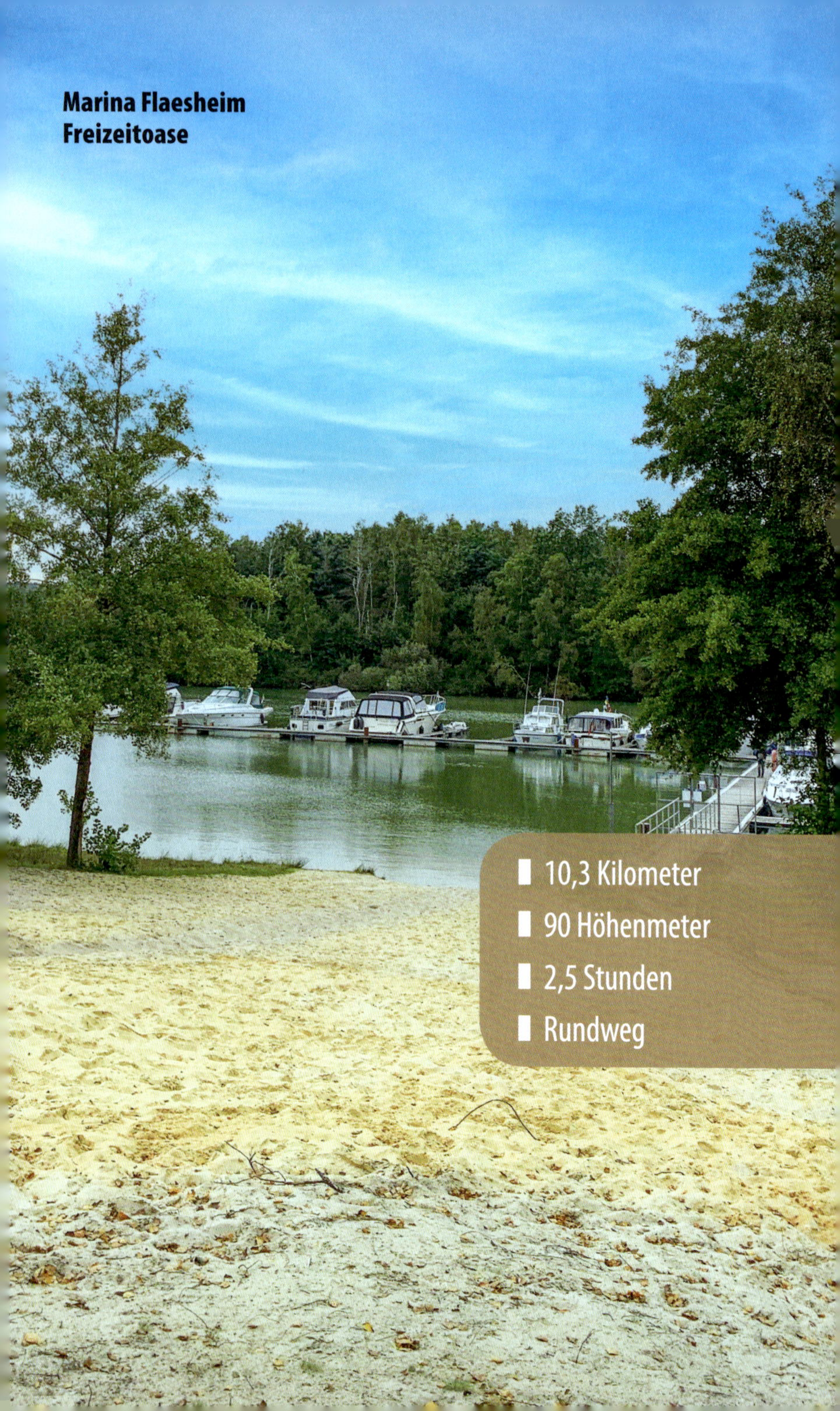

- 10,3 Kilometer
- 90 Höhenmeter
- 2,5 Stunden
- Rundweg

Wir beginnen diese Wanderung am Wanderparkplatz Dachsberg. Dieser liegt direkt an einem großen **Waldspielplatz ❶** und bringt Kindern das nahe liegende Umfeld in Sachen Natur spielerisch nahe. Bevor wir losgehen, informieren wir uns am Unterstand mit Blick auf die Schautafel über das großräumige Wandergebiet der sagenhaften **Haard.**

Die Haard hat ihren Ursprung in der Eiszeit und zählt mit 5500 Hektar zum größten zusammenhängenden Waldgebiet im Naturpark Hohe Mark. Die grüne Oase ist nicht nur ein Eldorado für Wanderbegeisterte, sondern es gibt auch einen abenteuerlichen Mountainbike-Trail.

Wir orientieren uns an der Wegspinne mit der Skulptur in der Mitte am Hinweisschild in Richtung Dachsberg, der seinen Namen tatsächlich den hier seit Generationen lebenden Dachsen verdankt. Für die ersten Kilometer folgen wir dem Wanderzeichen mit dem blau-weißen Zwergensymbol entlang der Dachsbergroute. Unser Weg verläuft zwischen hohen Buchen und schon nach kurzer Zeit erreichen wir eine Wegspinne, an der wir der Wandermarkierung folgend nach rechts abbiegen. Eine Wissensstation weist auf einen unscheinbaren Hügel auf der linken Seite hin. Es handelt sich dabei um eins von 160 **Hügelgräbern ❷,** die auch als Pyramiden der Haard bekannt sind. Ähnlich wie bei den Ägyptern wurden die

Maritimes Flair

Wandern in Haltern-Flaesheim

Toten damals unter großen Hügeln bestattet. Wir gehen weiter geradeaus, biegen an einer Kreuzung links auf einen breiten Forstweg ab und folgen der Blauen-Männlein-Markierung. Diese führt uns zu einer Weggabelung, an der wir rechts mit Blick auf eine Lichtung weiterwandern und uns für 150 Meter auf einem

Lehrpfad der Bäckerzunft ❸ befinden. Hier erhalten wir genaue Auskunft, wie unser Brot auf den Tisch kommt. Vom Acker zum Bäcker und vom Korn zum Brot, das beschreibt der kurze Lehrpfad mit interessanten Wissenstafeln und mit Liebe zum Detail. Wir schlendern gut informiert und ganz in Ruhe durch die Bäckerzone, bis wir eine T-Kreuzung erreichen. Dort biegen wir links auf den Forstweg ab und orientieren uns dabei weiterhin an dem Männlein im Walde mit dem Lächeln eines lustigen Gartenzwergs. Es geht leicht aufwärts und nach Erreichen der Anhöhe gelangen wir zu einer Kreuzung, an der wir links auf den **Flaesheimer Meilerweg** abbiegen. Auf der rechten Seite überdachen riesige Buchen den beschaulichen Platz des **Holzkohlemeilers** ❹. Das große Gelände mit der Schutzhütte des Köhlers stellt nicht nur eine lange Tradition der Köhlerei und ihrer Bedeutung für das Ruhrgebiet dar, sondern ist auch für uns ein idealer Pausenplatz.

Jedes Jahr am 1. Mai entzündet der Köhler nach alter Tradition den sogenannten Holzkohlemeiler. Bis die Kohle in Säcke gefüllt und verkauft werden kann, vergehen vom Aufbau mit den Fichtenstangen bis hin zur Ernte der Kohle etwa zwei bis vier Wochen.

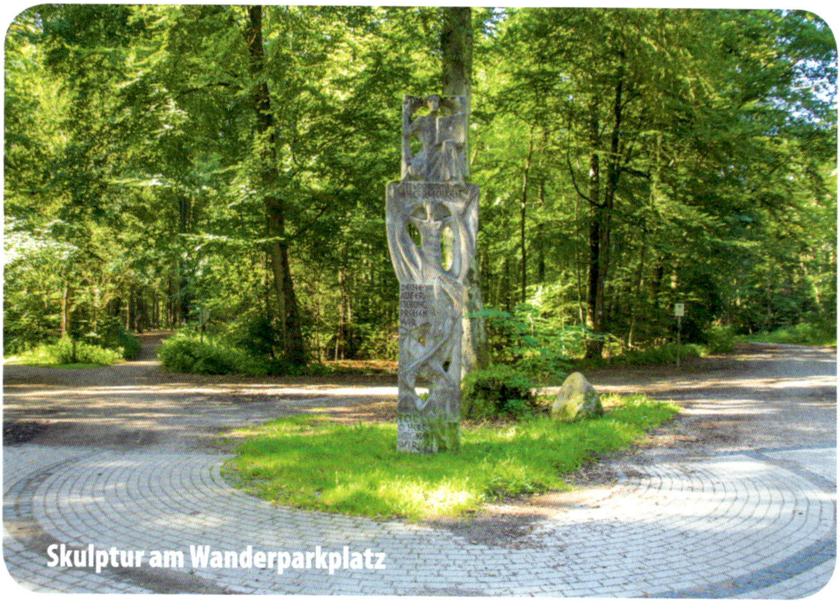
Skulptur am Wanderparkplatz

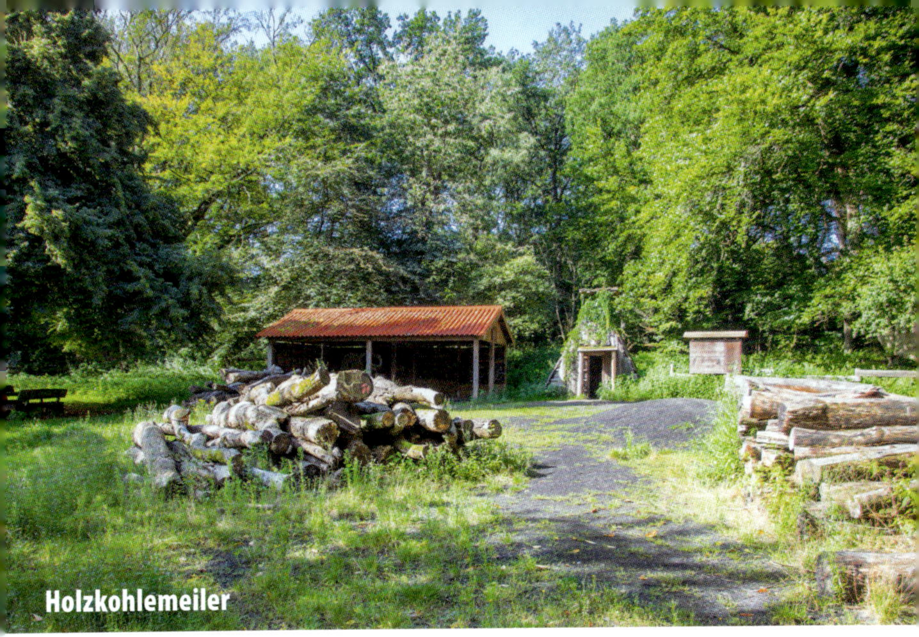

Holzkohlemeiler

Wir machen Rast unter der alten Winterlinde und stellen uns vor, wie die Holzkohle auf traditionelle Art entwickelt wurde. Gut gestärkt, verlassen wir diesen historischen Ort und laufen nun für eine Weile immer geradeaus am Waldrand dem blauen Männlein hinterher. Dabei genießen wir den weiten Blick über die

Für die Seele

Auf verschnörkelten Pfaden wandern wir durch das bezaubernde Waldgebiet der Haard und folgen den schönen Uferwegen entlang des Canale Grande.

große Lichtung, die sich wie ein riesiges Fußballfeld darstellt. Wir überqueren in Abständen zwei Kreuzungen, ignorieren jeweils die Wege links und rechts, bis wir zu einer T-Kreuzung gelangen und dort rechts auf den Forstweg abbiegen. Ein leichter Anstieg bringt uns zur nächsten T-Kreuzung, an der wir abermals den Weg nach links einschlagen. Im Spätsommer er-

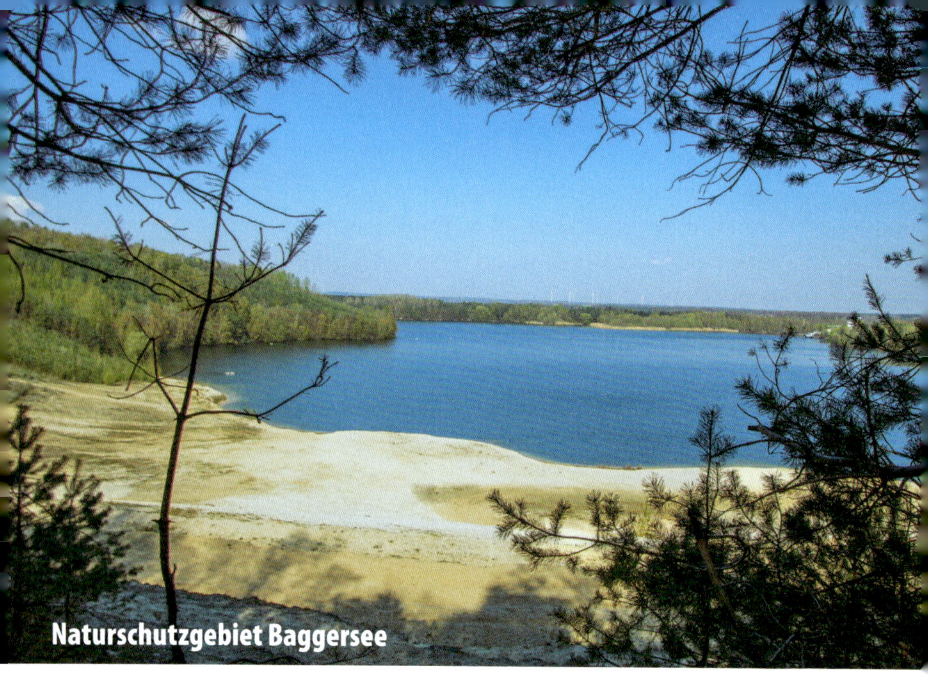

freuen wir uns über die am Wegesrand vorkommende Riesen-Goldrute mit ihrer gelben Blüte, die ebenfalls ein Eldorado für viele Schmetterlinge und Bienen ist. Wir folgen weiter dem Wegverlauf, der einen leichten Linksbogen macht, an dessen Ende wir an eine große Weggabelung gelangen. Hier biegen wir rechts ab und wandern eine Anhöhe hinauf. Dabei erblicken wir auf der rechten Seite eine **riesige Buche ⑤,** die uns mit ihren zahlreichen Stämmen wie eine mehrköpfige Hydra beeindrucken will. Die Natur malt doch die besten Bilder. Wir laufen ein paar Meter noch geradeaus und verlassen die Zwergenroute, um an einer unscheinbaren Kreuzung auf einem Waldpfad nach links auf einen Reitweg abzuzweigen. Wir lassen uns etwas weiter mit einem Schlenker rechts noch tiefer in die Haard hineinführen. Die wohltuende Luft und das angenehme Klima bestärken unsere gute Wanderlaune. So genießen wir diesen Abschnitt zwischen Licht und Schatten des Mischwalds, bis wir eine Anhöhe erreichen. Dort teilt eine Buche unseren Weg und wir folgen dem leicht nach rechts versetzten Wegverlauf. Der kurzweilige Weg auf weichem Sand bringt uns zu einer Kreuzung, an der wir links auf dem breiten Forstweg weiterwandern. Wir folgen dem Weg, bis wir eine Kreuzung erreichen, an der wir rechts abbiegen. Kurz danach schwenken wir nach links auf einen Waldpfad und setzen unsere Tour auf dem üppig bewachsenen Wegverlauf fort. Der Weg verläuft parallel zum Baggerloch der Quarzwerke. Von Weitem lässt sich nur erahnen, was sich dort für ein riesiges und geschütztes Naturschutzgebiet entwickelt. Wir genießen weiterhin den schönen Ausflug durch die Naturperle der Haard, bleiben auf dem Hauptweg immer geradeaus und ignorieren den Weg links und rechts. Nach über 1 Kilometer führt uns eine Linkskurve zu einer T-Kreuzung, an der wir rechts auf dem sandigen Weg weiterwandern. Es überrascht nicht, dass hier ein riesiges Freizeitareal mit Campingplatz angesiedelt ist. Wir laufen parallel zur Umzäunung und erreichen kurz darauf die rot-weiße Schranke, die uns linker Hand zum Eingangsbereich des Campingplatzes der **Natur- und Freizeitoase Marina Flaesheim** ❻ führt. Dauercamper

Entlang des Wesel-Datteln-Kanals

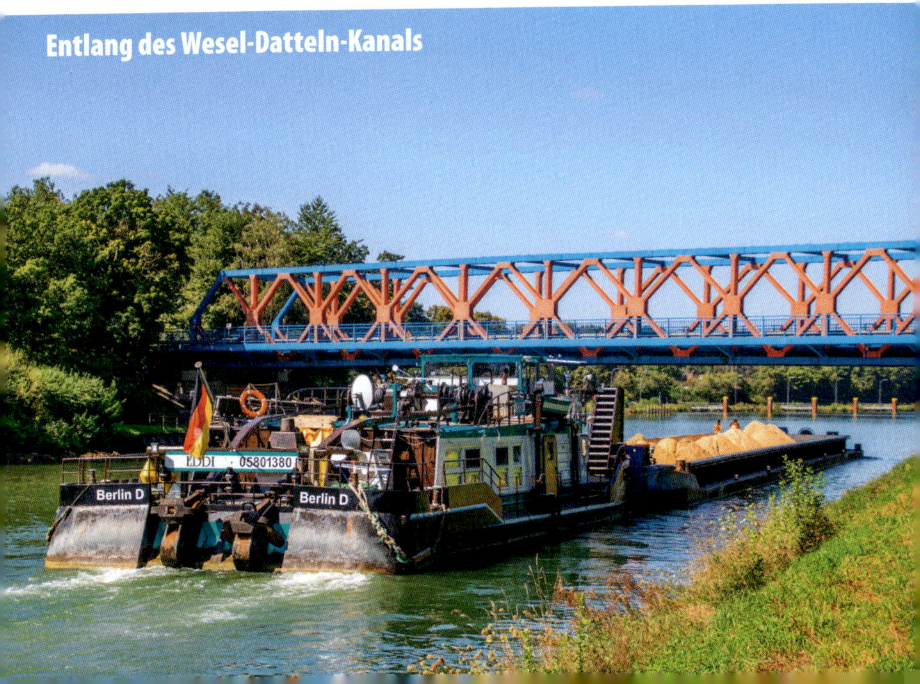

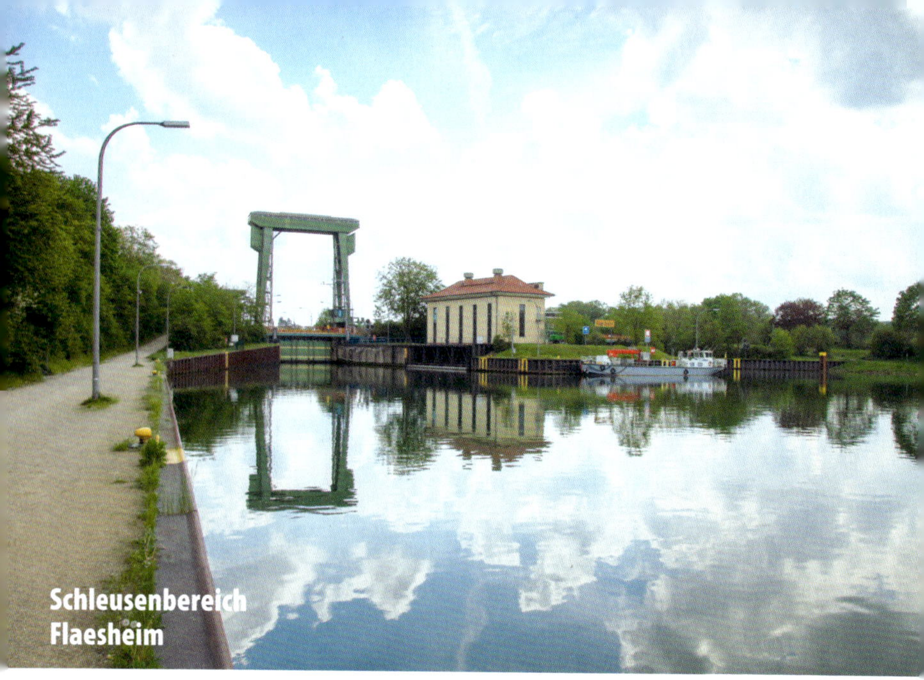

Schleusenbereich Flaesheim

genießen hier schon lange die wunderschöne Urlaubsidylle, aber auch Ausflügler können sich für einen kurzweiligen Besuch in dieser Freizeitoase von dem maritimen Flair überzeugen. Auch die ansässige Gastronomie, das **Bistro Marina Flaesheim 7**, sorgt für eine gute Pausenlaune mit Blick auf die idyllische Bucht. Wir schwelgen noch ein wenig in Urlaubslaune, bevor uns hinter der rot-weißen Schranke eine Brücke in eine andere Welt führt. Ein schöner Perspektivwechsel. Wir haben Glück, ein Schiff schippert langsam auf die **Westlevener Brücke** zu. Wir machen ein Foto, überqueren dann den Wesel-Datteln-Kanal und direkt am Ende des Brückengeländers gehen wir rechts den Treppenabstieg hinunter. Unten angekommen, biegen wir wieder rechts auf den Uferweg ab und wandern nun entlang des Kanalpfads bis nach Flaesheim. Wir streifen entspannt entlang der Uferzonen und unterqueren nach knapp 600 Metern ganz nebenbei eine weitere Brücke. Unterwegs schippern einige Pötte an uns vorbei, die die **Schleuse Flaesheim 8** in unmittelbarer Nähe langsam ansteuern. Die stillen Begleiter wirken beruhigend auf uns und wir genießen diese

Die Schleusenanlage ist mit zwei unterschiedlich langen Kammern bestückt und wurde 1931 für die Schifffahrt freigegeben. Sie ist entlang des Wesel-Datteln-Kanals eine von sechs Konstruktionen, die einen Höhenunterschied von 4 Metern überwindet.

Art von Entschleunigung. Von Weitem schon erkennen wir die großen Hubtore der großen Schleusenkonstruktion. Wir schauen uns das imposante Schauspiel direkt an der Schleusenbrücke genauer an und beobachten fasziniert das Schleusen großer und kleiner Schiffe.

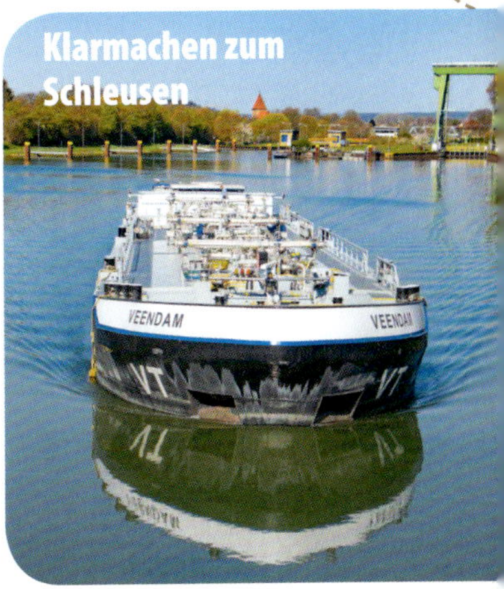

Klarmachen zum Schleusen

Gut gestaunt, setzen wir ebenfalls unsere Reise am Ufer des Canale Grande fort. Von Weitem erkennen wir linker Hand den Turm der Flaesheimer Stiftskirche und erreichen nach rund 600 Metern eine Brücke. Kurz davor verlassen wir den Uferpfad und wandern rechts den Weg hinauf. Bevor wir links auf die Brücke abbiegen, erhalten wir noch einen Blick auf die Lippe und die **Lippefähre Maifisch** **9**. Damit können Wandernde und Rad fahrende Personen die kurzlebige Überfahrt über die Lippe von Frühjahr bis Herbst mit eigener Kraft meistern. Wir siedeln zu Fuß über die blaue Stahlkonstruktion in Richtung der

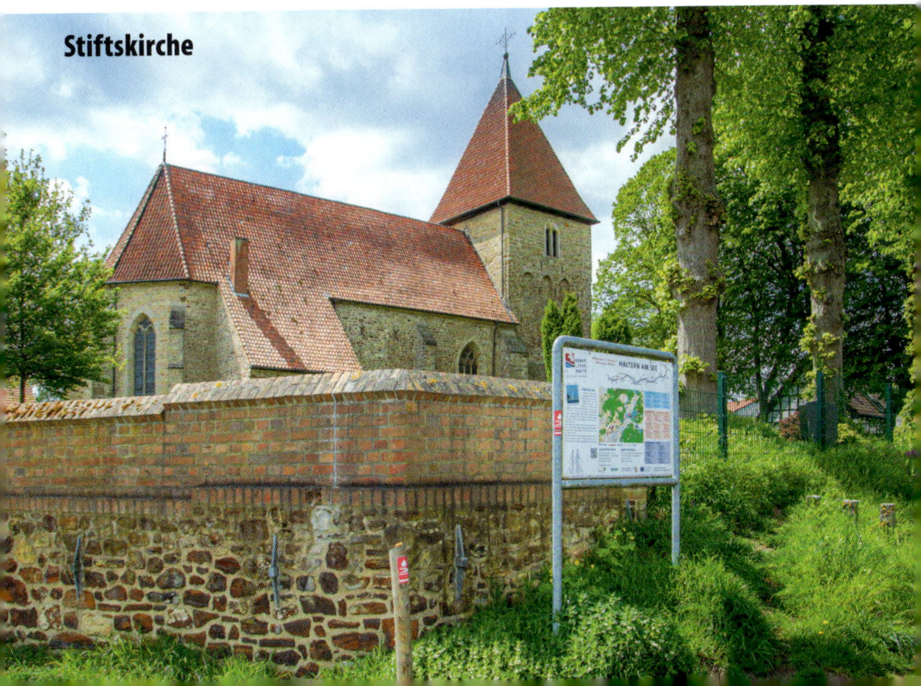

Stiftskirche

Die Stiftskirche St. Maria Magdalena wurde im Jahr 1166 als Nonnenkloster von Graf Otto von Ravensberg gegründet. Im Inneren des ehemaligen Klosters, das um 1800 aufgelöst wurde, beeindruckt eine Statue von Maria Magdalena.

alten **Stiftskirche** ⑩ und folgen bis zu unserem Ausgangsort dem Hohe-Mark-Steig-Zeichen. Dieses führt uns vor dem historischen Gebäude, nebst Friedhof, rechts vorbei. Das alte Kloster St. Maria Magdalena ist mit der hellen Steinfassade und dem markanten Eingangsportal ein Wanderhighlight und liefert interessante Geschichten von der Entstehung bis zur heutigen Entwicklung.

Nachdem wir uns die Kirche genauer angeschaut haben, folgen wir den Hohe-Mark-Steig-Markierungen und überqueren die Flaesheimer Straße. Kurz vor Erreichen unseres Ausgangsziels lassen wir unsere schönen Wandertour beim **Naturbäcker Brinkert Bertholds** ⑪ bei Kaffee und Kuchen ausklingen.

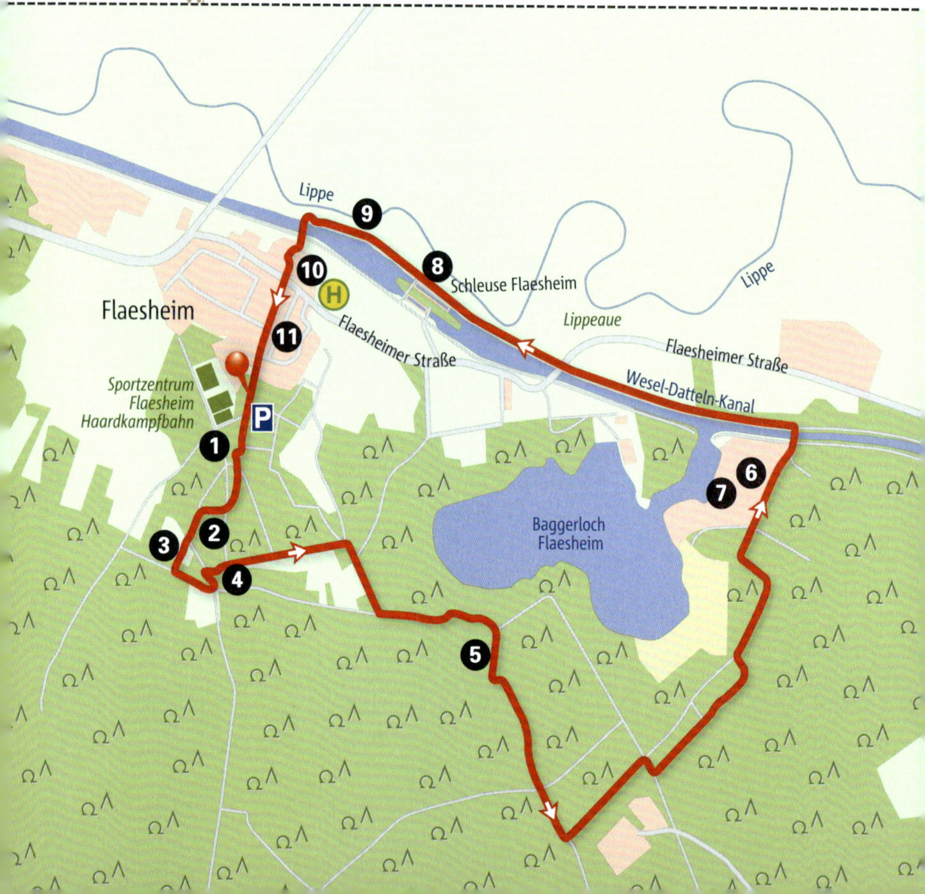

Alles auf einen Blick

WIE & WANN:
Forstwege, teils befestigte und unbefestigte Naturpfade, Uferwege.
Zu jeder Jahreszeit empfehlenswert.

HIN & WEG:
Auto: Wanderparkplatz 40, Zum Dachsberg, 45721 Haltern am See
ÖPNV: Bus 288 bis Am Stiftsplatz

ESSEN & ENTSPANNEN:
Bistro Marina Flaesheim ❼ Flaesheimer Straße 600, 45721 Haltern am See, https://marina.freizeit-oasen.de
Naturbäcker Brinkert Bertholds ⓫ Zum Dachsberg 25, 45721 Haltern am See

ENTDECKEN & ERLEBEN:
Waldspielplatz ❶ Zum Dachsberg, 45721 Haltern am See
Hügelgräber ❷
Lehrpfad der Bäckerzunft ❸
Holzkohlemeiler ❹
Riesige Buche ❺
Natur- und Freizeitoase Marina Flaesheim ❻ Flaesheimer Straße 600, 45721 Haltern am See, https://marina.freizeit-oasen.de

Entspannung ✱✱✱✱✱
Genuss ✱✱✱✱
Romantik ✱✱✱✱

Schleuse Flaesheim ❽
Lippefähre Maifisch ❾
Stiftskirche ❿ Stiftsplatz 7, 45721 Haltern am See

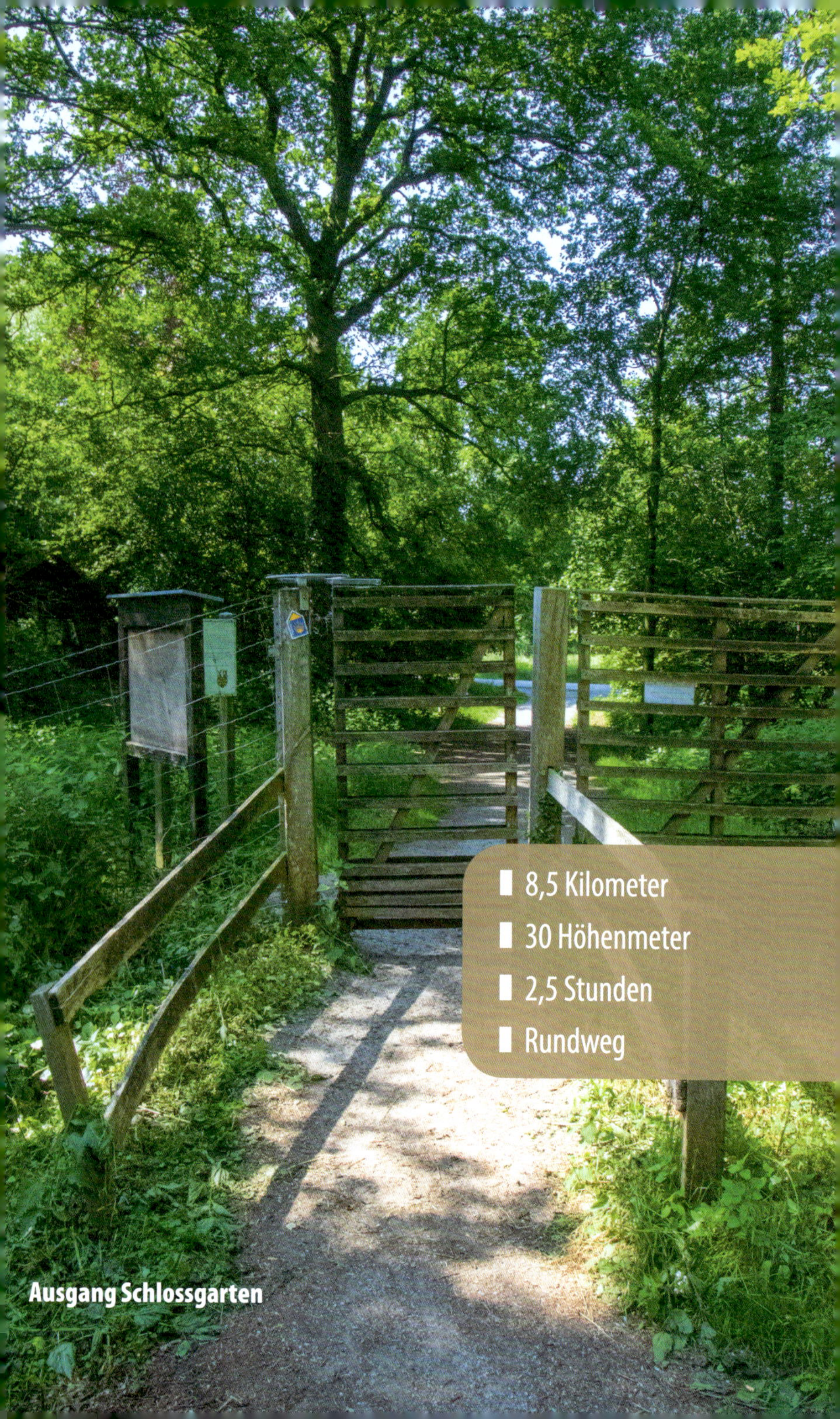

- 8,5 Kilometer
- 30 Höhenmeter
- 2,5 Stunden
- Rundweg

Ausgang Schlossgarten

Parkromantik

Schloss Raesfeld und Tiergarten

Der Parkplatz vor dem **Naturparkhaus Tiergarten Schloss Raesfeld** ❶ ist ein idealer Ausgangsort für unsere Wanderung und bringt uns raus aus dem Alltagstrubel. Das auffällig gebaute Informations- und Besucherzentrum mit der imposanten Glas- und Holzfassade wurde im Jahr 2005 erbaut und ist ein touristischer Ankerpunkt im Naturpark Hohe Mark. Wir laufen am Eingangsbereich des Gebäudes rechts vorbei und schon nach wenigen Metern eröffnet sich uns eine adlige Kulisse. Wir stehen am Ufer der Gräfte vor dem prächtigen **Schloss Raesfeld** ❷ und erfreuen uns an dem Anblick des historischen Gebäudes. Das beeindruckende Wasserschloss aus dem 14. und 17. Jahrhundert eröffnet uns eine wunderschöne Sicht auf die prachtvolle Architektur im Renaissancestil. Hier möchte man gleich verweilen und sich neugierig der Geschichte des Schlosses widmen. Wir schwelgen ein wenig in Nostalgie und gehen links auf dem Uferweg entlang des Schlossgrabens. Ein großer Weidenbaum, dessen Geäst weit über das Ufer bis ins Wasser hineinragt, passt perfekt ins romantische Bild und dient ebenfalls als Wegweiser. Wir erkennen die Wandersymbole und folgen dem A1, der anfangs parallel zu einem ausgewiesenen Pilgerweg verläuft. Das romantische Schloss mit dem höchsten Turm aller Schlösser in Westfalen lassen wir hinter uns und freuen uns auf das Naturerlebnis im Tiergarten.

Das Wasserschloss Raesfeld hat seinen Ursprung im 12. Jahrhundert, es war im Besitz der Herren von Raesfeld. Das beliebte Ausflugsziel ist Ankerpunkt der 100-Schlösser-Route und Sitz der Fort- und Weiterbildungseinrichtung der Handwerkskammern.

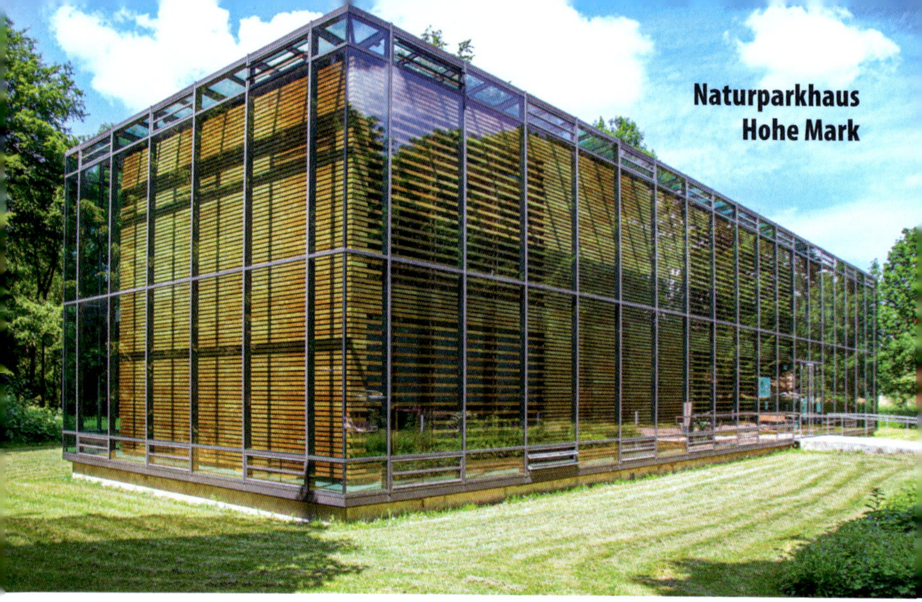

Anfangs wandern wir an dicht bewachsenen Uferböschungen des Weinbergteichs vorbei und lassen uns vom Wegverlauf geradeaus über eine Kreuzung bis zu einem Holzgatter bringen. Wir durchschreiten das Portal ins Naturidyll und gelangen zum **langen Teich** ③. Die Uferzonen lassen uns nahe ans Geschehen, sodass wir nicht nur das imposante Froschkonzert hören, sondern auch die Aktivitäten der Enten auf dem Teich verfolgen können. Angekommen am Endpunkt des langen Teichs, der auch ein beliebter Fotospot mit der Blickachse zum Schloss ist, informieren wir uns über die Umgebung anhand der zahlreichen Infotafeln. Im Sommer spenden uns in diesem ökologischen Schutzgebiet unter anderem Buchen, Eichen und Erlen viel Schatten. Wir folgen weiter dem A1 leicht linksläufig und erreichen einen idyllischen Bachlauf, den wir über eine Holzbrücke überqueren. Mit Begeisterung durchlaufen wir weiter den in der Mitte des 17. Jahrhunderts von Reichsgraf Alexander II. angelegten Tiergarten und erfreuen uns an den zahlreichen Teichanlagen. Angekommen an einer Weggabelung folgen wir leicht links versetzt der Strecke und gelangen zum Ottoteich, der sich nahtlos in die harmonische Landschaftsgestaltung einreiht.

Der Tiergarten Schloss Raesfeld ist kein zoologischer Garten im engeren Sinne, sondern einer der ältesten Schlossgärten der Renaissance in Deutschland, auf dessen Gelände mit etwas Glück Damwild, Rothirsch und Wildschwein beobachtet werden können.

Der Streckenabschnitt entlang der Uferzonen lässt unsere Wanderung sehr kurzweilig erscheinen und entspannt genießen wir im Tapermodus die stimmungsvolle Atmosphäre. Wir halten kurz inne und bleiben noch eine Weile auf dem A1, bis wir an das Ende des Teichs gelangen und an der Weggabelung leicht rechts versetzt dem Streckenverlauf folgen. Nach knapp 500 Metern gelangen wir an eine T-Kreuzung, an der wir erst links und die nächste sofort wieder rechts auf dem A1 weiterwandern. Für eine kurze Zeit ändert sich das Landschaftsbild und wir lassen unsere Blicke über eine Streuobstwiese mit Äpfeln, Birnen und Pflaumen schweifen. Nach ein paar Metern erkennen wir rechter Hand einen schmalen Pfad, der uns zwischen Buchen und Schwarzerlen zu einer **Beobachtungsplattform** ④ führt. Im Schutz der halbdunklen Bäume können sich Rehe gut verstecken und mit etwas Glück lässt sich Rot- und Damwild beobachten. Wir genießen diesen stillen Moment im ehemaligen Jagdrevier und gehen den Waldpfad bis zu unserem Hauptweg weiter. Nach knapp 450 Metern nutzen wir

Für die Seele

Wir laufen durch den historischen Tiergarten, bestaunen die prachtvolle Schlosskulisse und erkunden Schritt für Schritt die idyllischen Teichanlagen.

abermals von einer **Aussichtsplattform** ⑤ den schönen Blick ins Grüne. Gut gelaunt wandern wir, bis wir ein weiteres Gatter erreichen und den Tiergarten durch das Tor vorerst verlassen. Direkt danach kommen wir an einer alten **Mühlenruine** ⑥ vorbei, deren Mauerreste an die Wassermühle aus dem frühen 18. Jahrhundert erinnern. Damals zählte das Prinzip „Wer zuerst

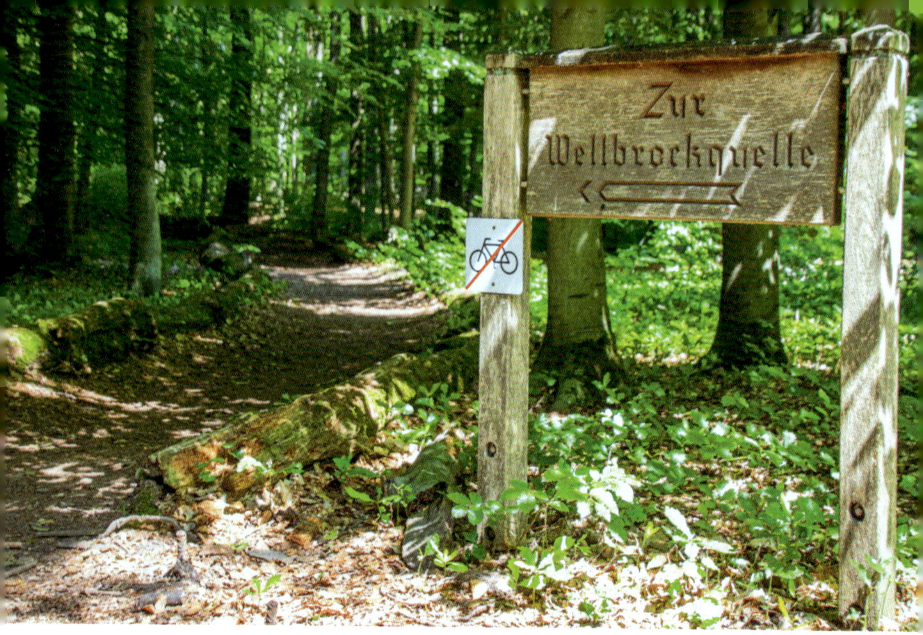

kommt, der mahlt zuerst“ – so mussten sich auch die Fürsten ohne Bevorzugung an die Reihenfolge halten. Wir aber sind nicht in Eile und wandern entspannt bis zu einer T-Kreuzung, an der wir rechts auf dem Lehmbrockweg weiterlaufen. Diesen gehen wir für knapp 300 Meter, bis wir links auf die **Schaddenbrook Straße** wechseln und dem Wanderweg A3 und A4 eine Weile lang folgen. Wir erreichen nach knapp einem weiteren Kilometer eine Kreuzung, an der wir links auf den **Möllenweg** abbiegen. Dieser führt uns für knapp 700 Meter durch eine offene Bauernlandschaft, die uns weite Blicke über blühende Wiesen und wogende Felder erlaubt, bis wir links in die Straße **Hesfort** einbiegen. Über diesen Weg gelangen wir nach einer Weile an eine Kreuzung, die wir geradewegs überqueren und dem uns gegenüberliegenden Forstweg direkt im Wald hinein folgen. Für knapp 1 Kilometer wandern wir immer geradeaus und erfreuen uns an dem würzigen Duft des Waldes. An einer Kreuzung biegen wir nach links und erkennen ein weiteres Gatter, das uns wieder in den Tiergarten aufnimmt. Nachdem wir das Tor durchlaufen haben, wenden wir uns an der nächstmöglichen Kreuzung rechts dem A1 zu. Im Einklang mit der Natur erfreuen wir uns an der wohltuenden Waldatmosphäre und wandern an einem restaurierten Pallisadenwall entlang. Dieser diente zur Haltung des Großwilds und erinnert an die ursprüngliche Geländeumzäunung. Weiterhin unterwegs auf dem A1, erkennen wir eine Hinweistafel aus Holz, die uns links über einen märchenhaften Waldpfad zur **Wellbrockquelle** **7** führt. Fasziniert betrachten wir den sprudelnden Quellstein, der das aus 10 Meter Tiefe kommende Wasser zum Vorschein bringt. Eine Kostprobe an dieser artesischen Quelle lassen wir uns hier nicht nehmen und probieren einen Schluck vom kühlen und etwas nach Eisen schmeckenden Mineralwasser.

Wir verlassen die bezaubernde Idylle und folgen weiter der schmalen Wegführung, bis wir den Hauptweg nach kurzer Zeit wieder erreichen und links auf dem Forstweg weiterwandern. Ankommend an einer Kreuzung, wählen wir den mittleren Weg mit der F5-Markierung und erreichen den Ausgang des Tiergartens, der wunderschön in einer Waldkulisse mit hohen

Bei der Wellbrockquelle sprudelt das Grundwasser aus der Tiefe durch Überdruck eigenständig nach oben. Dieser natürliche Austritt über eine sogenannte Grundwasserleiter wird auch artesische Quelle genannt.

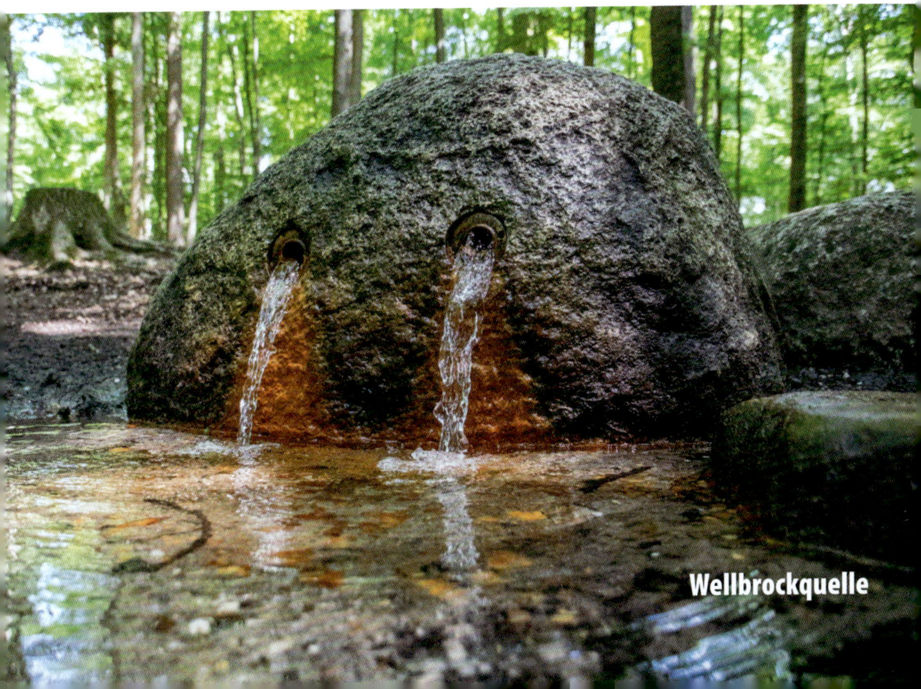

Wellbrockquelle

Kiefern eingebettet ist. Nachdem wir das Gatter durchlaufen haben, gehen wir erst ein Stück links und biegen dann rechts, der A1-Markierung folgend, auf einen Waldpfad ab. Dieser führt uns auch an einem großen Naturerlebnisgelände vorbei, das ein beliebtes Ausflugsziel für kleine Naturentdecker ist. Die Kinder lernen auf dem riesigen Areal viel über die Natur und entdecken auf spielerische Art die natürliche Umgebung mit interessanten Outdooraktivitäten. Ein paar Meter weiter erreichen wir unser Ausgangsziel, das imposante Naturparkhaus. Wir nutzen noch die Gelegenheit für eine Mahlzeit im Innenhof des Schloss-**Restaurants Mahl & Meute** 8 und genießen dabei die beeindruckende Schlossatmosphäre.

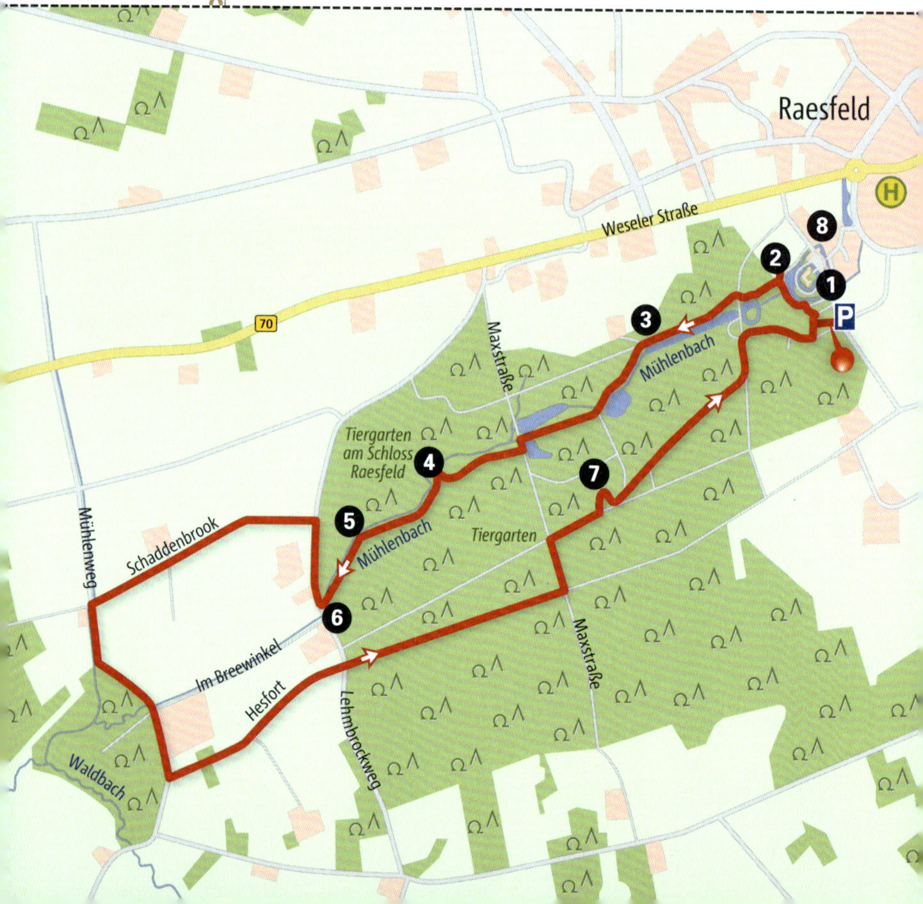

WIE & WANN:
Forstwege und Naturpfade, teils asphaltierte Wege.
Zu jeder Jahreszeit empfehlenswert.

HIN & WEG:
Auto: Wanderparkplatz am Naturparkhaus, Hagenwiese 40, 46348 Raesfeld
(GPS: 51.762356, 6.827405)
ÖPNV: Bus 72 bis Schloss Raesfeld

ESSEN & ENTSPANNEN:
Restaurant Mahl & Meute ❽ Freiheit 27 (Schlossinnenhof), 46348 Raesfeld,
www.mahlundmeute.de

ENTDECKEN & ERLEBEN:
Naturparkhaus Tiergarten Schloss Raesfeld ❶ Hagenwiese 40, 46348 Raesfeld
Schloss Raesfeld ❷ Freiheit 25–27, 46348 Raesfeld
Langer Teich ❸
Beobachtungsplattform ❹
Aussichtsplattform ❺
Mühlenruine ❻
Wellbrockquelle ❼

Entspannung ✱✱✱✱✱
Genuss ✱✱✱✱
Romantik ✱✱✱✱✱

Holzbohlenweg

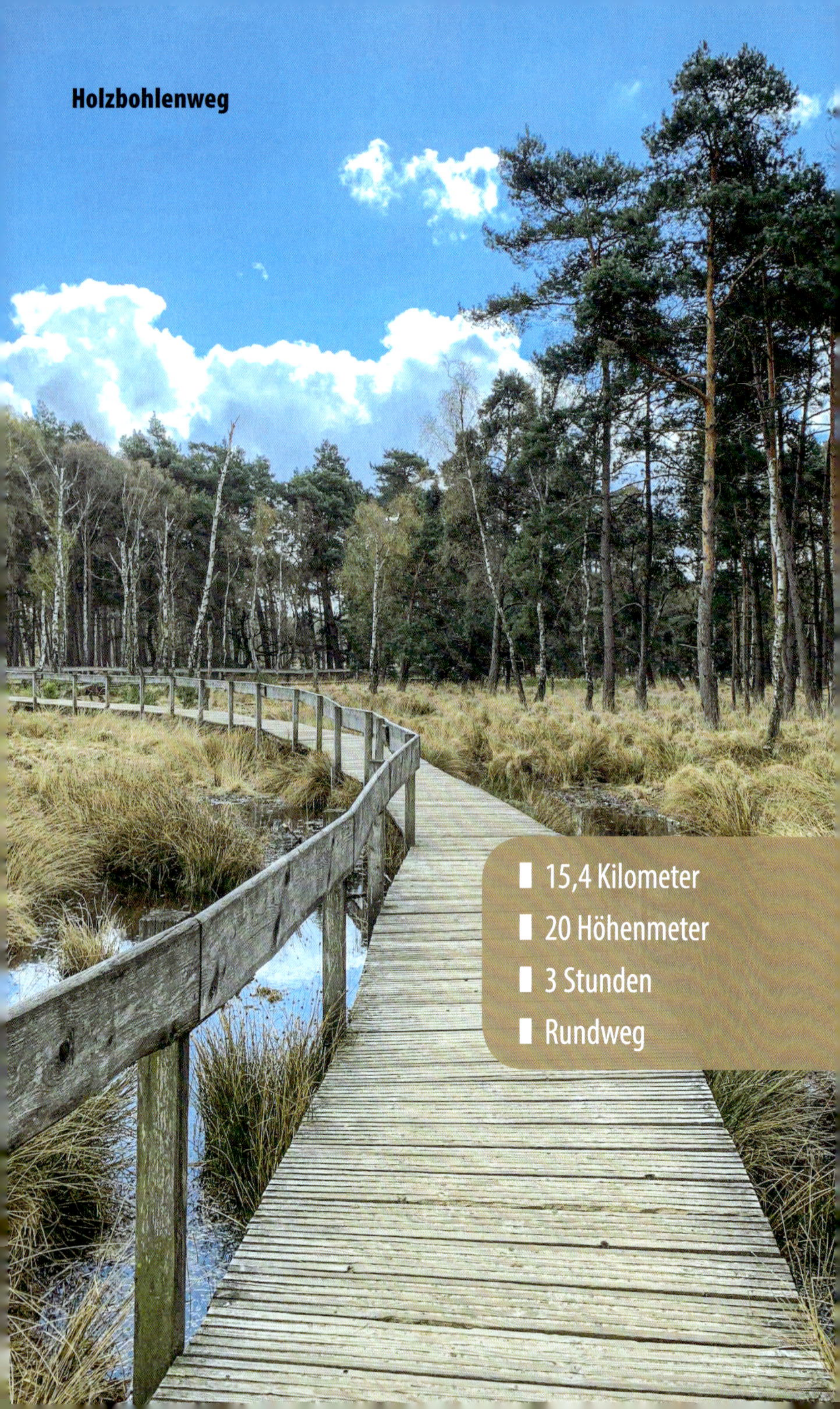

- 15,4 Kilometer
- 20 Höhenmeter
- 3 Stunden
- Rundweg

Unser Ausgangspunkt, die Kriegsgräberstätte Diersfordt, ist eine zentrale Gedenk- und Ruhestätte für die gefallenen Soldaten im Zweiten Weltkrieg. Wir widmen unsere Aufmerksamkeit diesem Ort nach unserer Wanderung und starten vom Parkplatz unser Mikroabenteuer. Dazu überqueren wir die **Mühlenfeldstraße** und folgen von nun an der lilafarbenen Landstreifer-Wandermarkierung, die einen Weg mit Bäumen symbolisiert. Die Landstreifer-Route Diersfordter Wald zählt zu den neuen Rundwanderwegen im Naturpark Hohe Mark, die abseits vom Hohe Mark Steig verlaufen. Nachdem wir die Hauptstraße passiert haben, gehen wir entlang der Straße **Am Jäger** weiter. Schon nach kurzer Zeit bietet sich direkt am Wegesrand eine Einkehrmöglichkeit im **Gasthof Am Jäger** ❶ an. Für uns ein bisschen zu früh, aber sicherlich nach der Wanderung eine gute Gelegenheit für eine ausgiebige Pause. Wir überqueren achtsam die vor uns liegende **Emmericher Hauptstraße,** dabei erkennen wir auf der anderen Straßenseite leicht links versetzt unser Wandersymbol, das uns links an einem Hundeverein vorbeiführt

Wege ins Moor

Erlebnistour Diersfordter Wald

und uns direkt zum Wildgatter am Eingangsbereich Süd lotst. Der Zugang mit den zwei Metalltoren schleust uns wie durch ein Portal in ein grünes Areal des Naturschutzgebiets Diersfordter Wald. Das umzäunte Gelände wurde einst zur Jagd von den Schlossherren Diersfordt genutzt. Nachdem wir die Wild-

Die barrierearme Hirschkäferroute ist eine Rundstrecke von 4,3 Kilometern und lässt sich sehr gut mit dem Moorerlebnisweg kombinieren. Besucherinnen und Besucher erhalten einen beeindruckenden Landschaftseinblick. Die Rundtour hat eine Länge von insgesamt 6,5 Kilometern.

schleuse durchlaufen haben, wandern wir fasziniert durch die sensible Landschaft und folgen etwas später parallel zur Landstreifer-Strecke der ausgewiesenen **Hirschkäferroute ❷**. Links und rechts am Wegesrand fallen uns die knorrigen Eichen und das Totholz mit dem flauschigen Moosbewuchs auf. Dieser besondere Lebensraum ist ein Brutrevier von Schwarz- und Buntspechten. Aber auch NRWs größte Population an Hirschkäfern ist hier angesiedelt und mit etwas Glück lässt sich der sogenannte Fliegende Hirsch in den Monaten Juni bis Juli in den Abendstunden gut beobachten.

Die Hirschkäferoute führt uns nach rund 1,1 Kilometern zu einer T-Kreuzung und ermöglicht uns einen Abstecher zu einer **Wildbeobachtungsstation ❸**, die wir auf der rechten Seite hinter einer Infotafel erkennen. Unsere kurze Stippvisite an der Beobachtungskanzel nutzen wir, um uns über die wilden Waldbewohner zu informieren. Wir verlassen den Ausguck ins Grüne und gelangen zur uns bekannten

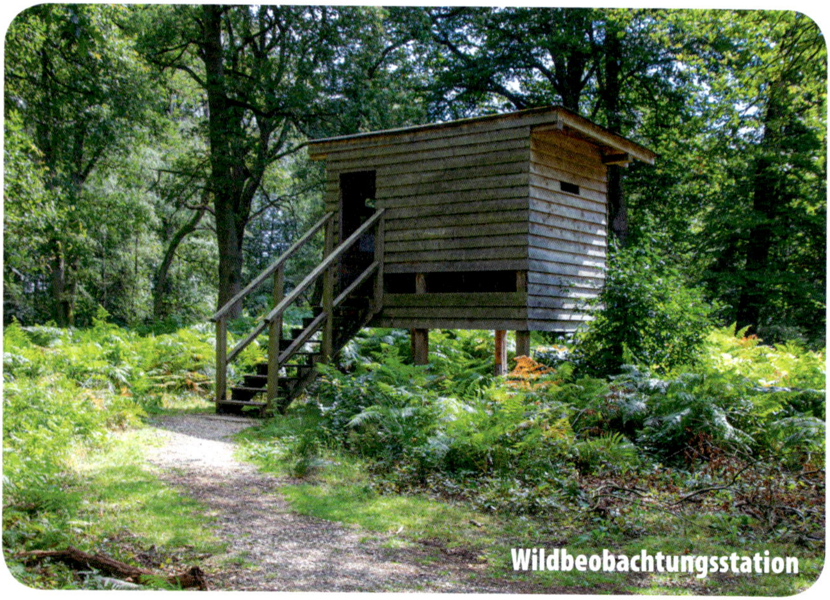
Wildbeobachtungsstation

T-Kreuzung zurück, an der wir nun wieder der Landstreifer-Markierung folgen.

Weiter unterwegs auf der Hirschkäferroute erkennen wir ein Schild, das auf den Moorerlebnisweg hinweist. Wir zweigen rechts ab und tapern entspannt eine Weile durch den dschungelartigen Wald, der später von einer offenen Landschaft abgelöst wird. Nahtlos geht hier die Hirschkäferroute in den **Moorerlebnisweg** über und lädt uns zu einem kurzweiligen Wandervergnügen durch eine wunderschöne Dünenlandschaft ein. Dabei bilden die hohen Waldkiefern eine große Arena für die wunderschöne **Moorlandschaft Großes Veen** ❹. Die auffällige Hohe-Mark-Steig-Sitzgelegenheit kommt uns für eine Pause hier wie gerufen. Was für eine wohltuende Auszeit. Die Vielfältigkeit von Tier- und Pflanzenarten zeichnet diesen einzigartigen Landschaftsraum aus.

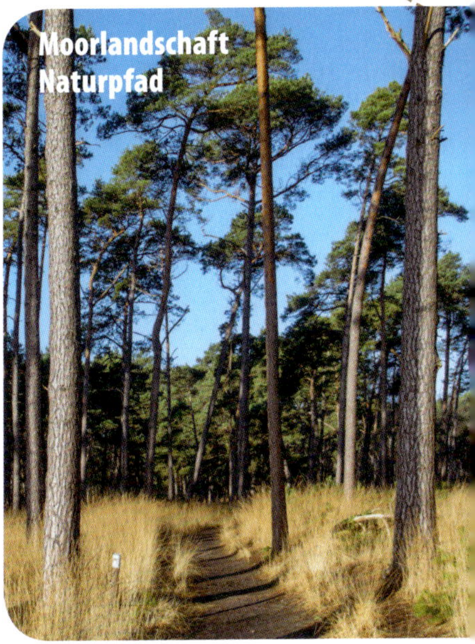

Für die Seele

Unterwegs im Diersfordter Wald und in sandigen Dünen erleben wir pure Natur und lassen uns über den Holzbohlenweg durchs Moorgebiet führen.

Weiter unterwegs auf dem Landstreifer-Pfad wandern wir auf hügeligen Sandpfaden, die uns tiefer in das Moorgebiet führen. Dank eines 500 Meter langen **Holzbohlenweges** ❺ können wir trockenen Fußes das Sumpfgebiet durchlaufen. Hier sind wir gerne auf dem Holzweg. Am Ende des Bohlenweges geht es weiter durch die **Dünenlandschaft Stemkes Heide** ❻. Wir erreichen eine sandige Anhöhe und beobachten einige Vogelarten. Unsere Tour lässt uns noch für eine kurze Weile diesen offenen Landschaftsblick genießen, bis uns die Wandermarkierungen wieder in den Wald lotsen und uns auf die Hirschkäferroute an einer T-Kreuzung bringen. Dort zweigen wir nach rechts ab und gelangen zum Holzgatter am Eingang Nord. Nachdem wir das Gatter passieren, biegen wir rechts auf die Straße **Bislicher Wald** und gehen knapp 400 Meter, bis wir rechts an einer Sitzbank vorbei auf einen Waldweg abbiegen. Hier laufen wir auf der Landstreifer-Route zwischen Waldrand und Umzäunung des Moorgebiets, bis wir nach 1,6 Kilometern die Diersfordter Straße erreichen. Hier halten wir uns rechts und laufen ein paar Meter parallel zur Hauptstraße, die wir etwas später den Wanderzeichen folgend links überqueren und in den gegenüberliegenden **Heuweg** einbiegen. Dieser führt uns entlang von Feldern und Wiesen etwas über 1 Kilometer immer geradeaus, bis wir an einer Wegspinne vorbeikommen und dort dem Hinweisschild halb links in Richtung Schwarzes Was-

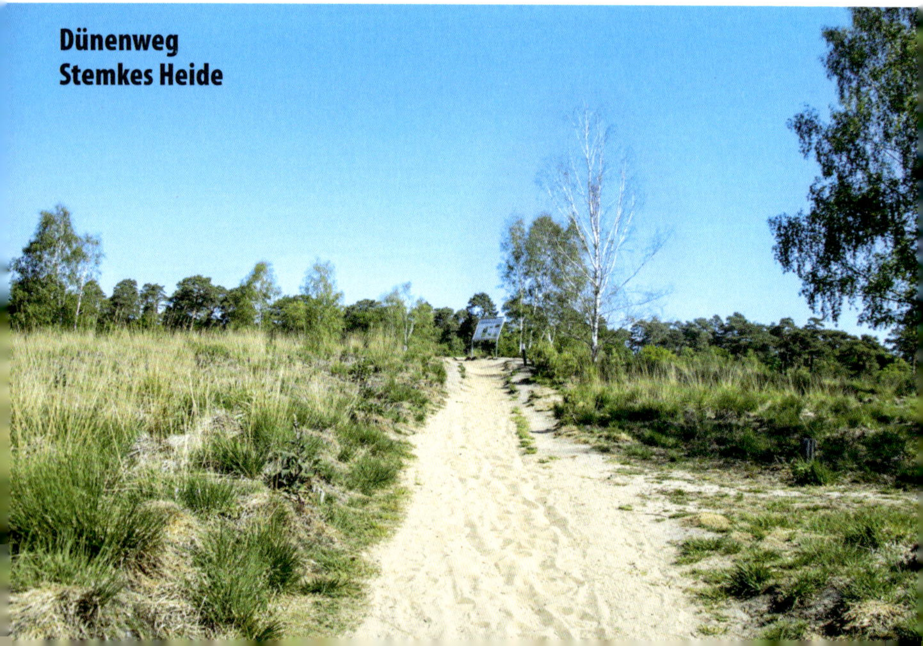

Dünenweg Stemkes Heide

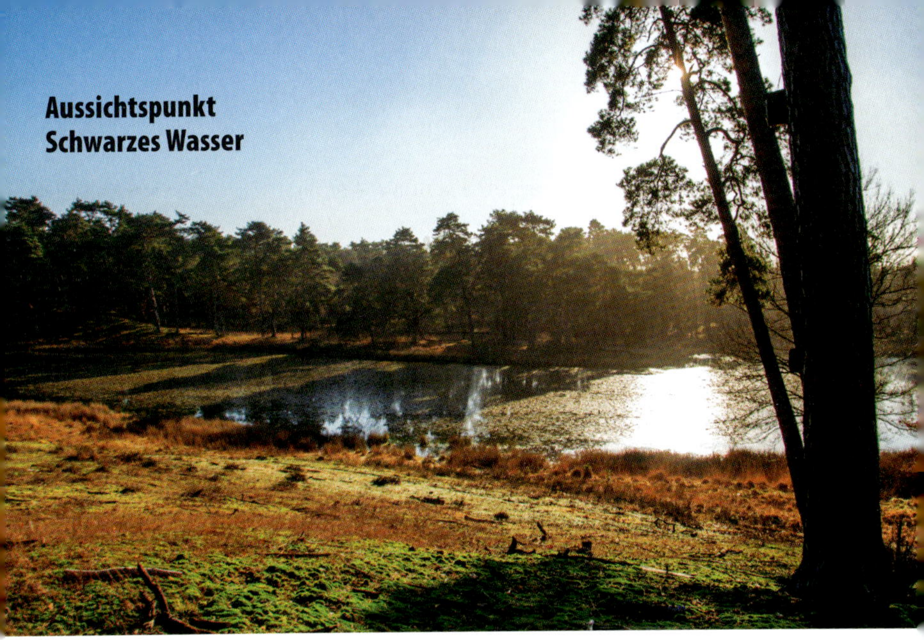

ser für knapp 1,5 Kilometer auf der Landstreifer-Route folgen. An einer Weggabelung gehen wir geradewegs weiter und nehmen nach kurzer Zeit mit dem 100 Hektar großen Weiher, genannt **Schwarzes Wasser,** Sichtkontakt auf. Ein Infoschild gibt uns Auskunft über die Entstehung dieser bizarren Landschaft.

Wir wandern links im Uhrzeigersinn um den See und erhalten jede Menge Informationen am Wegesrand über die widerstandsfähige Tier- und Pflanzenwelt. Das leicht saure Wasser des Heideweihers ist nähr- und sauerstoffarm und unter diesen Bedingungen kommen nur echte Überlebenskünstler wie zum Beispiel der Moorfrosch, Heidelibellen, das Fieberklee oder das Froschkraut zurecht. Von den Uferzonen erhalten wir interessante Blicke auf das dunkle Wasser und nach knapp 200 Metern führt uns rechts eine Treppe zu einem **Aussichtspunkt** ⑦ hoch. Der Gesamtblick auf das schutzwürdige Naturidyll verbindet uns einmal mehr mit dem Herzen der Natur. Wir gehen die Stufen wieder hinunter und folgen dem weiteren Wegverlauf, der uns zur Ostspitze des Sees führt. Den Landstreifer-Markierungen folgend, umrunden wir die Ostspitze wie den Bug eines Schiffes und nehmen Kurs auf eine weitere Sitzgelegen-

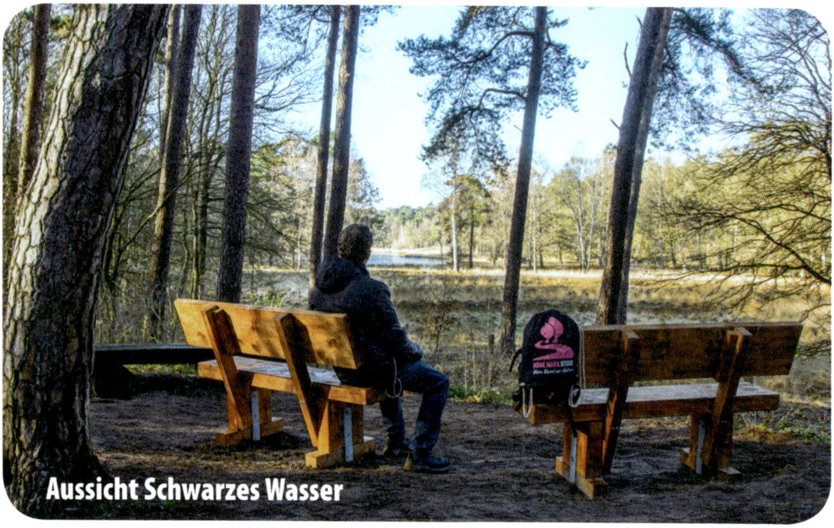
Aussicht Schwarzes Wasser

heit, einen **Rastplatz mit Aussicht** 8 auf den Weiher. Hier gönnen wir uns eine kurze Rast. Gut ausgeruht spüren wir die Entschleunigung und tapern parallel zum schwarzen Wasser auf hügeligen Pfaden weiter. Alte Eichen, die auf dem sauren Boden nur langsam wachsen, sind Teil dieses schutzwürdigen Lebensraums. Die gut markierte Landstreifer-Strecke verläuft verschnörkelt bis zu einer Kreuzung, an der wir links unserer ausgewiesenen Route folgen. Dabei laufen wir geradeaus durch ein umzäuntes Heidegebiet und geradewegs weiter durch einen Waldabschnitt, bis wir nach ein paar Metern eine T-Kreuzung erreichen. Hier wenden wir uns kurz nach rechts, um dann sofort links der Landstreifer-Route zu folgen. Nach rund 200 Metern erreichen wir eine T-Kreuzung, an der wir links auf einen Forstweg abzweigen. Diesen wandern wir so lange geradeaus, bis wir eine weitere Kreuzung erreichen und rechts den markanten Landstreifer-Symbolen folgen. Knapp 500 Meter geht es immer geradeaus, bis wir an die Hauptstraße **Emmericher Straße** gelangen. Wir lassen großzügig den Autoverkehr an uns vorbei und überqueren die Emmericher Straße, die uns geradewegs in ein kleines Waldstück auf der anderen Straßenseite hineinführt. Dort wandern wir den schmalen Pfad geradeaus, bis wir die **Reeser Landstraße** überqueren und vor den Häusern rechts am Rande des Wohngebiets den Landstreifer-Zeichen folgen. Kurz danach biegen wir links auf einen schmalen Wanderweg ab, der uns zu einer Kreuzung bringt. Hier wandern wir rechts auf dem Forstweg für 300 Meter weiter und gelangen wieder an eine Kreuzung. Wir machen einen kurzen Schlenker nach rechts, um dann direkt danach links abzubiegen und parallel zu einem Reitweg weiterzuwandern. Gut 1 Kilometer tapern wir genussvoll durch den wohltuenden Waldabschnitt, wobei wir links und rechts verschiedene Abzweigungen ignorieren, bis wir an eine Weggabelung kommen. Wir schwenken nach links und folgen dem Landstreifer-Zeichen, wer mag, kann hier auch geradewegs zum Ausgangsort abkürzen. Wir aber wandern waldwärts weiter und genießen dabei den Klang der Vogelwelt und die frische Waldluft. Nach 400 Metern stoßen wir auf eine Kreuzung, die wir überqueren. Ein schmaler Pfad führt uns weiter durch das Waldgebiet. Im Tapermodus erreichen wir

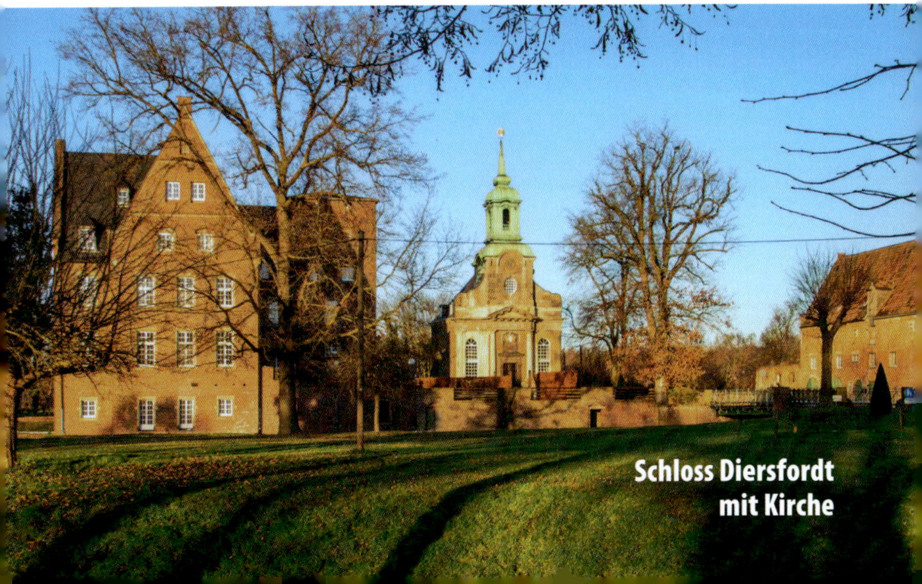

Schloss Diersfordt mit Kirche

eine T-Kreuzung, an der wir rechts auf dem breiten Forstweg unsere Wanderung fortsetzen. Es geht für uns geradeaus, bis uns die Landstreifer-Symbole an einer Kreuzung nach knapp 500 Metern mit nach rechts nehmen und wir weiter geradeaus dem Wanderweg folgen. Bevor wir unseren Parkplatz wieder erreichen, kommen wir an dem **Ehrenmal** ⑨ vorbei, das 1927 in Gedenken an die im Ersten Weltkrieg gefallenen Soldaten errichtet wurde. Wir halten kurz inne und wandern gemütlich die letzten Meter bis zu unserem Ausgangsort. Zum Abschluss machen wir noch einen Abstecher zum nahe liegenden **Schloss Diersfordt** ⑩ und verbinden die adlige Kulissenansicht mit einem Besuch im Schloss-Museum.

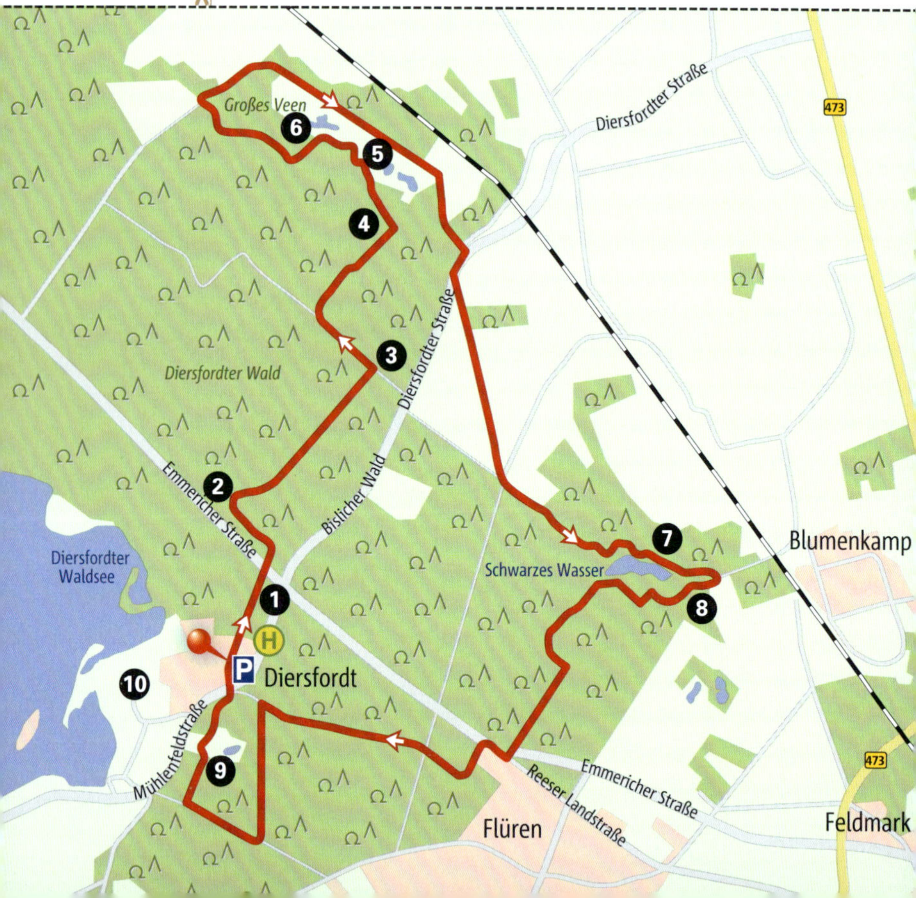

Alles auf einen Blick

WIE & WANN:
Forstwege und teils asphaltierte Strecken, Holzbohlenweg, schöne Natur- und Sandpfade. Ganzjährig interessant, von Juni bis Juli ist Hirschkäferzeit.

HIN & WEG:
Auto: Parkplatz am Lindberg, Kreuzung Mühlenfeldstraße/Lindberg, 46487 Wesel (GPS: 51.689979, 6.550072)
ÖPNV: Rheinlandbus 63 bis Wesel Diersfordt Ort

ESSEN & ENTSPANNEN:
Gasthof Am Jäger ❶ Am Jäger 1, 46487 Wesel

ENTDECKEN & ERLEBEN:
Hirschkäferroute ❷
Wildbeobachtungsstation ❸
Moorlandschaft Großes Venn ❹
Holzbohlenweg durchs Moor ❺
Dünenlandschaft Stemkes Heide ❻
Aussichtspunkt Schwarzes Wasser ❼
Rastplatz mit Aussicht ❽

Entspannung ✱✱✱✱✱
Genuss ✱✱✱✱✱
Romantik ✱✱✱✱

Ehrenmal ❾
Schloss Diersfordt ❿ Am Schloß 3, 46487 Wesel

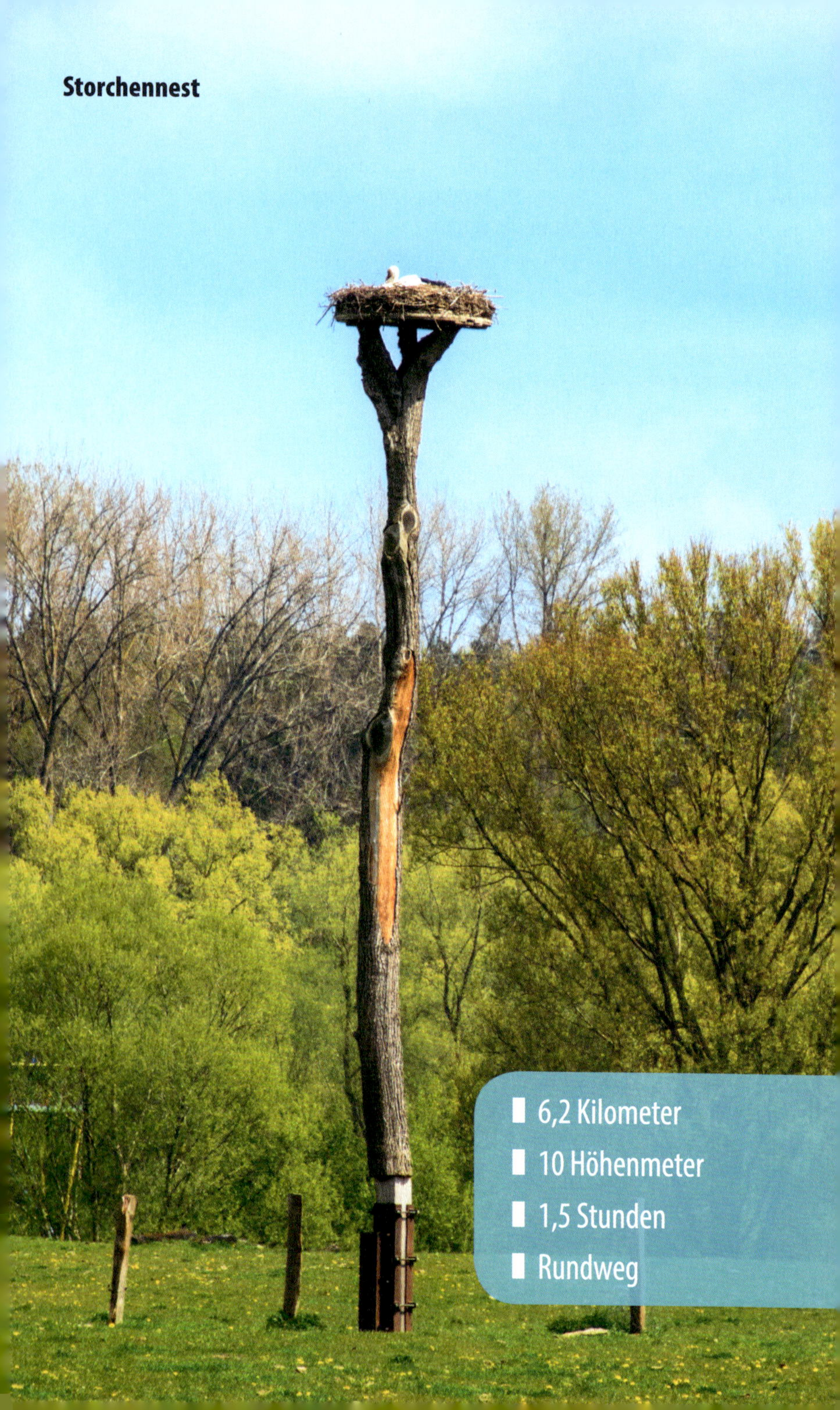

Storchennest

- 6,2 Kilometer
- 10 Höhenmeter
- 1,5 Stunden
- Rundweg

Wir starten unsere Rundwanderung am Parkplatz der **Schleuse in Datteln-Ahsen** ①. Mit Blick zu den zwei parallel stehenden Hubtoren überqueren wir den Wesel-Datteln-Kanal und beobachten dabei die Schiffsaktivitäten. Wir haben Glück und ein Kanalschiff, auch Pott genannt, fährt gerade in eine der zwei Schleusenkammern hinein.

Wir verlassen die maritime Hebebühne und orientieren uns an den magentafarbenen Wanderzeichen des Fernwanderwegs Hohe Mark Steig. Die auffälligen Wanderzeichen mit dem geschwungenen Wanderweg und stilisierten Bäumen führen uns ans andere Ufer des **Wesel-Datteln-Kanals.** Dort folgen wir links dem Wegverlauf, der uns leicht abwärts zu einer T-Kreuzung führt. Hier gehen wir rechts auf den **Uferweg** und biegen bei der nächsten Gelegenheit mit Blick auf eine weiß-rote Schranke links in das Naturschutzgebiet Lippeaue.

Dieser Weg führt uns für knapp 700 Meter weiter, bis wir wieder eine Schranke erreichen und die historische **Wasserburg Haus Vogelsang** ② erkennen. Das gelbe Gebäude mit dem markanten Eckturm ist umgeben von einem Wassergraben und bietet uns eine großartige Kulisse. Die Natur kommt hier auch nicht zu kurz und im Innenhof des Geländes lässt eine uralte Rotbuche ihre Zweige fast in den großen Teich hineinragen. Über die Wasseridylle mit seinen bezaubernden Teichrosen verläuft eine schmale Brücke, die eine charmante Verbindung zu einer kleinen Insel herstellt.

Die historische Architektur der Schleuse in Datteln-Ahsen ermöglicht seit 1931 mit zwei Schleusenkammern den Schiffen durch die Überwindung eines Höhenunterschieds von 7,50 Metern eine sichere Weiterfahrt.

Als größtes Naturschutzgebiet der Emscher-Lippe-Region und Teil des Schutzprogramms Natura 2000 bietet das Naturschutzgebiet Lippeaue vielen schutzbedürftigen Tier- und Pflanzenarten einen sicheren Rückzugsort. Bedeutend ist ebenfalls die Schutzfunktion bei Hochwasser.

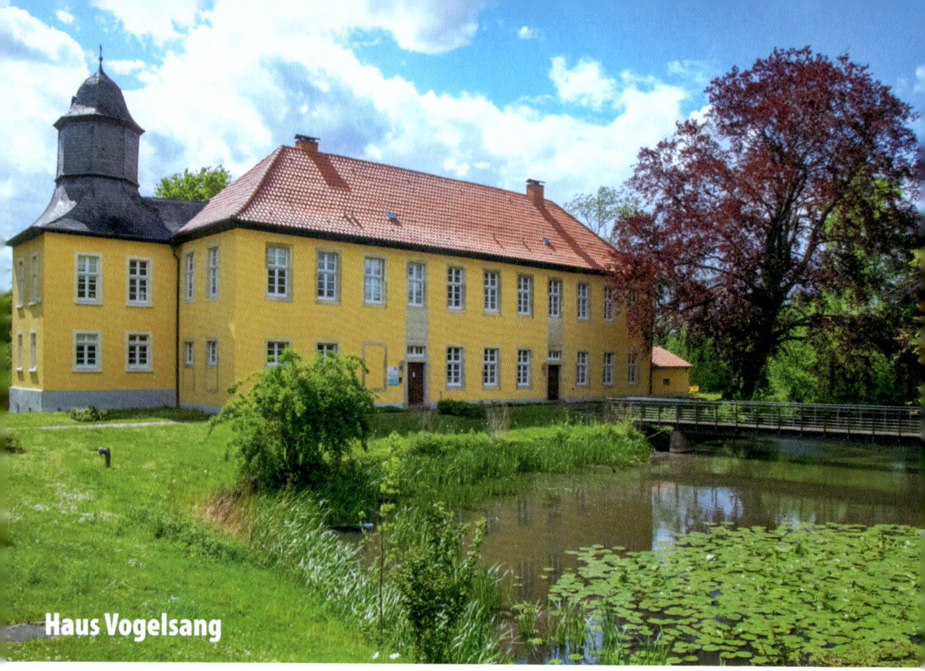

Haus Vogelsang

Wir gehen wieder bis zum Eingangstor zurück und folgen einer Linkskurve, die uns über das Gelände an gut erhaltenen Fachwerk- und Wirtschaftshäusern vorbeitapern lässt. Kurz danach passieren wir eine kleine Brücke, die uns über einen alten Bachlauf zu einem Feldweg führt. Dieser ist unsere direkte Verbindung in das sensible Naturumfeld der **Lippeaue 3**. Dabei lässt uns das offene Landschaftsgebiet weit schweifen und an dem wilden Blütenbewuchs erfreuen. „Lebe bunter" könnte hier auch das Motto heißen. Nach 200 Metern gehen wir an der Weggabelung rechts und folgen weiter den Hohe-Mark-Steig-Markierungen, bis wir nach weiteren 200 Metern eine pinkfarbene Sitzgruppierung erreichen. Wir machen eine kurze Pause und beobachten mit unserem Fernglas das **Storchennest 4** auf der gegenüberliegenden Weide. Die Familie Adebar residiert dort mittlerweile seit 2015 und ist als Frühlingsbote ein gern gesehener Gast. Mit etwas Glück ist der junge Nachwuchs gut zu erkennen. Aber auch Reiher, Schwalben und der blaue Flugdiamant, der Eisvogel, wissen diese Auenlandschaft zu schätzen. Hochlandrinder sind hier ebenfalls als natürliche Landschaftspfleger unterwegs. Wir beenden unsere anschauliche Pause und folgen an der nächsten T-Kreuzung dem markierten Weg nach rechts. Dieser gewährt uns weiterhin einen weiten Blick über die offene Landschaft, während Vater Storch sich noch mit einem kleinen Kunstflug über uns verabschiedet. Wir laufen immer geradeaus und können schon von Weitem die hohen Kiefern an ihrer orangefarbigen Spiegelrinde in der Baumschicht erkennen. Nach knapp 700 Metern erreichen wir am Waldrand eine Kreuzung und biegen nach links ab. Der teils sandige Waldpfad führt uns geradeaus bis zum nächsten Waldrand. Hier werden wir von einem leuchtenden Rapsfeld empfangen, das

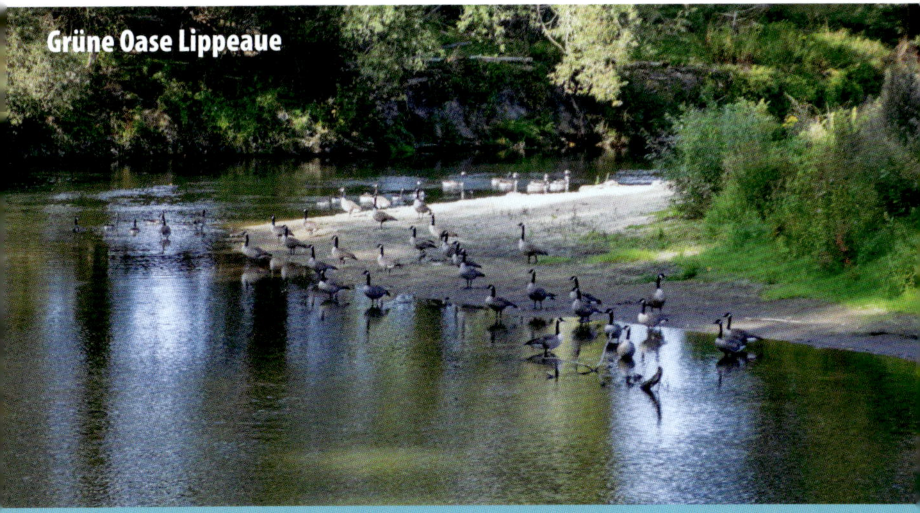
Grüne Oase Lippeaue

Für die Seele

Wir genießen die schöne Auenlandschaft mit ihrer vielfältigen Pflanzenwelt und tapern auf sonnigen Wasserwegen gemütlich am Ufer entlang.

zur Sommerzeit sein gelbes Kleid in voller Blüte trägt. Eine prächtige Augenweide für uns Wanderer und ebenfalls ein Fest für Bienen, Hummeln, Libellen und bunte Schmetterlinge. Es sind diese Momente der Vollkommenheit, die unserer Wanderseele auf diesem Streifzug guttun. Ein toller Augenblick, den wir noch etwas genießen und dann langsam dem Feldweg mit einem leichten Schlenker nach rechts folgen. Doch mit Blick auf die nahe liegende Koppel und wohl wissend, dass dort die Alpakas schon auf uns warten, wandern wir geradeaus weiter und erreichen kurz danach das eingezäunte **Alpakagelände 5.** Wir erfreuen uns an dem Anblick dieser gutmütigen und doch sehr neugierigen Tiere mit dem bezaubernden Lächeln im Gesicht.

Wir lassen das Andenflair noch ein wenig auf uns wirken und tapern langsam entlang der Koppel bis zur Weggabelung, an der wir uns links wenden und

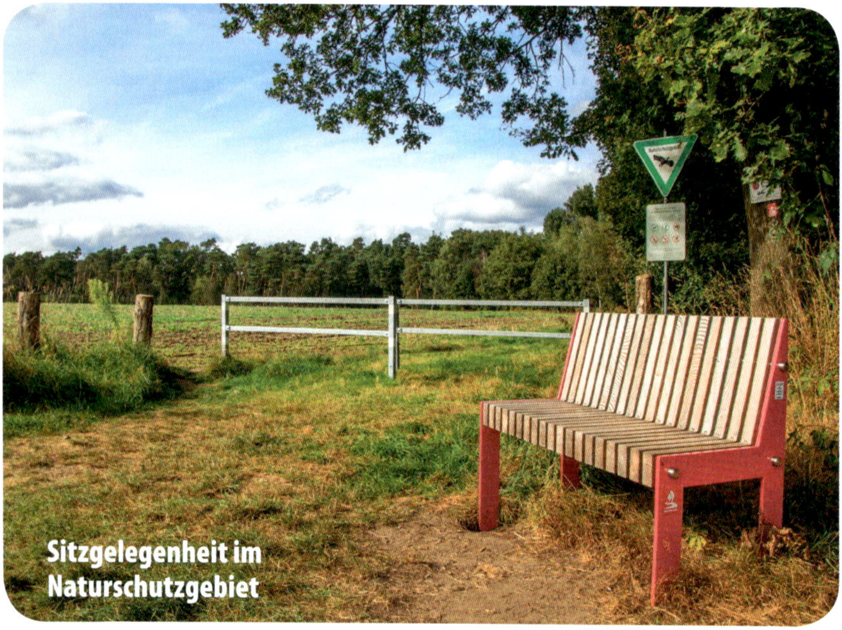

Sitzgelegenheit im Naturschutzgebiet

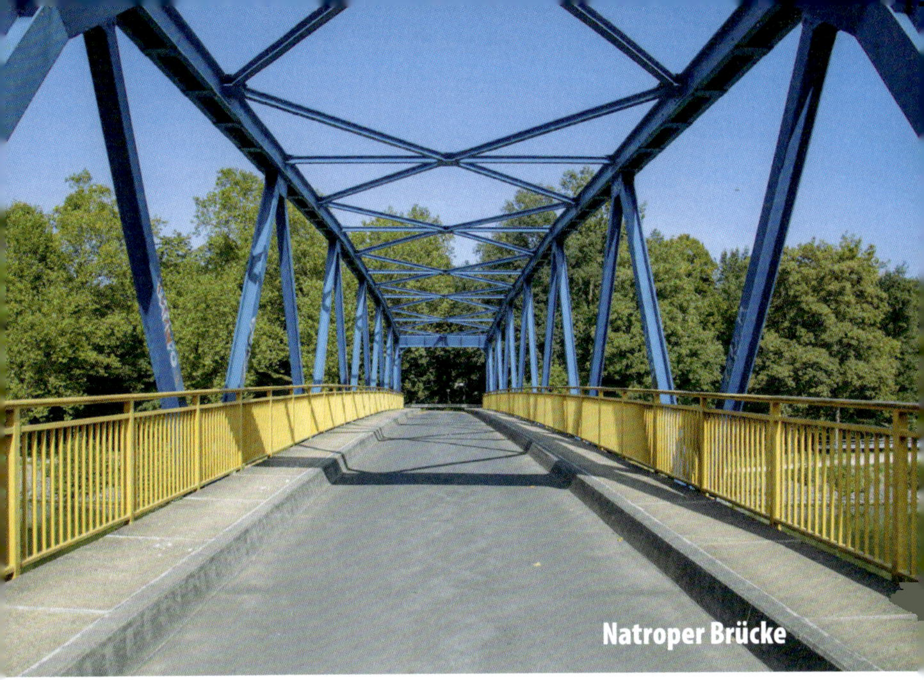

Natroper Brücke

für eine Weile immer geradeaus zwischen Bauerngestüt und Pferdekoppeln wandern. Angekommen an einer T-Kreuzung setzen wir unsere Wanderung links auf dem breiten **Uferweg** fort. Dieser führt uns leicht aufwärts zu der **Natroper Brücke 6**, die in den Farben Blau und Gelb schon von Weitem erkennbar ist. Das bunte Stahlgerüst ist unsere direkte Verbindung zur anderen Uferseite des Wesel-Datteln-Kanals. Beim Übergang nutzen wir die schönen Sichten entlang der Blickachsen in die Richtungen Dattelner Meer und Datteln-Ahsen. Die Brücke bringt uns sicher ans gegenüberliegende Ufer und wir nutzen rechts den Treppenabstieg, um zum Uferpfad zu gelangen. Unten angekommen, laufen wir entspannt an der Uferseite, mit Blick in Richtung Schleuse Datteln-Ahsen. Wir genießen das maritime Flair am Kanal, früher auch liebevoll Kumpel-Riviera genannt, und wandern gemütlich knapp 2 Kilometer am Uferweg der 60 Kilometer langen Wasserstraße. Während wir am Ufer entlangtapern, tuckern regelmäßig ein paar Pötte an uns vorbei, um sich zur Weiterfahrt zum Rhein schleusen zu lassen. Nach rund 1 Kilometer

Erfrischungstour 17

Uferweg unterqueren wir die **Klosterner Brücke** und laufen zwischen üppigen Böschungen und wilden Uferzonen. Wir wandern noch weitere 500 Meter, kommen dann sehr nahe ans Schleusengeschehen heran und erhalten eine andere Perspektive auf die Schleusenarchitektur. Der aktive Schleusenbetrieb interessiert ebenfalls eine Vielzahl von verschiedenen Vogelarten, wie Möwen, Reiher, Kormorane und Eisvögel. Denn diese können sich bei den entstehenden Wasserbewegungen auf eine frische Portion Fisch freuen. Nach weiteren 300 Metern verläuft unsere Route am Pfadende links an der Schleuse vorbei, um gleich wieder rechts entlang der Schleusenstraße zum Ausgangspunkt zu führen.

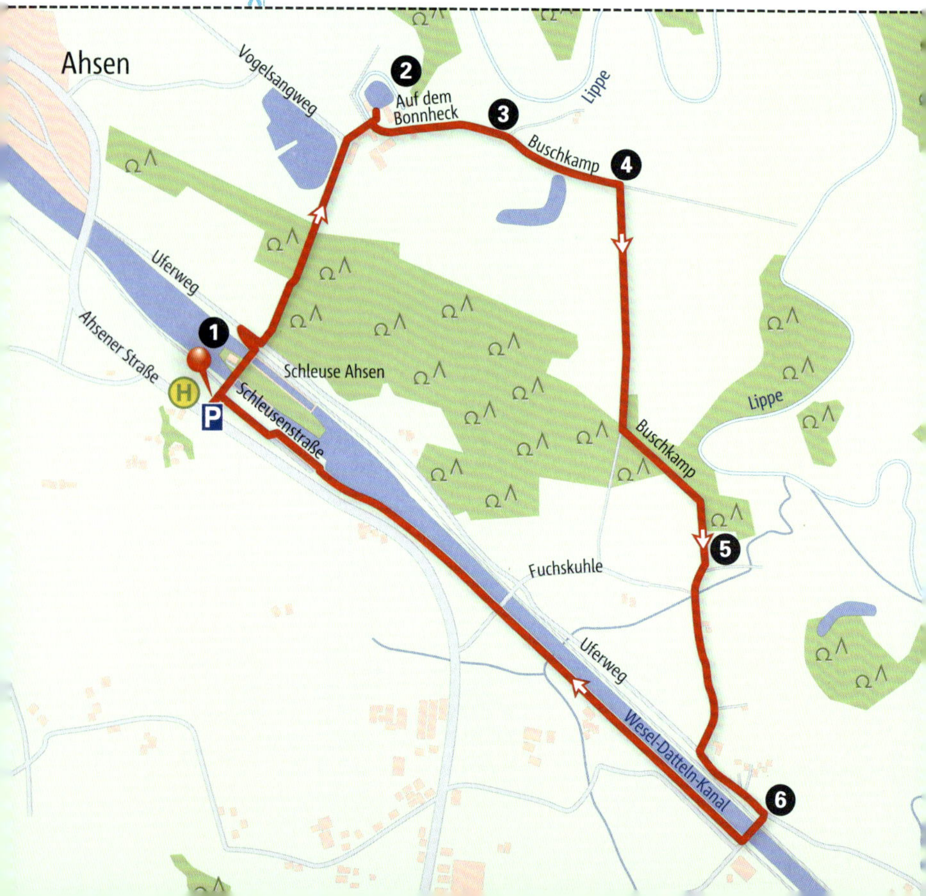

Alles auf einen Blick

WIE & WANN:
Befestigte Uferwege, teils asphaltierte Wege und Forstwege. Ganzjährig interessant.

HIN & WEG:
Auto: Parkplatz an der Schleuse Ahsen, Schleusenstraße 1, 45711 Datteln
(GPS: 51.688814, 7.318863)
ÖPNV: Bus 288E bis Schleuse Ahsen

ESSEN & ENTSPANNEN:
Selbstversorgung

ENTDECKEN & ERLEBEN:
Schleuse in Datteln-Ahsen ❶
Wasserburg Haus Vogelsang ❷ Vogelsangweg 21–23, 45711 Datteln
Lippeaue ❸
Storchennest ❹
Alpakagelände ❺
Natroper Brücke ❻

Entspannung ✱✱✱✱✱
Genuss ✱✱✱✱✱
Romantik ✱✱✱✱✱

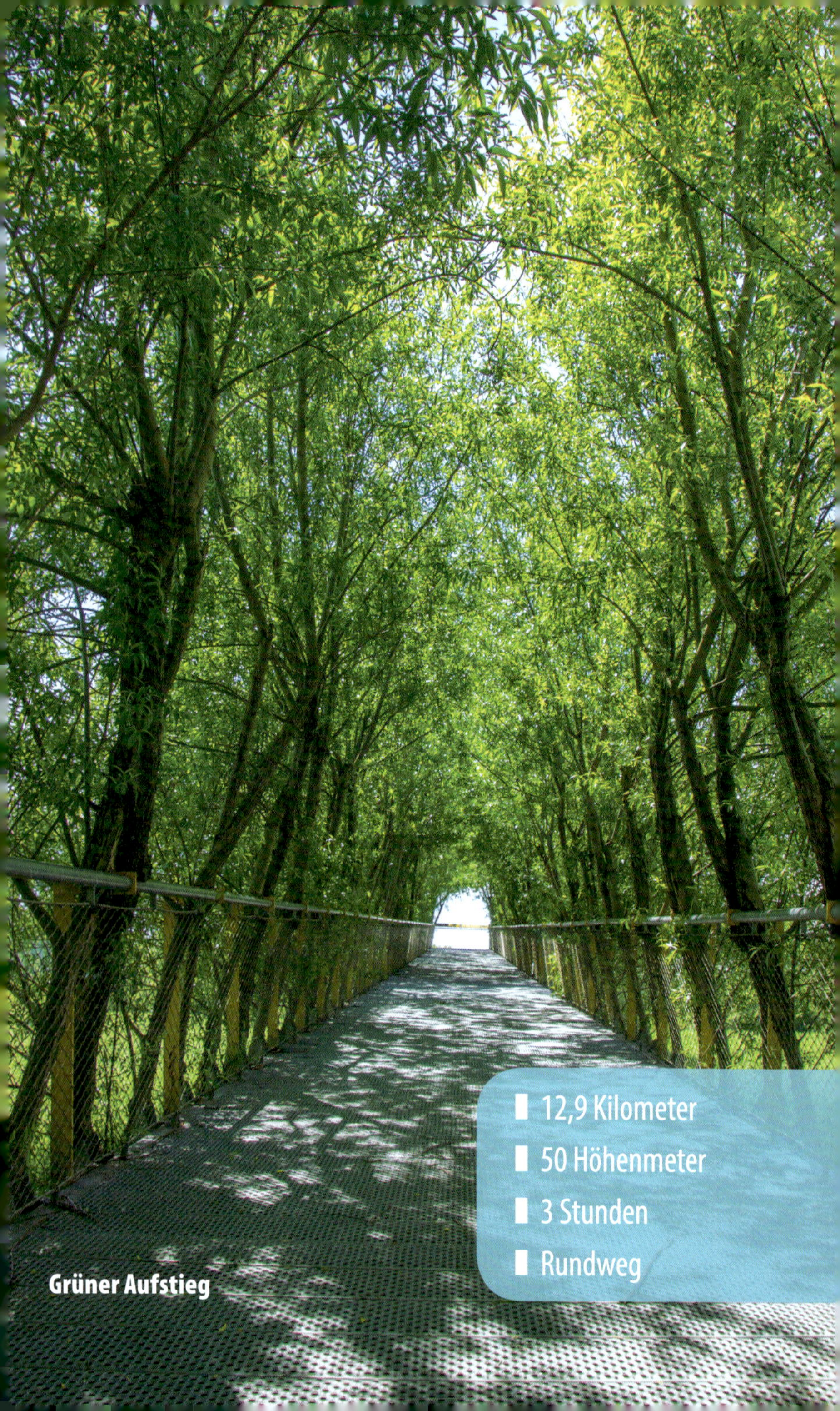

Grüner Aufstieg

Direkt vom Wanderparkplatz beginnt unser kleines Abenteuer durch das schöne 2Stromland in Olfen. Wir befinden uns am Scharnier zwischen Ruhrgebiet und Münsterland, genießen eine naturnahe Erholung und folgen dem Wanderzeichen X, das uns direkt in das Naturschutzgebiet führt. Dabei schlängeln wir uns entlang des kurvenreichen Wanderpfads, der uns parallel zur Lippe wilde Einblicke auf die entfesselte Natur eröffnet. Am Wegesrand informieren uns vereinzelt **Wissensstationen** ❶ über das **2Stromland** und die landschaftliche Entwicklung.

Dem Wegverlauf folgend unterqueren wir nach kurzer Zeit die **Dattelner Landstraße** und erhalten einen weiteren Geschmack von der Kombination Landwirtschaft und wilde Natur. Riesige Erdbeerfelder erinnern uns im Sommer daran, dass wir nach unserer Wanderung im nahen Umkreis der Bauernschaft noch Erdbeeren kaufen sollten. Wir genießen die schöne Wandertour und beobachten die zahlreichen Schmetterlinge, die von Blüte zu Blüte flattern. Hinter einem Busch auf einem Privatgelände befinden sich noch Relikte der ehemaligen **Rauschenburg** ❷. Wir bleiben auf dem Weg und akzeptieren das geschlossene Gelände und können nur erahnen, wie es zur historischen Zeit auf der Rauschenburg zuging.

Nach 600 Metern nehmen wir vorerst etwas Abstand vom Fluss und lassen uns von der Wegführung bis zu einem landwirtschaftlichen Unterstand leiten. An der T-Kreuzung laufen wir links auf die Straße

Das 2Stromland umfasst Zukunftsprojekte, welche die Flüsse Stever und Lippe im Wandel erleben lassen. Zwischen Ruhrgebiet und Münsterland eröffnen sich interessante Streckenabschnitte, bei denen der Fokus auf renaturierten Zonen liegt.

Im Jahre 1050 wurde die Rauschenburg erstmalig urkundlich erwähnt. Das ewige Rauschen der früheren Lippe-Stromschnellen bot sich möglicherweise für die Namensumgebung an. Nur noch vereinzelt erinnern Relikte an die historische Wasserburg.

Grünes Paradies

Wandern im Olfener 2Stromland

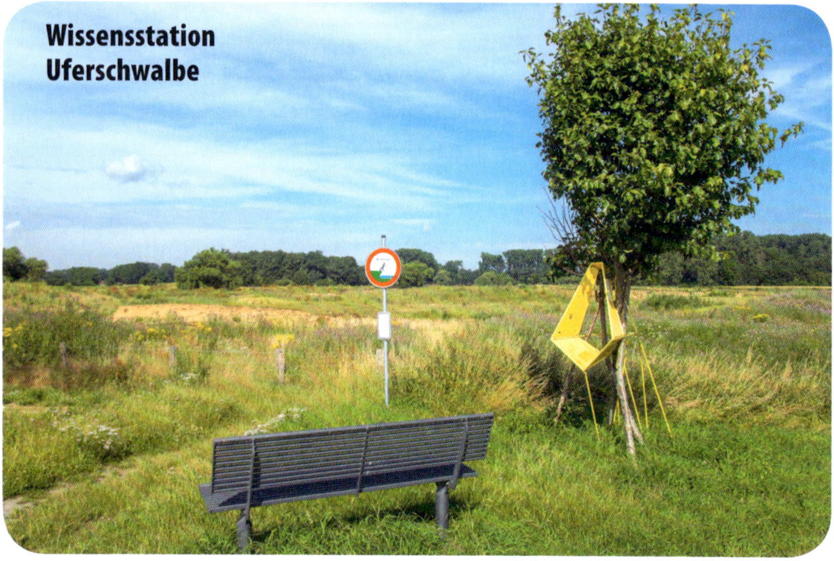

Krähenbusch entlang der X-Route weiter. Geradeaus weiter empfängt uns ein kleines Waldgebiet mit hochgewachsenen Buchen. Kurzweilig durchwandern wir diese grüne Bruderschaft und nach etwa 600 Metern achten wir linker Hand auf eine gelbe Wissensstation und ein Hinweisschild zum ausgewiesenen Naturschutzgebiet Lippeauen. Dort biegen wir links in einen Feldweg und folgen dem schlängelnden Weg, der uns wieder näher an die renaturierten Uferzonen der Lippe bringt. Wir erfreuen uns mit jedem Meter an dem abwechslungsreichen Landschaftsabschnitt und tapern entspannt durch das Naturschutzgebiet. Nach einer scharfen Rechtskurve steuern wir direkt auf eine Sitzgelegenheit einer weiteren **Wissensstation über die Uferschwalben ③** zu. Hier nutzen wir unser Fernglas und beobachten, wie die kleinen Flieger mit einer Leichtigkeit im Stakkatoflug zum Nestbau in die gut sichtbaren Steilhänge fliegen. Noch fasziniert von der kleinen Vogelart, laufen wir auf dem Feldweg bis zum nächsten Waldabschnitt weiter.

Die Uferschwalbe zählt zur Familie der Schwalben und ist die kleinste europäische Schwalbenart. Der kleine Singvogel sucht bevorzugt sandige Brutwände, um seinem Nachwuchs in kleinen Röhren einen sicheren Platz zu bereiten.

Hier gelangen wir an eine T-Kreuzung, an der wir für einen Abstecher zum Lippeufer auf dem Waldpfad nach links gehen. Die Abzweigung merken wir uns für den Rückweg. Langsam nähern wir uns dem sensiblen Schutzbereich der Flusszonen und bleiben wie bisher auch auf unserem Wanderweg. Dieser führt uns direkt durch die halboffene Landschaft bis zu einer **Aussichtskanzel über die Lippeauen** ④. Sitzbänke um die Plattform bieten ebenfalls eine Gelegenheit, um an diesem sensiblen Ort mitten in der Natur eine Pause zu machen. Uns lockt aber der Ausblick vom Ausguck ins Grüne, der uns über eine Stahltreppe durch einen dicht bewachsenen Ahorntunnel hochführt. In knapp 3 Meter Höhe genießen wir einen wundervollen Aus-

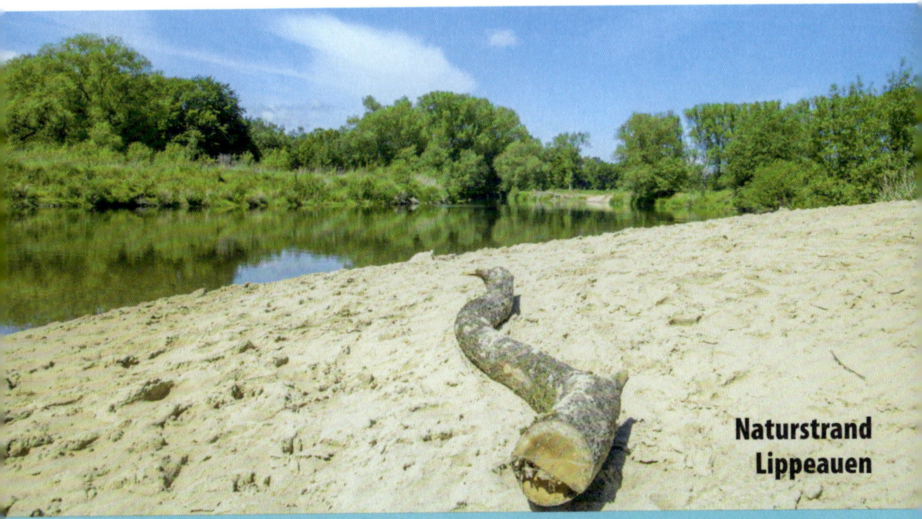

Naturstrand Lippeauen

Für die Seele

Entlang der kurvenreichen Lippe wandern wir durch eine wunderschöne Auenlandschaft und erfreuen uns an der stimmungsvollen Tier- und Pflanzenwelt.

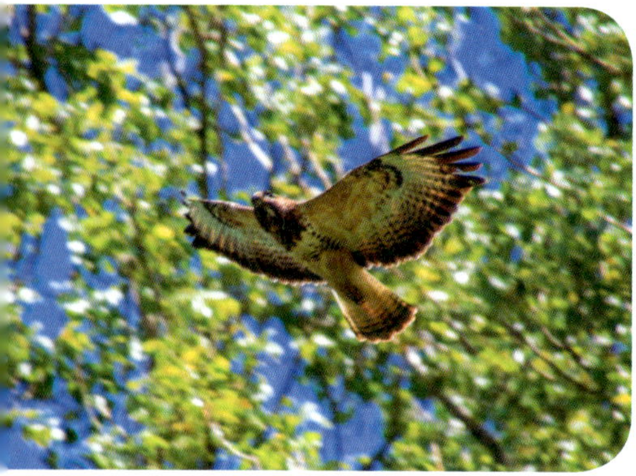

blick über das wandelnde Naturjuwel. Wir erfreuen uns noch eine Weile an dieser wilden Flusslandschaft und wandern mit schönen Eindrücken bis zur uns bekannten T-Kreuzung zurück. Dort laufen wir geradeaus auf waldigen Pfaden weiter, bis wir die Straße **Krähenbusch** erreichen. Wir wenden uns nach links und folgen dem X-Wanderzeichen, das uns kurz danach aus dem Wald herausführt und uns einen großartigen Blick auf eine uralte und als **Naturdenkmal gekennzeichnete Eiche** eröffnet. Noch vom Baumelefanten beeindruckt, laufen wir immer geradeaus auf der Route X und ignorieren dabei mögliche Abzweigungen, bis wir an einer Kreuzung links vom Krähenbusch auf den Wanderweg A1 abbiegen, der geradewegs in den Wald führt. Wir tapern gemütlich durchs Grüne und genießen dabei die wohltuende Atmosphäre des Waldes. Tief durchatmen bitte! An der nächsten Kreuzung gehen wir links auf dem Wanderpfad weiter, der uns knapp 500 Meter bis zu einer Wegkreuzung führt. Normalerweise würden wir rechts auf einen schmalen Waldpfad abbiegen, aber es ist Zeit für ein weiteren Abstecher. Wir merken uns diesen Punkt und wandern links auf dem Weg zwischen hohen Lärchen und Kiefern zur **Lippeschleife.** Der Wald wird nach 30 Metern deutlich lichter und lässt seinen Vorhang für einen Besuch in einer grünen Oase fallen. Angekommen mitten im Herzen der Natur, lockt uns eine weitere **Aussichtsplattform auf die Lippeschleife 5**. Die auffällige Metallkonstruktion wird noch von gelben Stahlträgern gehalten und nach und nach von heranwachsenden Silberweiden abgelöst. Oben angekommen, erhalten wir einen Blick durch die baubotanische Brille. Dabei sehen wir die wilde Fließgeschwindigkeit der Lippe sowie einige Hochlandrinder, die gemütlich am Uferrand ihren Job als Landschaftspfleger ausführen. Wir machen eine kurze Pause, verweilen auf den hohen Sitzbänken des Ausgucks und lassen die wohltuende Natur auf uns wirken. In guter Stimmung gehen wir durch den Tunnel der Zukunft zu der uns bekannten Kreuzung zurück. Hier sind wir achtsam und laufen erst kurz links, dann wieder scharf rechts und direkt danach links auf dem schmalen Waldpfad weiter. Immer geradeaus geht es über teils sandigen Boden leicht bergauf und wieder bergab. Auch die nächste Kreuzung überqueren wir geradeaus und folgen dem Waldweg, der uns bis zu einer T-Kreuzung führt, um rechts auf dem Weg für weitere 500 Meter am Waldrand entlangzulaufen. An eine Gabelung ankommend, ignorieren wir den Weg nach rechts und folgen für eine kurze Weile der A1-Markierung. Wir bleiben auf dem Hauptweg und verlassen diesen auch dann nicht, wenn wir an einer erneuten Gabelung vorbeikommen. Nach 200 Metern überqueren wir gerade-

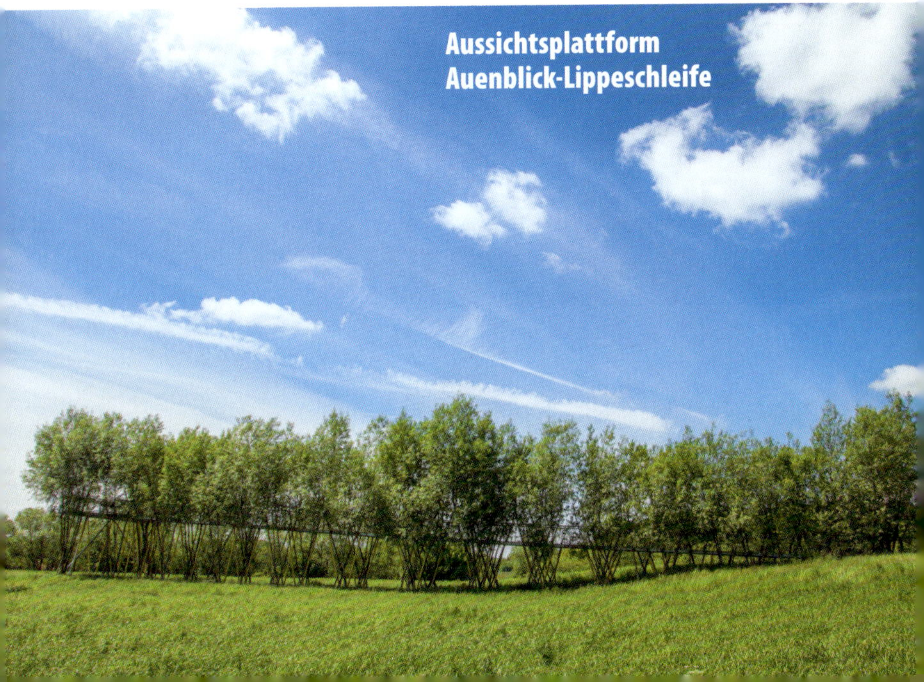

aus eine Kreuzung, wobei der Waldweg der asphaltierten Straße **Hohe Lüchte** weicht. Diese lässt uns nach weiteren 300 Metern nach rechts auf einem Feldweg an einer Sitzbank vorbei abbiegen. Wir durchlaufen Felder und Wiesen einer Bauernschaft und nach knapp 1,3 Kilometern wird aus dem Feldweg eine asphaltierte Straße, die uns zu einer T-Kreuzung führt. Wir biegen links auf die Straße **Schaafhausen** ab und folgen für knapp 400 Meter dem Straßenverlauf, bis wir wieder eine T-Kreuzung erreichen. Rechts an einer Pferdekoppel vorbei gelangen wir geradeaus zur **Dattelner Landstraße.** Für knapp 100 Meter gehen wir links die Hauptstraße entlang und achten auf der anderen Seite auf einen Feldweg. Wir überqueren achtsam die gut befahrene Straße, um auf dem gegenüberliegenden Feldweg **Gühlers Busch** unsere Tour geradeaus fortzusetzen. Es bleibt weiter ländlich und wir erkennen mit weitem Blick den Kirchturm von **St. Vitus** der Stadt Olfen. Diese Kirche wurde im gotischen Stile nach den

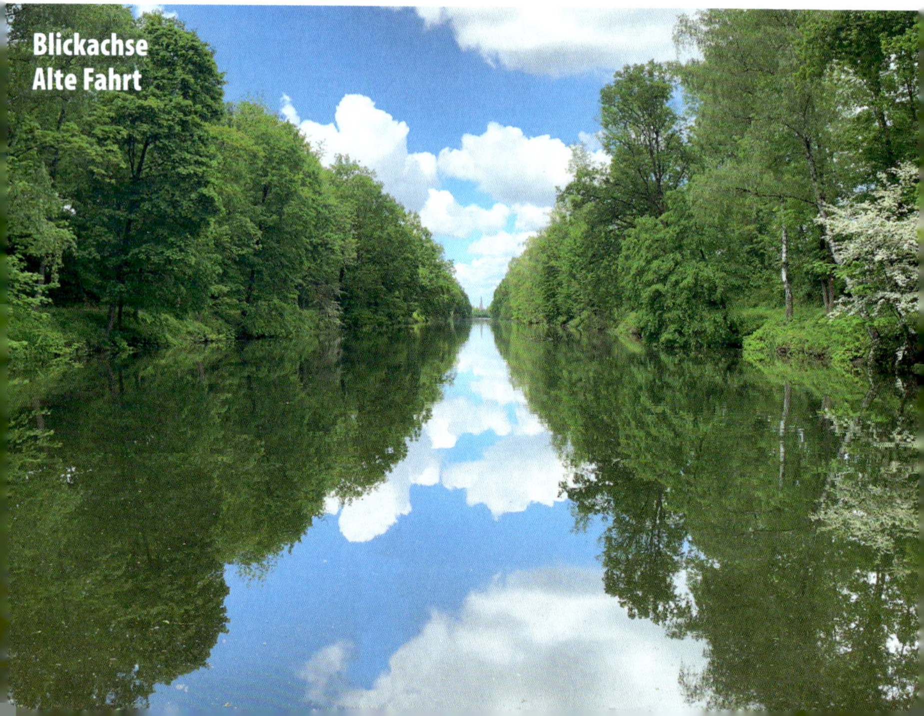

Blickachse Alte Fahrt

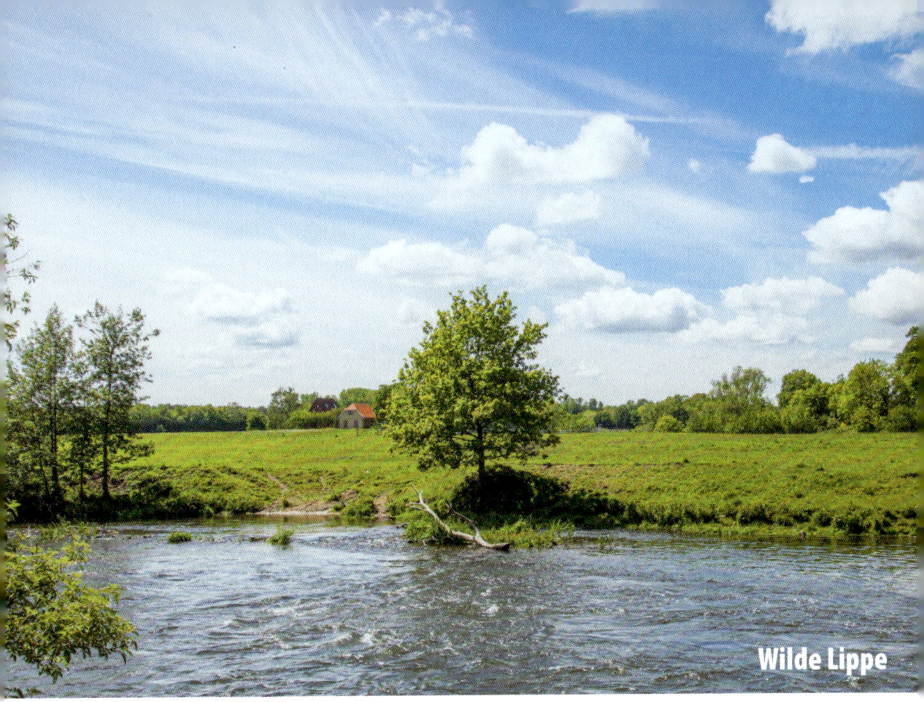

Plänen des Architekten Hilger Hertel erbaut. Auf diesem Streckenabschnitt laufen wir immer geradeaus und genießen das tolle Panorama, bis wir nach knapp 800 Metern erneut eine T-Kreuzung und die sogenannte **Alte Fahrt 6** erreichen.

An dieser Kreuzung lädt uns eine Sitzbank unter einer alten Eiche ein und spendet uns im Sommer kühlenden Schatten. Eine gute Gelegenheit, um dem Proviant aus dem Rucksack mehr Aufmerksamkeit zu widmen. Ausgeruht geht es links in Richtung Olfen parallel zur Alten Fahrt weiter, bis wir eine Kreuzung erreichen, um dort rechts das stillgelegte Gewässer zu überqueren. Die schöne Sicht über die Blickachse der Alten Fahrt und auf die Spiegelung des Kirchturms von St. Vitus im Wasser bietet uns ein schönes Fotomotiv. Gelassen wandern wir zur anderen Uferseite, biegen rechts ab und folgen den auffälligen Wanderzeichen des Hohe Mark Steigs. Im Sommer erhalten wir durch die anliegende Baumvegetation einen grünen Tunnelblick und können viele Vogelarten in den dichten Schutzzonen am Uferrand

Die Alte Fahrt ist ein stillgelegter Abschnitt des Dortmund-Ems-Kanals und verbindet die Städte Datteln und Olfen. Die Strecke entlang der Uferwege ist zu einem beliebten Rad- und Wanderweg für Erholungssuchende geworden.

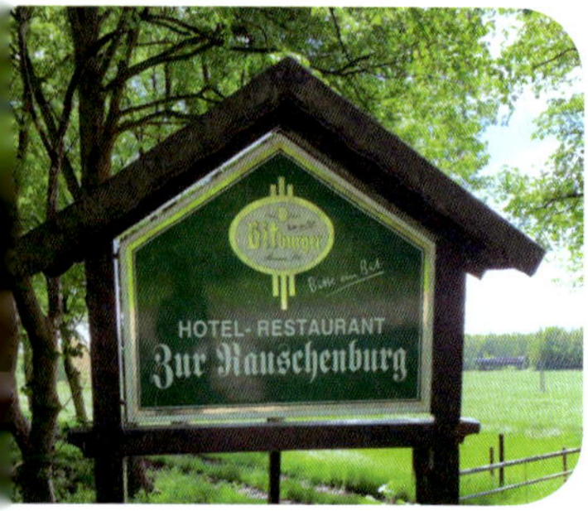

beobachten. Weiter entlang des Ufers unterqueren wir nach rund 400 Metern eine alte Stahlbrücke, bis wir nach weiteren 300 Metern einen Übergang zur anderen Uferseite erreichen. Am anderen Ufer angekommen, gehen wir landeinwärts weiter geradeaus auf die Straße **Lehmhegge,** die uns zum Abschluss unserer Wanderung entlang der X-Markierung durch eine halboffene Landschaft führt. Der Wegverlauf ist auch hier eindeutig und von Weitem erkennen wir schon linker Hand das **Restaurant Zur Rauschenburg** 7 und damit unser Ausgangsziel. Im Biergarten der Rauschenburg lassen wir noch einmal unsere Wanderung Revue passieren.

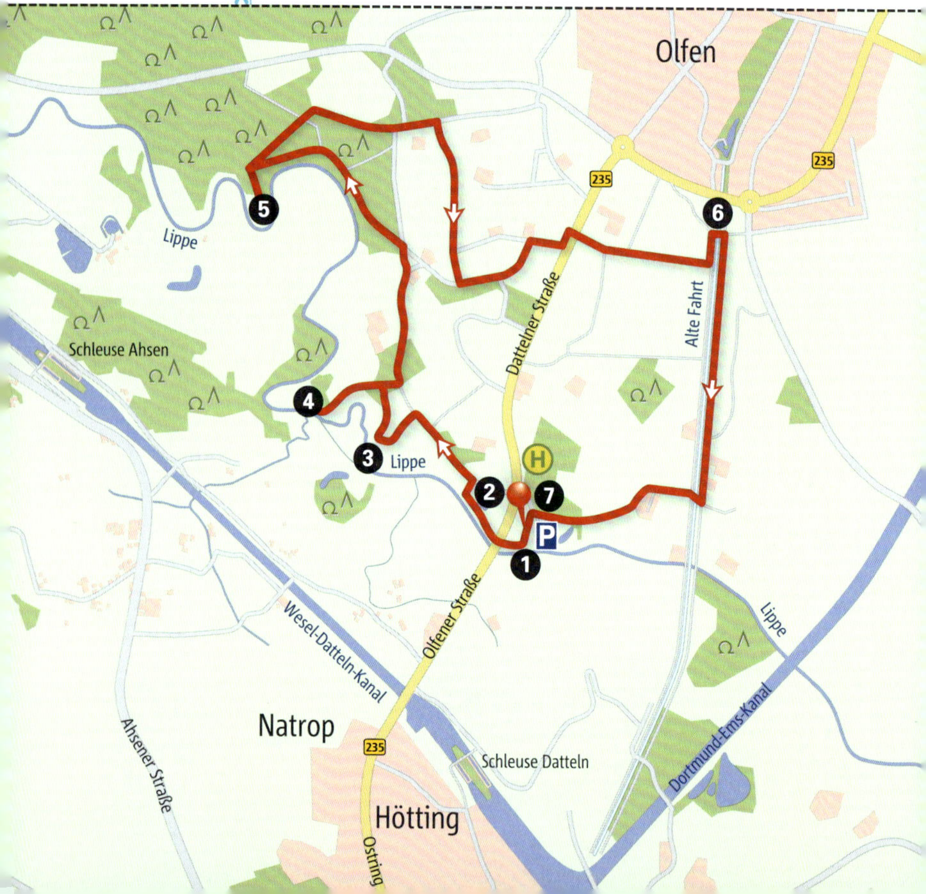

Alles auf einen Blick

WIE & WANN:
Schöne Naturpfade, teils asphaltierte und unbefestigte Wege.
Ganzjährig interessant.

HIN & WEG:
Auto: Wanderparkplatz, Lehmhegge, 59399 Olfen (Nähe Restaurant Zur Rauschenburg)
(GPS: 51.681784, 7.362486)
ÖPNV: Bus S91 bis An der Rauschenburg

ESSEN & ENTSPANNEN:
Restaurant Zur Rauschenburg ❼ Lehmhegge 22, 59399 Olfen, Tel. (0 23 63) 3 19 11,
www.hotel-rauschenburg.de

ENTDECKEN & ERLEBEN:
Wissensstation 2Stromland ❶
Relikte der Rauschenburg ❷
Wissensstation Uferschwalben ❸
Aussichtskanzel Lippeauen ❹
Aussichtsplattform Lippeschleife ❺
Alte Fahrt ❻

Entspannung ✱✱✱✱✱
Genuss ✱✱✱✱
Romantik ✱✱✱

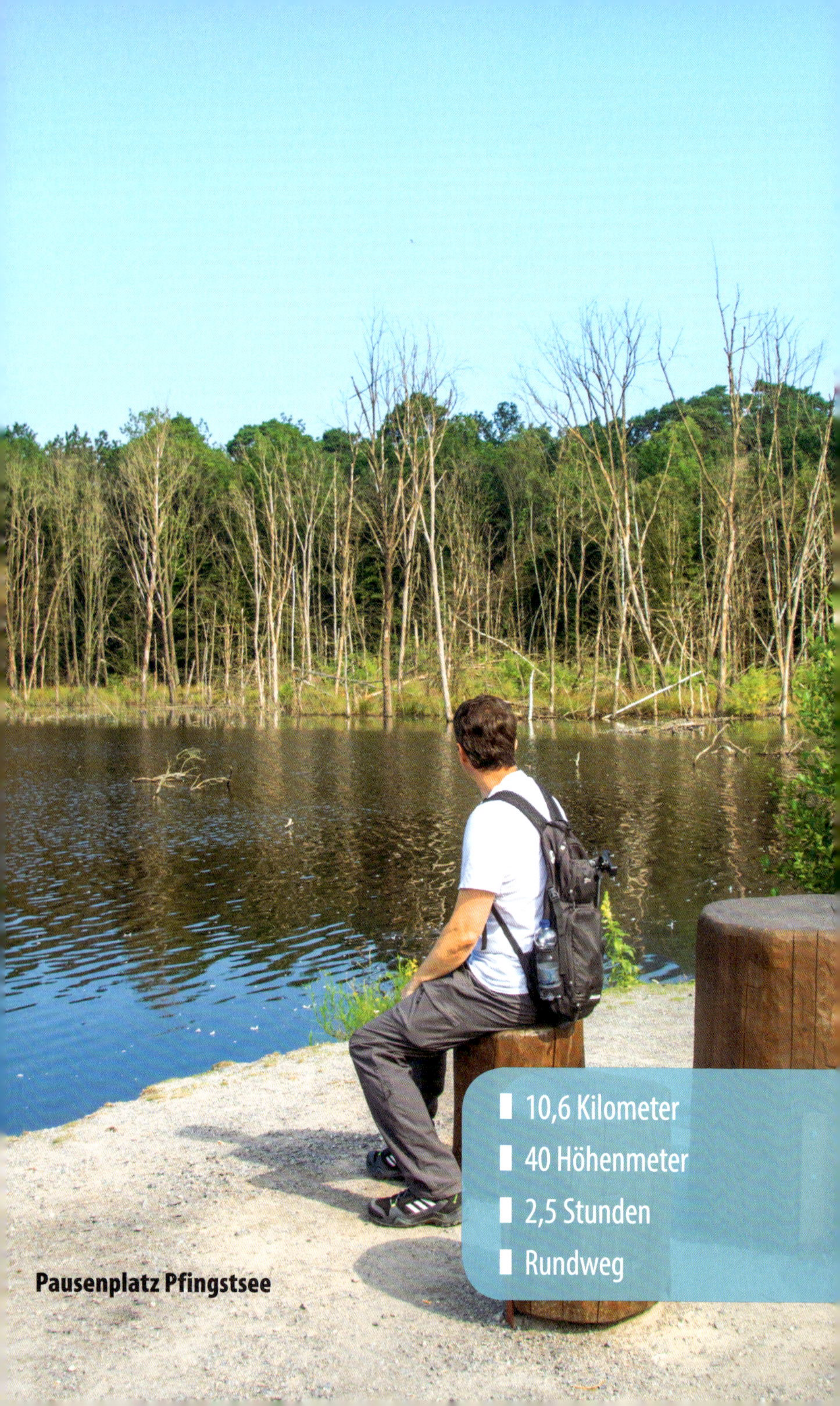

Pausenplatz Pfingstsee

Wir nehmen für diese Tour ein Fernglas mit. Vom Parkplatz starten wir direkt unsere Wanderung in das Waldgebiet und folgen auf einem breiten Forstweg der X11-Markierung. Dabei ignorieren wir immer mal Nebenwege, bleiben entsprechend auf dem Hauptweg der X-Achse und wandern durch eine abwechslungsreiche und im Sommer blühende Baum- und Pflanzenvegetation. Das satte Grün und der fröhliche Gesang der gefiederten Waldbewohner gleich zu Anfang unserer Tour bringen uns in angenehme Wanderstimmung. Der gut ausgebaute Weg führt uns nach 670 Metern zu einer Kreuzung. Dort wenden wir uns nach links und folgen weiterhin der X-Markierung, die uns nach 300 Metern zu einer weiteren Kreuzung bringt. Hier verlassen wir vorerst den markierten Weg und wandern rechts auf dem breiten Forstweg immer geradeaus. Schon nach ein paar Metern erreichen wir eine Weggabelung, die uns eine wunderschöne Aussicht auf den **Heidesee** 1 eröffnet.

Wir zweigen links ab und wandern entlang der Uferzonen des Heidesees. Dabei genießen wir für 700 Meter das maritime Flair, bis wir an einer Kreuzung den Weg links in den Laubwald hinein weiterverfolgen. Die Wegführung bringt uns nach etwa 120 Metern zu einer T-Kreuzung, auf der wir nach links abbiegen und auf breitem Schotterweg geradeaus laufen. Die offene Landschaft des Naturschutzgebiets der Kirchheller Heide eröffnet uns weite Blicke über die grüne Weidelandschaft. Es ist schon beeindruckend,

Durch Bergsenkungen hat sich die Kirchheller Heide mit der Zeit verändert. Die Heidelandschaft ist zum größten Teil durch die Aufforstung von Mischwäldern gewichen, ein wichtiger Lebensraum für die Tier- und Pflanzenwelt ist so entstanden.

Pure Erholung

Kirchheller Heide in Bottrop

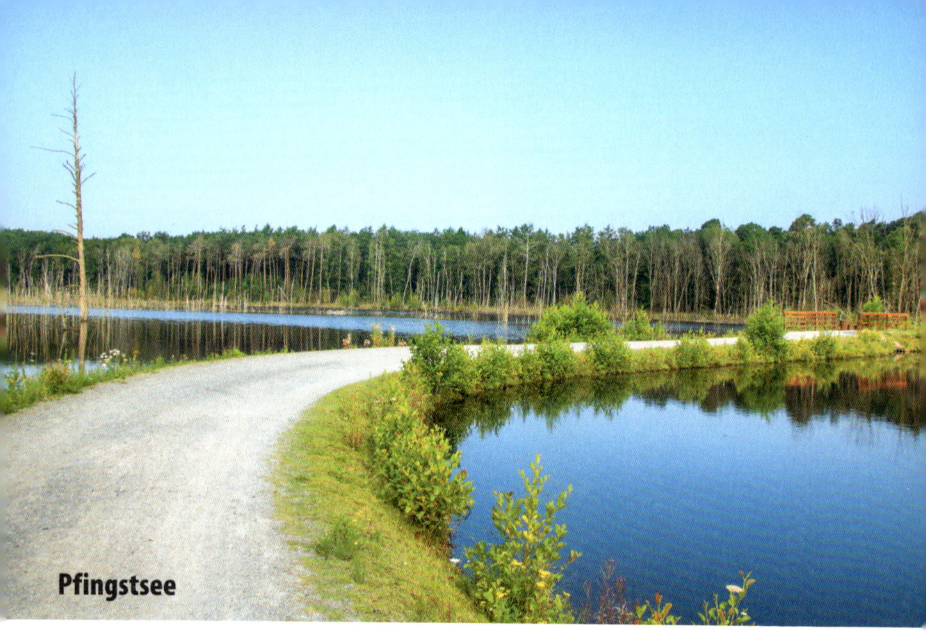

Pfingstsee

was für ein wunderschönes Landschaftsbild in seiner botanischen Vielfältigkeit hier entstanden ist. Und mit 2000 Hektar ist die Kirchheller Heide ein wichtiger Baustein des Naturparks Hohe Mark, der mit seinen zahlreichen Rad- und Wanderwegen ein attraktives Naherholungsgebiet darstellt.

Nach knapp 400 Metern teilt sich der Weg, wir folgen dem geschotterten Pfad weiter geradeaus, wenig später biegen wir an einer Kreuzung rechts auf den Wanderweg A8 ab und folgen dem Weg, der uns nach 350 Metern zum **Pfingstsee** ❷ bringt. Die mystisch wirkende Wasserlandschaft entstand durch Bergsenkungen, durch die aus dem Elsbach ein Elsbachsee wurde, der nun den Namen Pfingstsee trägt. Ein atemberaubendes Kleinod ist so entstanden, dass uns in Staunen versetzt. Wir genießen unsere Wanderung durch diesen Abschnitt in vollen Zügen. Ein künstlich angelegter und begehbarer Damm teilt den See und dient als Trasse, die uns quer über den Pfingstsee zu einem kleinen Rastplatz bringt. Direkt am Ufer haben wir eine beeindruckende Aussicht auf die idyllische Seelandschaft und beobachten Reiher, Blesshühner, Libellen sowie andere Tierarten. Die urigen Baumgestalten, die aus dem

Wasser zum Teil herausragen, bieten einen sicheren Unterschlupf für verschiedene Vogelarten. Genussvoll beenden wir unsere Pause, lassen unsere Gedanken noch ein wenig an diesem schönen Ort mitten im Ruhrgebiet schwelgen und folgen dem weiteren Wegverlauf bis zur nächsten T-Kreuzung. Dort biegen wir links ab und folgen dem Wanderweg mit den Markierungen A3/A8/X11. Der gut ausgebaute Weg führt uns geradeaus, bis wir an einem Wegweiser ankommen, dessen Hinweis wir fast nicht glauben können. In der Nähe befindet sich der **Weihnachtssee.** Wohlwissend, dass wir an diese Stelle wieder zurückkehren, um unsere Wanderung fortzusetzen, machen wir einen kurzen Abstecher zur nahe liegenden Beobachtungshütte. Der schmale Weg ist kurz und wir erkennen schon von Weitem die **Aussichtsplattform ③.** Diese gewährt uns schöne Einblicke in eine wundervolle Naturoase und lässt uns ganz still werden. Mit etwas Glück entdecken wir einen Eisvogel, der sich für seine Jagd einen alten Baum als Ansitz ausgesucht hat. Aber auch andere Vogelarten und Insekten lassen sich beobachten. Die kleine Auenlandschaft hat ihren Ursprung im aufgestauten Schwarzbach und ist ebenfalls durch Bergsenkungen und, wie schon vermutet, an Weihnachten entstanden. Eine großartige Entwicklung, die zeigt, wie wandlungsfähig doch das Ruhrgebiet sein kann. Eine Schatztruhe über Tage.

Der Weihnachtssee ist im Jahr 2001 durch Bergsenkung und Aufstauung des Schwarzbachs entstanden. Seitdem entwickelt sich auf natürliche Weise ein besonderes Naturparadies, das für den Eisvogel ein bevorzugtes Revier für den Fischfang ist.

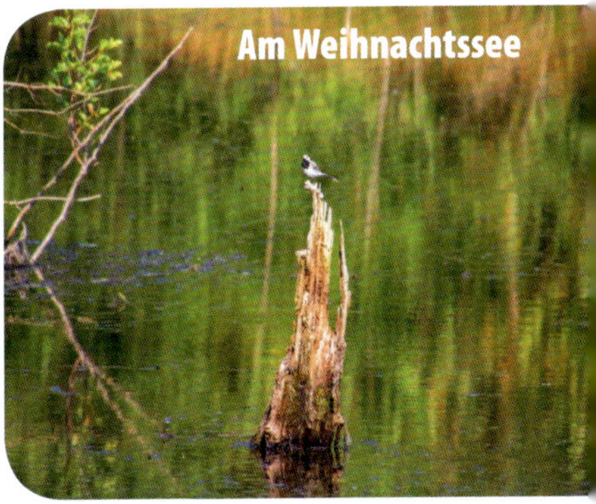
Am Weihnachtssee

Für die Seele

Mit viel Wanderfreude erkunden wir kleine Naturparadiese, die durch Bergsenkungen entstanden sind.

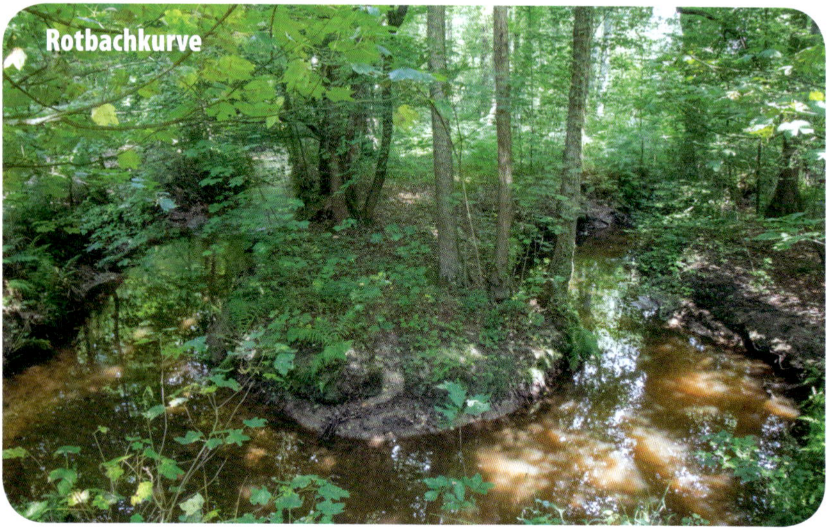

Wir beenden unsere beeindruckende Ruhepause, lassen die Beobachtungshütte hinter uns und gehen zum Ausgangspunkt zurück. Mit interessantem Hintergrundwissen geht es beflügelt auf dem Wanderweg rechts entlang der A3/X11-Markierung weiter. Wir wandern eine Weile geradeaus, erkennen nach 500 Metern ein Hinweisschild in Richtung der Sträterei und überqueren geradeaus den unscheinbaren Elsbach. Wir bleiben weiterhin auf dem Hauptweg mit der A3/X11-Markierung und laufen geradeaus in Richtung der **Sträterei.** Für 1,3 Kilometer genießen wir die halboffene Landschaft mit weiten Blicken über Felder und Wiesen, bis wir eine T-Kreuzung erreichen, an der wir rechts auf einen breiten Forstweg abbiegen. Wir wandern auf diesem Abschnitt mit den Markierungen A4/6/X weiter und schon nach 240 Metern erkennen wir linker Hand eine Abzweigung, die uns links auf einen schmalen Weg ins herrliche Rotbachtal führt.

Das rotbräunlich schimmernde Wasser entsteht durch den eisenhaltigen Sanduntergrund, der auch Namensgeber des Rotbachs ist. Die Uferbereiche des 21,9 Kilometer langen Bachs, der in den Rhein mündet, bilden wichtige Schutzzonen für die Tier- und Pflanzenwelt.

Unser Einstieg ins wunderschöne Rotbachtal führt über eine kleine Holzbrücke, die wir nutzen, um links entlang des Ufers am **Rotbach** ④ zu laufen. Wir genießen nun für 3 Kilometer eine traumhafte Strecke entlang des sich schlängelnden Rotbachs. Der parallel verlaufende natürliche Waldweg fordert dennoch an der ein oder anderen Stelle unsere Aufmerksamkeit. Denn auch wenn der Weg ab und an mal rechts abzweigt, bleiben wir meist in Sichtkontakt mit dem idyllisch fließenden Fluss. Ab und an gehen wir auf kurze Distanz zum Verlauf, doch die Wegführung bringt uns schnell wieder mit unserer Bachlaufliebe zusammen. Auch Forstwege, die nach links oder rechts führen, ignorieren wir auf unserem Waldpfad und laufen weiter parallel zum Rotbach, zwar verschnörkelt, doch meist immer geradeaus. Kleine Mulden und Wurzelgebilde überwinden wir mit festem Schuhwerk problemlos. Die beruhigende Fließgeschwindigkeit des Bachs wirkt sich wohltuend auf unsere Entschleunigung aus. Bäume, Tiere, Pflanzen bringen uns in Einklang mit der Natur, die uns in ihren Bann gezogen hat. Ein Sehnsuchtsort, wie er im Buche steht. Vogelarten wie der Eisvogel, der Buntspecht oder auch Amphibien wie der Feuersalamander

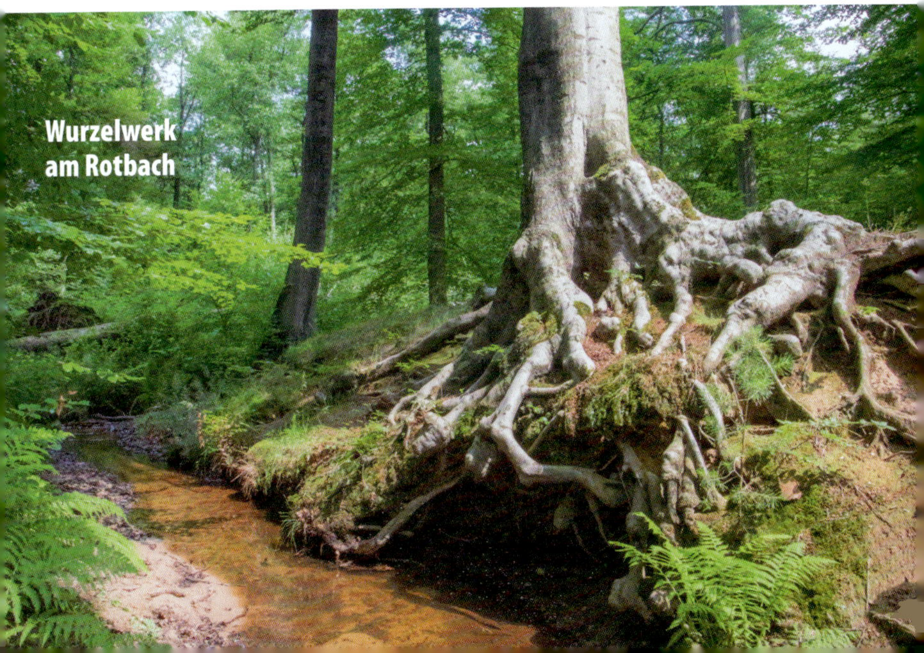

Wurzelwerk am Rotbach

wissen ebenfalls diese wertvolle Schutzzone zu schätzen. Automatisch passen wir unsere Laufbewegungen dem kurvenreichen Bachverlauf an, kommen nach etwas über 3 Kilometern an einer T-Kreuzung an und verlassen mit einem Schwenker nach links die zauberhafte Welt des Rotbachtals. Wir folgen der Markierung A6 und wandern noch knapp 300 Meter der Wegführung des Forstwegs entlang, bis wir rechts auf dem uns vom Anfang bekannten Rotbachtalweg gehen und langsam unser Ausgangsziel, den Wanderparkplatz, wieder erreichen. Zum Abschluss unserer Wanderung machen wir für eine Stärkung noch einen Abstecher zum **Landhaus Zum Alten Brunnen** 5, das in knapp 2 Minuten Fußweg erreichbar ist.

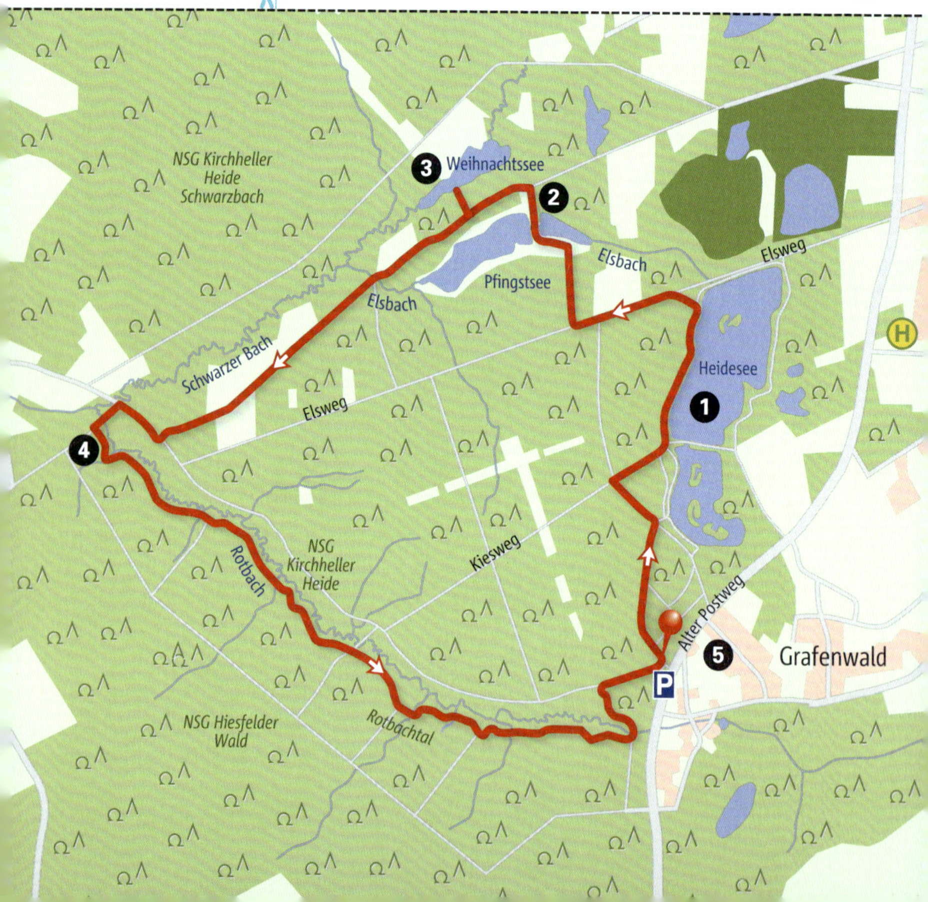

Alles auf einen Blick

WIE & WANN:
Schöne Naturpfade, Forstwege, teils unbefestigte Pfade.
Zu jeder Jahreszeit empfehlenswert. Fernglas einstecken.

HIN & WEG:
Auto: Parkplatz an der Ecke Rotbachtal/Alter Postweg, 46244 Bottrop
(GPS: 51.569722, 6.871969)
ÖPNV: Taxi-Bus 269 bis Am Schleitkamp (Fußweg 10 Minuten)

ESSEN & ENTSPANNEN:
Landhaus Zum Alten Brunnen ❺ Alter Postweg 103, 46244 Bottrop,
Tel. (0 20 45) 41 47 19, www.zumaltenbrunnenbottrop.de

ENTDECKEN & ERLEBEN:
Heidesee ❶
Pfingstsee ❷
Aussichtsplattform Weihnachtssee ❸
Rotbach ❹

Entspannung ✱✱✱✱✱
Genuss ✱✱✱✱✱
Romantik ✱✱✱✱✱

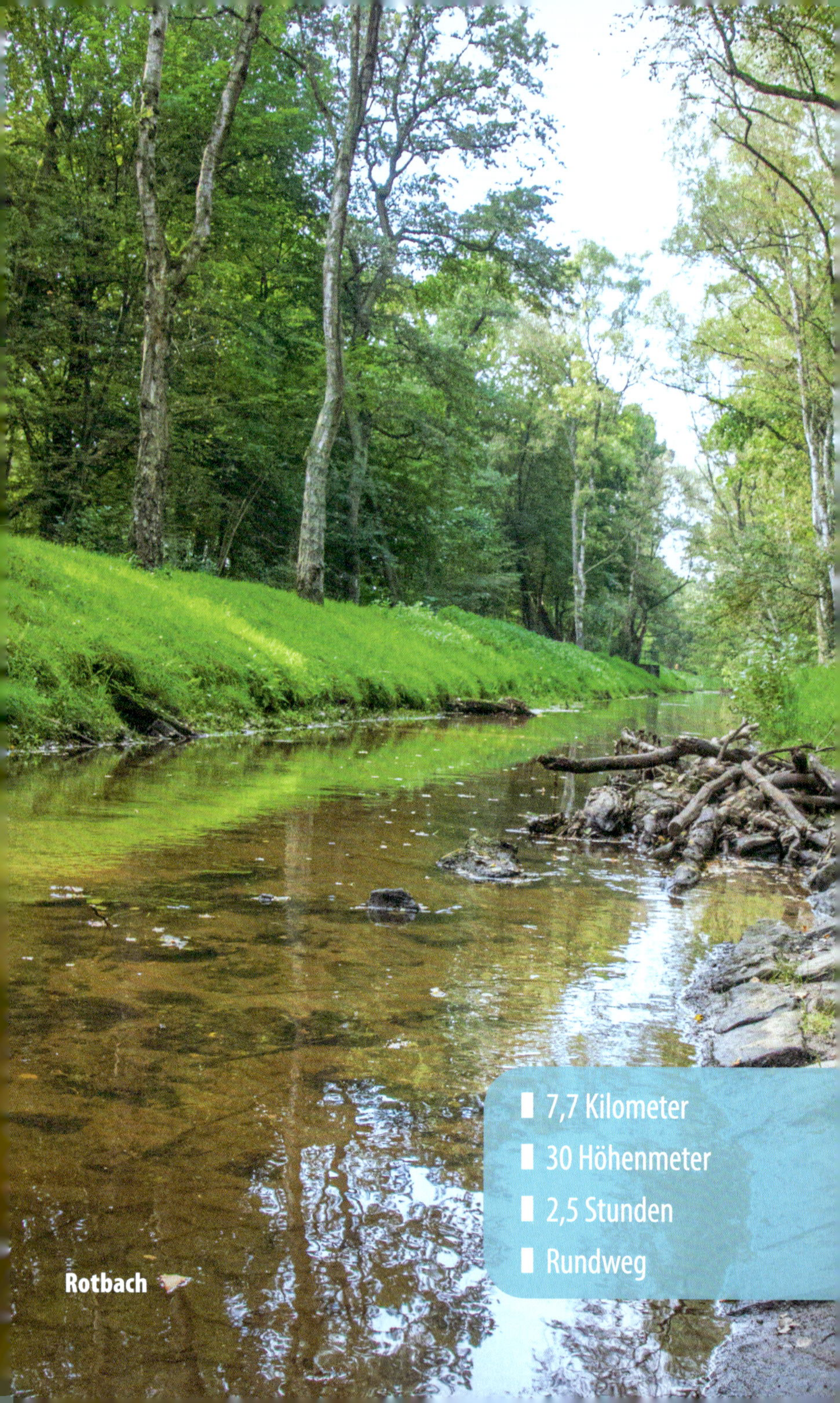
7,7 Kilometer
30 Höhenmeter
2,5 Stunden
Rundweg
Rotbach

Unsere Auszeit beginnen wir direkt am Parkplatz und folgen mit Blick auf den Rotbach links dem mit X gekennzeichneten Weg. Den idyllischen Bachlauf nehmen wir anfangs nur unscheinbar wahr, denn die üppige Vegetation wirft im Sommer schützend ihr grünes Kleid über den mäandernden Bachverlauf. Wir wandern parallel neben unserem stillen Begleiter und genießen den offenen Landschaftsblick über Felder, Wiesen und weiträumige Pferdekoppeln. Nach rund 560 Metern überqueren wir an einer Kreuzung geradeaus die Straße **Hinter den Kämpen** und folgen dem auffälligen Hinweisschild **Rotbachweg.** Gut gelaunt wandern wir zwischen prächtigen Birken und Pappeln, die mit ihrem hochgewachsenen Erscheinungsbild gefühlt den Himmel berühren. Nach einigen Metern gewähren uns die Böschungen einen offenen Blick auf den ruhig fließenden **Rotbach** ❶.

Wir wollen mehr von dieser Idylle sehen und erhalten nach knapp 200 Metern an einer Abzweigung die Möglichkeit, nahe an die Uferzonen zu gelangen. Dafür verlassen wir vorerst den Hauptweg mit der X- und A1-Markierung und biegen rechts auf einen schmalen Trampelpfad ab. Der Naturpfad lässt unserer Bachlaufliebe freien Lauf und nimmt uns mit auf eine romantische Reise entlang des Wassers. Wir genießen diese wunderschöne Naturidylle und tapern so lange am Uferbereich, bis wir vor einer **Holzbrücke** stehen. Bevor wir unseren Weg entlang des Rotbachs fortsetzen, nutzen wir die Gelegenheit und genießen

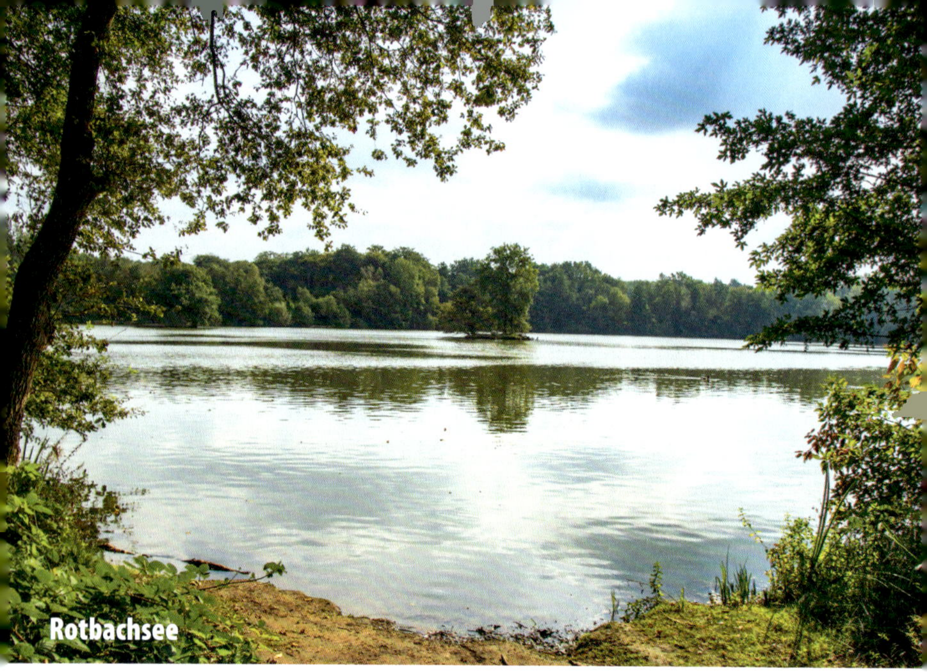

von der Brücke den Blick entlang des romantischen Bachverlaufs. Wir wandern weiter auf der bisherigen Uferseite und unterqueren eine Autobahnbrücke. Mit einem Schlenker nach links entfernen wir uns für einen Teilabschnitt kurzweilig vom Rotbach und erhalten weite Blicke über eine Reihe von großflächigen Pferdekoppeln. Unsere Tour ist sehr abwechslungsreich und führt uns nach dem kurzen Landausflug, dem Wegverlauf folgend, wieder zu den Uferzonen des Rotbachs. Wir folgen links der A1-Markierung in Richtung des Rotbachsees. Das langsame Fließen des Bachs wirkt auf uns sehr beruhigend und beschwingt unseren Tapermodus. Am Wegesrand entdecken wir eine Wissensstation, die interessante Informationen entlang des Rotbachwegs für uns parat hält und uns die Geschichte des Flusses vermittelt. Gut informiert tapern wir gemütlich entlang des seichten Flusses in Richtung Rotbachsee weiter. Der gut ausgebaute Weg ist ebenfalls für Radfahrer eine begehrte Strecke. Kurz bevor wir den Rotbachsee erreichen, überqueren wir eine Kreuzung und nutzen kurz danach die Gelegenheit für eine Verschnaufpause an einer idyllisch liegenden Brücke. Diese erlaubt uns entlang des Rotbachs einen tiefen Blick in die Seele des Waldes. Was für eine Augenweide! Wir wenden uns wieder unserem Wanderweg A1 zu und erreichen nach kurzer Zeit an einer Weggabelung den **Rotbachsee** ❷.

Das Gewässer ist beidseitig zu umrunden und ein beliebtes Ausflugsziel. Wir aber wandern geradeaus auf dem A1 weiter, der uns zwischen dem Rotbachsee und Rotbach weiter in Richtung der Hiesfelder Mühle führt. Ab und an lockt uns ein schmaler Trampelpfad ans Ufer des Sees und gewährt uns einen Vorgeschmack auf die große Wasserlandschaft. Wir laufen weiter und erfreuen uns an dieser schönen Gegend und mit Erreichen einer kleinen Anhöhe erhalten wir einen weitreichenden Ausblick über den gesamten Rotbachsee. Hier verweilen wir ein wenig und genießen die erholsame Natur. Von der Anhöhe aus gesehen wandern wir rechter Hand an dem Rückhaltebecken vorbei und folgen dem etwas breiter gewordenen Rotbach, bis wir die alte **Hiesfelder Mühle** ❸ erreichen. Das historische Bauwerk mit seinem imposanten Wasserrad ist nicht nur ein faszinierendes Wanderhighlight, sondern auch ein kleines Museum mit vielen kleinen Mühlenmodellen.

Wer mag, der kann hier auch eine größere Rast im nahe gelegenen **Restaurant Haus Hiesfeld** ❹ einlegen. Wir sind diesmal Selbstversorger und mit vielen Eindrücken setzen wir unsere Wanderung fort und umlaufen rechts haltend die alte Mühle. Wir entdecken

Der Rotbachsee ist seit 1976 nicht nur ein stilles Kleinod und beliebtes Ausflugsziel, sondern die Talsperre übernimmt auch als Hochwasserrückhaltebecken eine wichtige Schutzfunktion, um den Abfluss des Rotbachs zu regulieren.

Die Hiesfelder Wassermühle liegt direkt am Rotbach. Das kleine Wasserkraftwerk wurde 1693 erbaut und dient heute als Mühlenmuseum. Besucher können sich immer sonntags bei freiem Eintritt an über 60 Mühlenmodellen aus aller Welt erfreuen.

Für die Seele

Entspannt wandern wir entlang des kurvenreichen Rotbachs und erfreuen uns an der offenen Landschaft mit großen und kleinen Entdeckungen am Wegesrand.

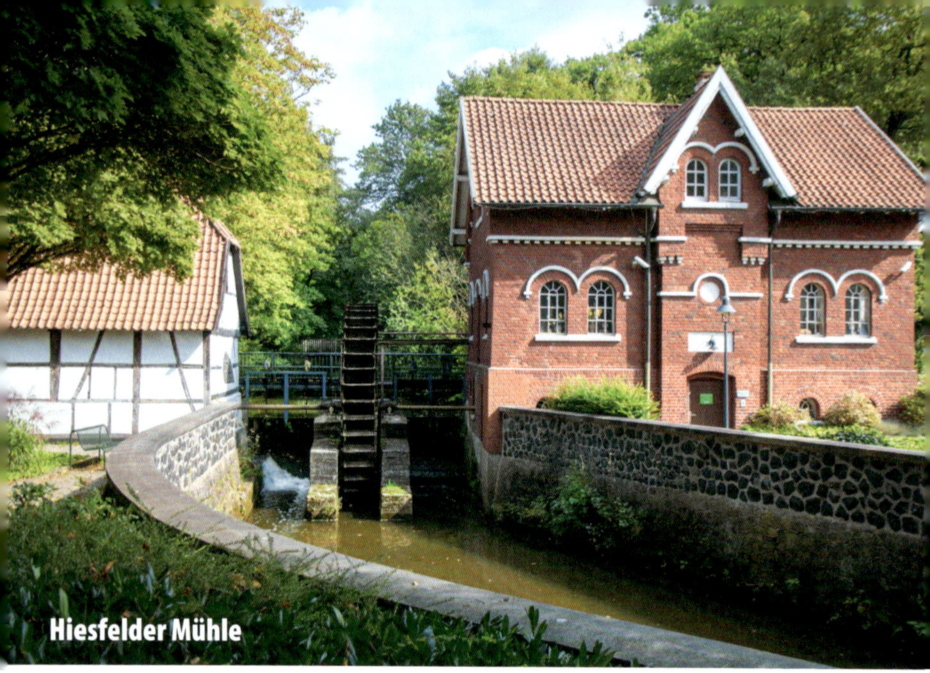

Hiesfelder Mühle

dabei einen kleinen **Seerosenteich** 5 auf der linken Seite. Rechts erkennen wir eine Brücke, die uns wieder über den Rotbach am Stauwehr vorbeiführt. Nach Überqueren des charmanten Flusses biegen wir links auf die **Straße am Freibad** ab und gehen ein paar Meter auf der uns bekannten Strecke zurück. Unser Wanderweg schwenkt an einer Kreuzung nach rechts ab und wir tapern weiter geradeaus, bis wir nach kurzer Zeit die **Dorfstraße** überqueren. Nach etwa 130 Metern biegen wir links an einem Tennisplatz ab und gehen direkt in ein Waldgebiet hinein. Wir wandern waldwärts entlang der A1-Markierung durch das **Naturschutzgebiet Scholtenbusch.** Der weiche Pfad lässt uns den Wald und seine einzelnen Baumschichten genauer betrachten. Oben thronen die Baumkronen und bilden im Sommer ein dichtes Dach aus Blättern und Ästen, während eine Etage tiefer Brombeersträucher mit anderen Pflanzen und jungen Bäumen die Strauchschicht bilden. Natürlich freuen sich hier Wildschwein und Fuchs über den nahrhaften und dicht bewachsenen Rückzugsort. Mit Blick auf die tiefer liegende Krautschicht und den Bewuchs von Farnkraut am

Wegesrand überqueren wir auf der Bodenschicht an einer Kreuzung einen breiten Forstweg und folgen weiter der A1-Markierung. Hohe Buchen säumen den Wegesrand und bilden eine Brücke zwischen Erde und Himmel. An einer weiteren Kreuzung gehen wir weiter geradeaus und verlassen für kurze Zeit den A1. Der grün bewachsene Naturpfad führt uns weiterhin durch den Waldabschnitt, wo wir noch umgestürzte Bäume aus vergangenen Stürmen sehen. Der Waldpfad bringt uns zu einer Lichtung, die unseren Weg teilt. Wir treten aus der im Sommer angenehmen Schattenwelt heraus und biegen in Richtung der Bauernschaft links auf die Lingelmannstraße ab. Der A1 hat uns wieder. Der Weg ist zwar asphaltiert, aber dafür werden wir mit einem schönen Panoramablick belohnt, der uns einen weiten Blick über Wiesen und Felder bis zur Halde Lohberg und dem Fördergerüst eröffnet. Wir laufen eine Weile entlang der **Lingelmannstraße,** genießen die bäuerliche Landschaft und

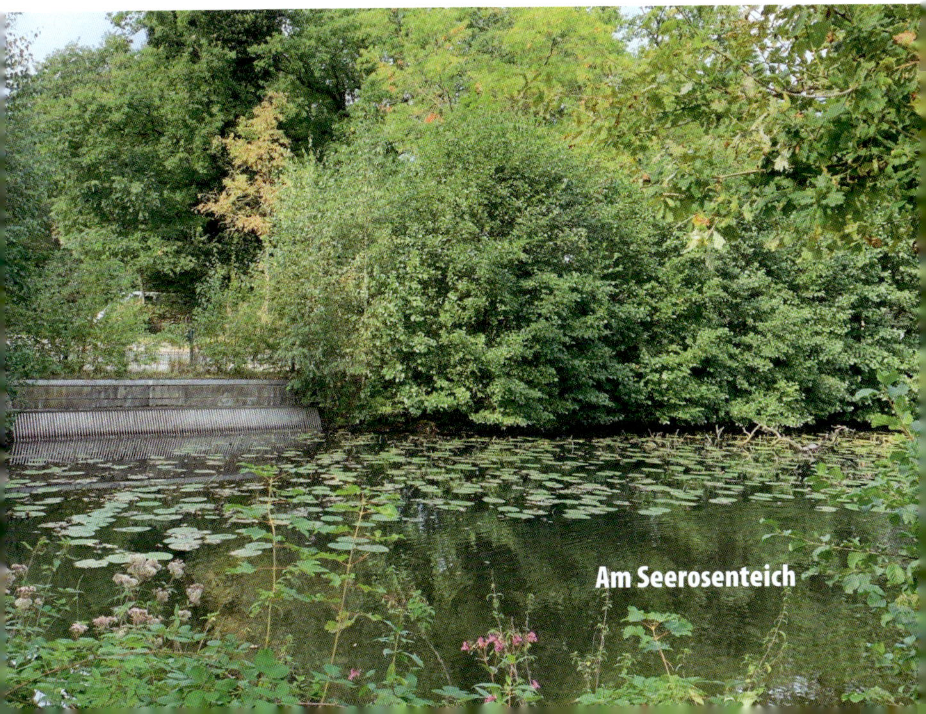

Am Seerosenteich

unterqueren wieder die Autobahn A3. Mit leichtem Linksverlauf biegen wir an einer T-Kreuzung links ab und gehen auf ein Gestüt zu. Wir wandern rechts an den Häusern vorbei und durchwandern die weißen Koppelzäune mit Blick auf einige Pferde, die entspannt auf dem Gelände grasen. Angekommen am Ende des Zauns, gelangen wir an eine Kreuzung, an der wir nach rechts abbiegen und dem mit einem X markierten Weg folgen. Wir befinden uns in der Nähe unseres Ausgangsziels und erhalten durch den Richtungswechsel eine interessante Perspektive auf die umliegende Landschaft. Langsam tapern wir den Rotbachweg zurück und genießen bis zum Erreichen des Parkplatzes die Idylle der Uferzonen.

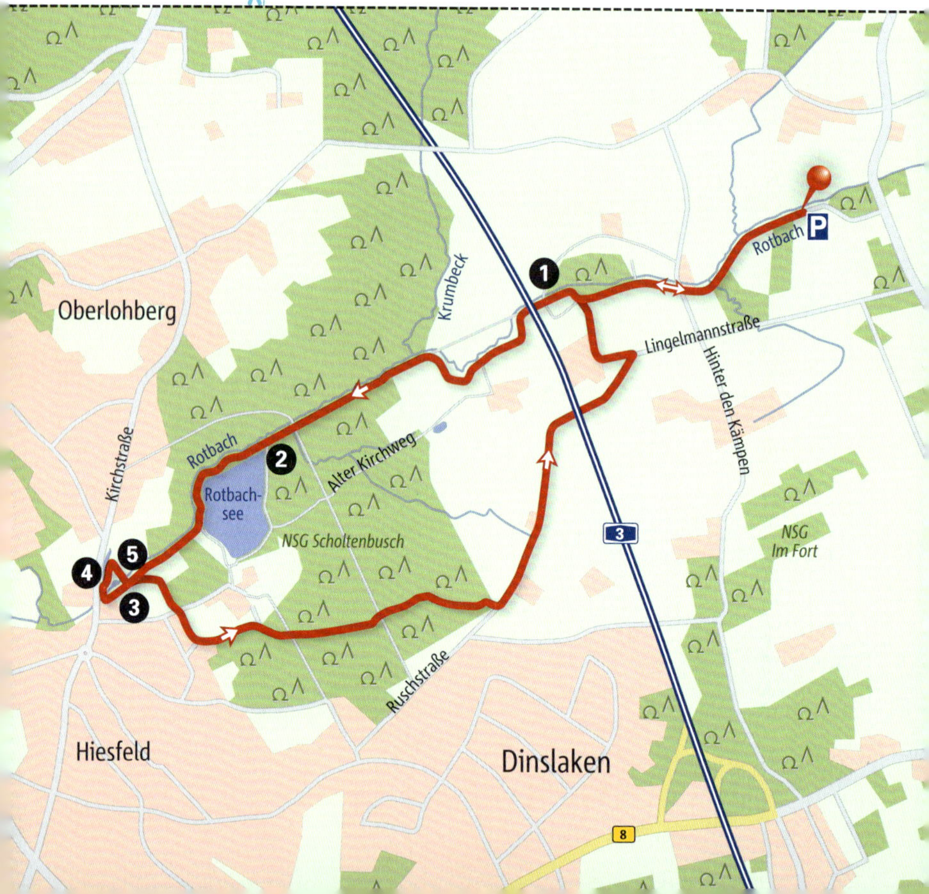

Alles auf einen Blick

WIE & WANN:
Schöne Naturpfade, Forstwege und asphaltierte Strecken.
Zu jeder Jahreszeit empfehlenswert.

HIN & WEG:
Auto: Wanderparkplatz Rotbach, Franzosenstraße 39, 46539 Dinslaken
(GPS: 51.578295, 6.812631)
ÖPNV: keine direkte Anbindung an die Strecke

ESSEN & ENTSPANNEN:
Restaurant Haus Hiesfeld ❹ Kirchstraße 125, 46539 Dinslaken, Tel. (0 20 64) 4 37 50 41

ENTDECKEN & ERLEBEN:
Rotbach ❶
Rotbachsee ❷
Hiesfelder Mühle ❸ Am Freibad 2, 46539 Dinslaken
Seerosenteich ❺

Entspannung ✱✱✱✱✱
Genuss ✱✱✱✱✱
Romantik ✱✱✱✱✱

Die GPS-Daten zu jeder Tour gibt es auf
www.droste-verlag.de

Konzeption: Droste Verlag, Düsseldorf
Satz: Vollnhals Fotosatz, Neustadt a. d. Donau
Einbandgestaltung: Britta Rungwerth, Düsseldorf, unter Verwendung von Bildern von © Colby Lysne und © Fotolia.com: Andrey Kuzmin, undrey, dabost, niroworld
Fotos: Thomas Dörmann
Karten: Angelika Solibieda/cartomedia, Karlsruhe
Druck und Bindung: LUC GmbH, Greven

MIX
Papier aus verantwortungsvollen Quellen
FSC® C011279
FSC www.fsc.org

ISBN 978-3-7700-2336-3
www.droste-verlag.de